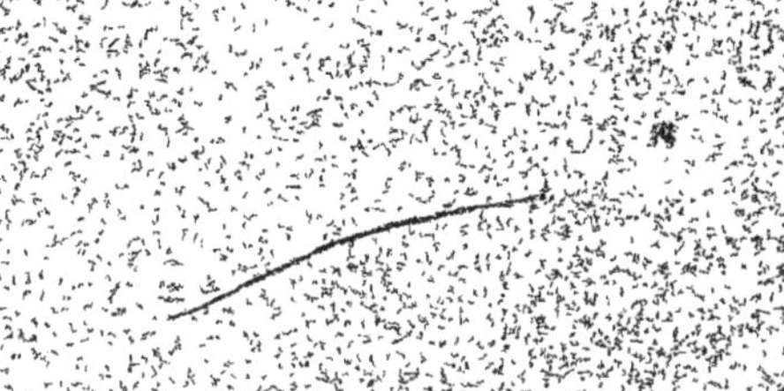

Du 24 Xbre 1811
et autres

RECUEIL

DE

LOIS, DÉCRETS, ORDONNANCES, ARRÊTÉS ET CIRCULAIRES,

RÉDIGÉ,

En exécution de l'article 86 du Décret impérial du 24 Décembre 1811,

POUR LE SERVICE

DES ÉTATS-MAJORS DES PLACES.

A PARIS,

DE L'IMPRIMERIE IMPÉRIALE.

1813.

AVERTISSEMENT.

L'ARTICLE 86 du décret du 24 décembre 1811, qui ordonne l'envoi aux secrétariats des places, de cartes, plans, mémoires et autres documens relatifs à la défense et au service, comprend dans cet envoi un exemplaire du même décret, et charge le Ministre de la guerre de le faire réimprimer avec l'extrait des ordonnances, lois et décrets qui s'y trouvent rappelés ou qui s'y rapportent.

Il suffit de parcourir le décret du 24 décembre 1811, pour reconnaître que l'intention de SA MAJESTÉ L'EMPEREUR et ROI a été d'y réunir toutes les dispositions fondamentales du service et de la défense des places, de suppléer aux lacunes des ordonnances anciennes et modernes, de les lier entre elles, et de jeter en même temps les bases d'un code dont la rédaction eût été trop longue dans les circonstances, et doit être encore mûrie peut-être par le temps et par l'expérience.

Le recueil ordonné par l'article 86 a d'abord pour objet de former un manuel qui présente aux gouverneurs et aux commandans le texte de toutes les dispositions dont ils doivent faire une application habituelle, ainsi que les indications nécessaires pour trouver dans le Bulletin des lois ou dans le Journal militaire, les dispositions qui ne sont que d'un usage peu fréquent, ou qui n'ont qu'une relation indirecte avec leur service.

Ce recueil a aussi un autre but. Le décret du 24 décembre 1811, imprimé en tête, porte au bas des pages des notes de renvoi aux ordonnances, lois et décrets qu'il rappelle ou qui s'y rapportent. Réciproquement ces ordonnances, lois et décrets portent des notes de renvoi au décret du 24 décembre : il en résulte que toute la législation antérieure ou postérieure est coordonnée au décret principal ou d'ensemble, en est, pour ainsi dire, le développement, et forme avec ce décret une sorte de code du service et de la défense des places. Ce code provisoire a le double avantage de réduire en corps de doctrine la législation actuelle, de réunir les élémens d'un code définitif, et de coordonner à ce but ultérieur un travail utile au service courant.

C'est dans cette vue que ce recueil est distribué.

Il offre en tête le décret du 24 décembre 1811.

Ce décret est immédiatement suivi de celui du 1.er mai 1812, sur les capitulations, qui en est le complément, et qu'on ne peut en séparer.

Ces décrets, imprimés en plus gros caractères, portent au bas des pages les notes de renvoi dont on a parlé.

Le corps des extraits d'ordonnances, lois et décrets en vigueur, sont imprimés en plus petits caractères, avec des notes de renvoi au décret principal.

Le recueil est terminé par trois tables, dont voici les titres :

N.º 1.er Table des décrets, lois et ordonnances rangés dans l'ordre qu'ils occupent en ce recueil (a) ;

N.º 2.e Table des décrets, lois et ordonnances rangés dans l'ordre chronologique ;

N.º 3.e Table des matières rangées dans l'ordre alphabétique.

Nota. On a fait aux deux décrets suivans deux espèces de renvois : la première, indiquée par des chiffres, renvoie à la page de ce recueil qui contient la loi, le réglement, &c. cités dans les deux décrets; la seconde, indiquée par des lettres, renvoie aux pages où se trouvent les lois, réglemens, &c. non cités, qui s'appliquent aux différens articles des deux décrets. Des notes mises à chacun des extraits qui composent ce recueil, renvoient, 1.º aux pages du Journal militaire et du Bulletin des lois où le décret, réglement, &c. se trouvent en entier ; 2.º à l'article des deux décrets auquel ils s'appliquent. Toutes les lois, réglemens, &c. cités dans les extraits ou pièces entières, ont aussi une note qui indique la page de ces deux collections où ils se trouvent.

(a) Cet ordre est le même que celui que présente le décret du 24 décembre 1811.

RECUEIL

DE

LOIS, DÉCRETS, ORDONNANCES,

ARRÊTÉS ET CIRCULAIRES,

Rédigé, en exécution de l'article 86 du Décret impérial du 24 Décembre 1811, pour le Service des États-majors des Places.

DÉCRET IMPÉRIAL relatif à l'Organisation et au Service des États-majors des Places.

Au Palais des Tuileries, le 24 Décembre 1811.

TITRE I.er

Institution et Traitement des Emplois

CHAPITRE I.er

S. I.er

DISPOSITIONS GÉNÉRALES.

ARTICLE I.er

L'ÉTAT-MAJOR des places fait partie de l'état-major des divisions territoriales militaires, et forme une section de l'état-major général de l'armée.

B

2.

Il y aura, dans chaque place de guerre, un état-major permanent et ordinaire, composé d'un commandant d'armes et du
nombre d'officiers et employés nécessaire au service et au détail
de la place.

3.

En cas de siége ou de circonstances particulières, le commandement en chef pourra, comme par le passé, être confié à des
gouverneurs ou commandans supérieurs, pour la durée du siége
ou des circonstances.

§. II.

Des Gouverneurs et Commandans supérieurs.

4.

Les gouverneurs sont nommés par l'Empereur, et reçoivent des
lettres patentes qui déterminent leur rang et leur traitement.

Les formules de ces lettres patentes seront déterminées et soumises à notre approbation par notre Ministre de la guerre.

5.

Les généraux en chef, dans le rayon de leur armée, pourront,
en cas d'urgence et de motifs graves dont ils rendront compte,
donner des commandans supérieurs aux places menacées. Hors
ce cas, les commandans supérieurs sont nommés par l'Empereur.
Ils reçoivent de simples lettres de service, qui leur assignent leur
rang et leur traitement. Ils ne peuvent recevoir ni prendre le titre
de gouverneur.

§. III.

De l'État-major permanent et ordinaire des places.

6.

Les emplois de l'état-major des places sont déterminés et classés, et les traitemens et frais de bureau attachés à ces emplois sont et demeurent fixés comme il suit (a) :

EMPLOIS.	Classes.	GRADES CORRESPONDANS.	TRAITE-MENT.	FRAIS de BUREAU.	OBSERVATIONS.
Commandans d'armes....	1.re	Général de brigade.....	9,000f	3,000f	Les Adjudans ne reçoivent ces frais de bureau que quand ils sont détachés pour commander une citadelle, fort ou château, conformément à l'article 7 ci-après.
	2.e	Colonel.............	6,000.	1,500.	
	3.e	Major...............	4,800.	900.	
	4.e	Chef de bataillon......	3,600.	600.	
Adjudans de place......	1.re	Major...............	3,600.	300.	
	2.e	Chef de bataillon......	3,000.	240.	
	3.e	Capitaine............	2,400.	120.	
	4.e	Lieutenant...........	1,800.	60.	
Secrétaires archivistes...	1.re	Capitaine............	2,100.	//	
	2.e	Lieutenant...........	1,500.	//	
	3.e	Sous-lieutenant........	1,200.	//	
	4.e	Adjudant............	900.	//	
Portiers consignes.....	1.re	Sergent-major........	600.	//	
	2.e	Sergent.............	540.	//	
	3.e	Caporal-fourrier.......	480.	//	
	4.e	Caporal.............	420.	//	

7.

Dans les citadelles, forts et châteaux où nous ne jugerons pas convenable d'établir des commandans d'armes, il continuera d'être détaché des adjudans de place, avec le simple titre et les fonctions de commandant.

Dans les places de première et de seconde classe, un adjudant de première et de seconde classe sera chargé des détails du service , avec le rang et le titre de major de place.

Dans les places de troisième et de quatrième classe où il ne sera pas établi d'adjudant, les secrétaires archivistes en feront les fonctions, autant que le service du secrétariat le permettra.

Dans les citadelles, forts ou châteaux qui ne sont commandés

(a) *Voyez* le décret du 27 octobre 1806, page 49.

que par des adjudans, un portier - consigne de première ou de seconde classe remplira les fonctions de secrétaire archiviste.

Dans les places hors d'entretien, et considérées comme simples postes, et dans les citadelles, forts et châteaux où nous ne jugerons point convenable d'établir à demeure des commandans d'armes ni des adjudans, il sera établi un portier-consigne de première ou de seconde classe, pour y remplir les fonctions de secrétaire archiviste sous les commandans temporaires, et rendre compte de tout ce qui intéresse la police militaire et la conservation du poste, soit au commandant d'armes de la place voisine, si le poste en dépend, ou au commandant du département, si le poste est isolé.

Dans les places où la manœuvre des portes d'eau et la police des passages de canaux et rivières obligent de donner aux portiers-consignes des aides-bateliers, ces aides seront nommés par décision spéciale du Ministre de la guerre, et recevront un traitement égal à la moitié de celui des portiers-consignes auxquels ils sont attachés.

8.

La répartition des emplois dans les places de guerre, citadelles, forts et châteaux, aura lieu conformément au tableau qui nous sera incessamment présenté par notre Ministre de la guerre.

Les villes de garnison non fortifiées, ou non conservées sur le tableau des places de guerre, dans lesquelles il sera entretenu des états-majors, seront classées particulièrement, conformément à un second tableau qui nous sera semblablement présenté par notredit Ministre.

9.

Les frais de bureau des commandans sont spécialement affectés à la dépense des effets et fournitures de bureau de leur cabinet, du secrétariat et des archives de la place, des corps-de-garde et des aubettes de portiers-consignes.

10.

Dans les places en état de siége, les traitemens et frais de bureau sont augmentés d'une moitié en sus.

11.

I I.

Dans ce même cas, et sauf les réductions déterminées par la durée du siége et l'état des magasins, ils reçoivent les rations de vivres, chauffage et fourrages déterminées ci-après :

GRADES ET CLASSES.		VIVRES et CHAUFFAGE.	FOURRAGES.
Commandans d'armes....	1.re et 2.e classes	5.	4.
	3.e et 4.e classes.	4.	3.
Adjudans de place.	1.re et 2.e classes.	4.	3.
	3.e et 4.e classes.	3.	2.
Secrétaires archivistes		2.	"
Portiers-consignes et aides-bateliers		1.	"

CHAPITRE II.

Du Logement et de l'Indemnité de logement.

1 2.

Lorsque nous aurons nommé un gouverneur dans une des principales places de guerre ou villes de notre Empire, notre Ministre de la guerre en donnera sur-le-champ avis au préfet du département, qui transmettra de suite au sous-préfet et au maire les ordres nécessaires pour qu'il soit préparé au gouverneur, dans une maison particulière et meublée, un logement conforme aux instructions du Ministre, en suivant, autant que possible, les règles établies par notre décret du 27 février 1811 (1), sur le logement dû aux présidens des cours d'assises.

Des ordres analogues seront adressés aux directeurs des fortifications, pour les forteresses non habitées, ou dans lesquelles la commune est hors d'état de fournir un logement convenable.

____

(1) *Voyez* page 49.

Recueil.

C

Les mêmes dispositions sont applicables au logement des commandans supérieurs, tel qu'il sera déterminé par notre Ministre de la guerre.

13.

Le logement du commandant d'armes, celui du secrétaire archiviste, le secrétariat et les archives de la place, seront établis dans un bâtiment militaire, domanial, ou communal, situé sur la place d'armes, ou près des casernes et des points de rassemblement des troupes.

14.

Les autres officiers et employés de l'état-major des places seront, autant que possible, logés en nature; les adjudans, près du commandant ; les portiers-consignes et les aides-bateliers, dans le voisinage des portes.

15.

Les commandans et secrétaires archivistes, jusqu'à l'exécution de l'article 13 seulement, et les autres officiers ou employés de l'état-major des places, lorsqu'ils ne pourront être logés en nature, recevront les indemnités de logement suivantes :

Commandans d'armes	1.re classe	1,200 francs.
	2.e idem	600.
	3.e idem	540.
	4.e idem	480.
Adjudans de place	1.re classe	480.
	2.e idem	420.
	3.e idem	240.
	4.e idem	210.
Secrétaires archivistes	1.re classe	210.
	2.e idem	180.
	3.e idem	150.
	4.e idem	120.
Portiers-consignes	1.re classe	120.
	2.e idem	120.
	3.e idem	108.
	4.e idem	108.
Aides-bateliers		96.

16.

Les commandans, officiers et employés qui seront logés en nature, mais sans meubles, recevront, pour indemnité d'ameublement, le tiers de l'indemnité de logement.

CHAPITRE III.

De l'Uniforme, des Honneurs et Préséances, et de l'Enregistrement des Lettres et Commissions.

S. I.er

De l'Uniforme.

17.

L'uniforme de l'état-major des places restera tel qu'il est déterminé par le réglement général du 1.er vendémiaire an 12 (1) (chapitre IV, planche 6), sauf les modifications indiquées dans les articles suivans.

18.

Le fond de l'uniforme de l'état-major des places, quant aux étoffes, coupes et couleurs, sera le même pour tous les emplois.

19.

Les commandans, officiers et employés de l'état-major des places, seront distingués par des broderies ou galons du dessin et de la largeur déterminés par le réglement de l'an 12, sans aucune marque distinctive des grades.

20.

Les gouverneurs porteront le grand uniforme des commandans d'armes de première classe, brodé sur toutes les tailles, avec l'écharpe de soie blanche moirée, à frange d'or, et semée d'étoiles d'or.

Les commandans supérieurs porteront l'uniforme des commandans d'armes de la classe déterminée dans leurs lettres de service, avec la ceinture de soie blanche moirée, à frange d'or, sans étoiles.

----

(1) *Voyez* page 50.

Les commandans d'armes porteront la ceinture de commandement, en soie rouge moirée, à frange d'or.

Les adjudans de place commandant les citadelles, forts et châteaux, porteront la même ceinture unie, avec les franges de leur grade.

Les secrétaires archivistes seront distingués par une épée et une plume en sautoir, brodées en or et sans cadre, sur le sein gauche.

Les portiers-consignes auront sur la poitrine un médaillon portant une épée et une clef en sautoir.

S. II.

Des Honneurs et Préséances.

21.

Les gouverneurs et les commandans supérieurs seront traités, pour les préséances et les honneurs civils et militaires, comme les officiers généraux ou supérieurs de leur grade en activité de service, et employés dans les divisions militaires, suivant la hiérarchie des emplois et du commandement, et d'après les règles spéciales qui seront déterminées, soit dans les lettres patentes et de service, soit dans les instructions de notre Ministre de la guerre.

Les commandans d'armes des places de première classe auront une sentinelle tirée des grenadiers ; pour ceux des autres classes, elle sera tirée des fusiliers. Les honneurs et préséances des commandans et adjudans demeurent réglés, pour tout le reste, par notre décret du 24 messidor an 12, titre XVIII (1).

S. III.

De l'Enregistrement des Lettres et Commissions.

22.

Les lettres patentes des gouverneurs seront enregistrées, à leur présentation, au greffe de la cour impériale et au secrétariat de la préfecture.

---

(1) *Voyez* page 54.

Les

Les lettres de service et commissions des commandans supérieurs, commandans d'armes, officiers et employés de l'état-major des places, seront enregistrées, à leur présentation, au greffe du tribunal de première instance, et au secrétariat de la sous-préfecture.

Lorsque les gouverneurs, commandans, officiers ou employés de l'état-major des places, seront envoyés dans une place en état de siége ou menacée, les lettres et commissions seront simplement enregistrées au greffe des principales autorités civiles et judiciaires qui se trouveront dans la place.

Les portiers-consignes, en leur qualité de consignes ou agens de la police militaire, de gardiens des clefs et des portes, et de concierges des forts où il ne se trouve ni commandans, ni adjudans, prêteront serment devant le tribunal, et foi sera ajoutée en justice à leurs rapports et procès-verbaux dûment affirmés, conformément à ce qui est prescrit pour les gardes des fortifications et autres gardes du domaine de l'État.

Les autorités supérieures informeront celles qui leur seront subordonnées, de l'accomplissement des formalités prescrites par le présent article, et leur recommanderont en même temps de se conformer aux dispositions du présent décret et des ordonnances qui s'y trouvent rappelées, dans tout ce qui concerne les rapports de la police militaire avec la police judiciaire ou civile.

CHAPITRE IV.

De l'Avancement et des Retraites.

23.

Les commandans, officiers et employés de l'état-major des places, seront pris, soit parmi ceux d'un emploi ou d'une classe inférieure, soit parmi les officiers généraux ou de l'état-major, et les officiers ou sous-officiers des troupes qui se seront le plus distingués dans la guerre de siége ou dans le commandement des places conquises.

Les commandans, officiers et employés de l'état-major des places, seront récompensés de leur service, en cas de siége, par leur avancement à un emploi ou à une classe supérieure, ou par les décorations militaires.

24.

Ils pourront passer d'une place à l'autre, sur leur demande ou d'après les besoins du service.

Notre Ministre de la guerre, spécialement en temps de guerre, et dans les places de première ligne, fera remplacer sans délai les commandans, officiers et employés qui ne conserveraient pas toute l'activité nécessaire au service, à la police, et contre les surprises ou les attaques auxquelles la place est exposée.

25.

Les commandans d'armes, officiers et employés de l'état-major des places, seront admis à la retraite, dans les mêmes cas et suivant les mêmes règles que les autres militaires. Le temps de leur service dans les places leur sera compté comme temps d'activité; chaque siége ou blocus, comme une campagne; et chaque attaque de vive force, s'ils la repoussent, comme action d'éclat.

TITRE II.

Du Commandement et de la Subordination.

CHAPITRE I.er

Des Gouverneurs ou Commandans supérieurs.

26.

Les gouverneurs ou commandans supérieurs des places, y prennent le commandement en chef, de droit et en vertu de leur titre, quand même leurs lettres patentes ou de service n'en contiendraient point la mention expresse.

Les commandans d'armes conservent sous leurs ordres, et d'après leurs instructions, le commandement de l'état-major ordinaire, et tout le détail du service et de la police. Ils ne peuvent en être privés que par une décision expresse de notre Ministre de la guerre, si ce n'est en cas d'urgence et de motifs graves, et à la charge d'en informer sur-le-champ notredit Ministre.

27.

Les rapports de subordination des gouverneurs ou commandans

supérieurs, sont les mêmes que ceux qui seront réglés au chapitre suivant, pour les commandans d'armes, sauf les exceptions déterminées dans les lettres patentes ou de service.

CHAPITRE II.

Des Commandans d'armes.

§. I.er

Rapports avec les Généraux des Divisions territoriales.

28.

Les généraux commandant la division territoriale ou le département, peuvent, lorsqu'ils se trouvent ou résident dans une place de guerre, en prendre le commandement supérieur, suivant les règles établies ci-dessus, article 26.

29.

·Lorsque les officiers généraux ne se trouvent pas ou ne résident pas dans la place, le commandant d'armes correspond habituellement avec le général commandant le département.

En temps de guerre, si la place est assiégée, bloquée ou menacée d'un siége, d'un blocus ou d'une attaque de vive force, le commandant d'armes correspond, par tous les moyens qui sont en son pouvoir, soit avec le général de la division, soit avec le Ministre de la guerre, à qui, dans ce cas, il doit des comptes directs et journaliers.

30.

Lorsque le général commandant le département quitte ou s'absente, et n'a point de successeur désigné, le général divisionnaire en réunit le commandement à celui d'un des autres généraux de brigade employés dans la division.

A défaut de généraux de brigade, le général divisionnaire réunit le commandement des départemens à celui de la division, et correspond directement avec les commandans d'armes.

S'il ne reste que des officiers supérieurs dans une division où il y ait un ou plusieurs commandans d'armes de première classe, ce commandant, et s'ils sont plusieurs, le plus ancien de grade ou d'emploi ; prend le commandement par *interim* de la division, jusqu'à ce que le Ministre y ait envoyé un officier général.

Mais, dans ce cas, il ne quitte point sa place ; et, si quelque événement imprévu, tel qu'une descente, une invasion ou un rassemblement illicite, oblige à faire marcher les troupes, il se borne à donner ses ordres à l'officier de la ligne ou de l'état-major le plus élevé ou le plus ancien en grade, qui prend le commandement des troupes.

Les mêmes règles s'appliqueront au cas où, par un concours de circonstances imprévues, il ne se trouverait dans les divisions militaires que des officiers d'un grade inférieur à celui des commandans d'armes des autres classes.

§. II.

Rapports avec les Généraux des armées et les Commandans des troupes autres que celles de la garnison.

31.

Lorsqu'un général commandant une armée, un corps d'armée, une division ou une brigade, aura une place de guerre dans son commandement, et s'y trouvera, il pourra y prendre le commandement supérieur, conformément à ce qui est prescrit par l'article 26.

Lorsque ces officiers généraux ne se trouveront point dans la place, le commandant correspondra avec eux, en même temps qu'avec les généraux de la division territoriale, et suivant les mêmes règles.

32.

Lorsqu'un officier général ou supérieur commandant un corps de troupes, se trouvera à leur tête dans l'intérieur ou dans le rayon d'une place forte, sans lettre de commandement, il n'y prendra point le commandement supérieur.

Il conservera le commandement immédiat et la police directe de sa troupe, dans l'intérieur du casernement, du camp ou du cantonnement qu'elle occupera; mais il fera, sur la demande du commandant d'armes, publier les bans, établir les postes et donner les consignes nécessaires à la conservation et à la police de la place. Ces postes passeront sous les ordres du commandant ; les

officiers

officiers ou soldats isolés seront soumis à sa surveillance; en cas de désordre, il les fera arrêter et en préviendra le général commandant. Si la place est assiégée ou bloquée, l'officier général ou supérieur ne prendra point le commandement; il se bornera à déférer aux demandes du commandant d'armes, pour l'emploi de ses troupes en faveur de la défense; et, le siége ou le blocus levé, il suivra sa destination.

33.

Les dispositions précédentes s'appliqueront aux officiers généraux et supérieurs qui ne commandent point de troupes, et passent ou se trouvent renfermés dans une place; ils n'y prendront le commandement supérieur qu'autant qu'ils y seraient autorisés par leurs lettres de service.

§. III.

Rapports avec les Commandans des troupes de la garnison, de l'artillerie et du génie, et avec les Commissaires des guerres.

34.

Les commandans des troupes de la garnison, tant que la place n'est point assiégée, en conservent l'administration intérieure; ils en exercent immédiatement la police dans l'enceinte du casernement, sous la surveillance du commandant d'armes, et conformément aux ordonnances : hors des casernes, ils sont, ainsi que leur troupe, soumis aux ordres et à l'autorité immédiate du commandant d'armes ; dans tout ce qui tient à la conservation, au service et à la police de la place.

En cas de plainte, si le commandant de la troupe est d'un grade supérieur, le commandant d'armes en fait son rapport, et le général commandant la division ou le département, inflige, s'il y a lieu, les peines de discipline, ou ordonne les poursuites relatives au délit.

Il n'est rien changé d'ailleurs à l'ordonnance du 1.er mars 1768 (1), à la loi du 10 juillet 1791 (2), et aux autres lois et réglemens concernant le service des troupes dans les places et quartiers, et à la police des casernes, cantonnemens et logemens chez l'habitant.

---

(1) *Voyez* page 79.   (2) *Voyez* page 58.

35.

Les directeurs d'artillerie et du génie, l'inspecteur ou sous-inspecteur aux revues, et le commissaire ordonnateur, lorsqu'ils résident dans une place de guerre, sans être attachés au service unique et spécial de la place, n'y sont soumis qu'aux consignes générales. Le commandant ne peut ni les empêcher de vaquer au service des autres places, ni, en cas de plainte, leur infliger aucune peine de discipline ; dans ce dernier cas, il se borne à rendre compte au général commandant le département, qui en réfère au général divisionnaire, lequel en écrit, s'il y a lieu, à notre Ministre de la guerre.

Les mêmes dispositions s'appliquent aux officiers d'un grade supérieur, chefs de service et autres fonctionnaires militaires qui passent, séjournent ou résident dans les places sans y être attachés.

36.

Les commandans d'artillerie et du génie attachés à la place, tant qu'elle n'est point assiégée, y conservent la surveillance et direction de l'artillerie et des fortifications, et l'administration des travaux qui s'y exécutent d'après le budget, ou d'après les ordres de notre Ministre de la guerre ; mais ils doivent au commandant d'armes,

1.° De lui remettre la situation de leur personnel et de leur matériel aux époques déterminées par les réglemens, et plus souvent si le service l'exige ;

2.° De l'accompagner dans la visite des ouvrages, établissemens ou magasins, et de lui mettre sous les yeux tous les documens propres à l'éclairer ;

3.° De le prévenir toutes les fois qu'ils doivent commencer de nouveaux ouvrages, et de ne les entreprendre, lorsqu'ils ouvrent la place, qu'après qu'il a fait toutes les dispositions qu'exige la police ou la sûreté ;

4.° De le prévenir semblablement, et de lui désigner l'officier qui les supplée, lorsqu'ils sont forcés de s'absenter pour vaquer à un service extérieur, tel que la visite des forts, batteries de côtes et autres ouvrages éloignés qui dépendent de la place.

En cas de plainte, si le commandant de l'artillerie ou du génie est d'un grade supérieur, ou si le sujet de la plainte est relatif aux travaux, le commandant d'armes en réfère au général commandant le département, et ce dernier au général de la division, lequel, après avoir pris l'avis du directeur d'artillerie ou des fortifications, requiert d'eux, s'il y a lieu, la punition, ou rend compte du tout à notre Ministre de la guerre.

37.

Le commissaire des guerres attaché à la place conserve, suivant les mêmes règles et sous l'autorité de l'ordonnateur, la direction des services qui lui sont confiés.

En cas de plainte, le commandant d'armes en rend compte au général commandant le département, et ce dernier au général divisionnaire, lequel, s'il y a lieu, requiert l'ordonnateur de le punir, ou en réfère à notre Ministre directeur de l'administration de la guerre.

38.

En cas de siége, l'autorité du gouverneur, du commandant supérieur ou du commandant d'armes, est absolue, et s'étend même sur l'administration intérieure des corps, sur les travaux et les divers services. En conséquence, les commandans des troupes d'artillerie et du génie, et le commissaire des guerres, sont tenus de prendre les mesures d'administration intérieure, d'exécuter les travaux et de faire toutes les dispositions de service que le commandant juge à propos de leur prescrire, dans l'intérêt de la défense.

S. IV.

Rapports avec les Commandans des citadelles, forts et châteaux.

39.

Les commandans d'armes des places de guerre exercent les fonctions de commandant supérieur, à l'égard des commandans d'armes des citadelles, forts, châteaux et autres fortifications qui dépendent de la place.

Les commandans titulaires desdites citadelles et autres postes de même nature, y conservent le commandement immédiat, suivant les règles établies par l'article 26 du présent décret; et par le titre XXXIV de l'ordonnance du 1.er mars 1768 (1), sur le service des places.

CHAPITRE III.

Du Commandement provisoire ou temporaire des Places.

40.

En cas d'absence ou du départ du commandant d'armes, sans qu'il y ait de successeur désigné par lettres de service, les majors de place et les adjudans commandent avant tous les officiers du même grade.

41.

Lorsqu'il se trouve dans la place des officiers d'un grade supérieur au major et aux adjudans, le commandement est réglé par le grade et l'ancienneté de grade, sauf les exceptions suivantes.

42.

Conformément aux anciennes ordonnances *(Henri III, États de Blois, art. 276; Louis XIII, janvier 1629)* (2), nul ne peut commander dans une place française s'il n'est Français.

Dans les garnisons composées de troupes françaises et auxiliaires, les officiers français concourent seuls entre eux pour le commandement.

43.

Dans les garnisons composées d'infanterie et de troupes à cheval, à grade égal l'officier d'infanterie commande.

44.

Dans tous les cas, le secrétaire archiviste conserve ses fonctions, et ne concourt jamais pour le commandement.

CHAPITRE IV.

Du Commandement et de la Subordination des Officiers et Employés de l'État-major des Places.

45.

Les adjudans de place commandans des citadelles, forts et

___

(1) *Voyez* page 79. (2) *Voyez* page 135.

châteaux,

châteaux, y exercent, dans les limites de leur grade, et conformément aux règles des chapitres précédens, les mêmes fonctions que les commandans d'armes.

46.

Les majors de places commandent aux autres adjudans.

47.

Les adjudans donnent les ordres et consignes au nom du commandant : ils peuvent, en cas d'urgence, donner d'eux-mêmes, et sauf à rendre compte sur-le-champ, des ordres et consignes provisoires ; et les chefs des postes ou des corps sont tenus de s'y conformer.

48.

Les secrétaires archivistes, pour tout ce qui tient au service de la place, sont sous les ordres immédiats du commandant d'armes et du major, d'après les ordres ou en l'absence du commandant.

Pour la conservation et la comptabilité des papiers de la place, ils sont sous la surveillance immédiate de notre Ministre de la guerre, qui déterminera, dans un réglement spécial, le mode de surveillance et de comptabilité des archives de l'état-major des places et leurs rapports avec les archives générales de la guerre et des fortifications.

49.

Les portiers-consignes sont sous les ordres des majors et adjudans, pour le service et la police des portes, et sous la surveillance des secrétaires archivistes, pour ce qui concerne les rapports écrits, et la tenue des registres de consigne.

Les chefs de postes sont tenus de déférer aux appels et réquisitions des portiers-consignes, dans tout ce qui tient à l'exécution des ordres et consignes pour la police des portes et passages.

TITRE III.

Des Fonctions et Obligations.

***

CHAPITRE Ier

DISPOSITIONS GÉNÉRALES.

50.

Les places de guerre, relativement à leur service et à leur police, continueront d'être considérées sous trois rapports ; savoir, dans l'état de paix, dans l'état de guerre, et dans l'état de siége, conformément aux articles 5, 6, 7, 8, 9, 10, 11 et 12 du titre Ier de la loi du 10 juillet 1791 (1), et sauf les modifications établies ci-après.

51.

L'état de paix a lieu toutes les fois que la place n'est point constituée en état de guerre ou de siége par un décret de l'Empereur, ou par l'effet des circonstances prévues dans les articles suivans.

Les fonctions et obligations des commandans d'armes, et de leurs états-majors, sont alors soumises aux règles établies ci-après, chapitre II.

52.

L'état de guerre est déterminé par l'une des circonstances suivantes :

1.° En temps de guerre, lorsque la place est en première ligne, sur la côte, ou à moins de cinq journées de marche des places, camps et positions occupés par l'ennemi ;

2.° En tout temps, par des travaux qui ouvrent la place, lorsqu'elle est située sur les côtes, ou en première ligne ;

Par des rassemblemens formés dans le rayon de cinq journées de marche, sans l'autorisation des magistrats ;

Par un décret de l'Empereur, lorsque les circonstances obligent de donner plus de force et d'action à la police militaire, sans qu'il soit nécessaire de mettre la place en état de siége.

***

(1) *Voyez* page 58.

Dans ces différens cas, les fonctions et obligations des commandans d'armes sont soumises aux règles établies ci-après, chapitre III.

53.

L'état de siége est déterminé par un décret de l'Empereur, ou par l'investissement, ou par une attaque de vive force, ou par une surprise, ou par une sédition intérieure, ou enfin par des rassemblemens formés dans le rayon d'investissement, sans l'autorisation des magistrats.

Dans le cas d'une attaque régulière, l'état de siége ne cesse qu'après que les travaux de l'ennemi ont été détruits et les brèches mises en état de défense.

Dans ces différens cas, les fonctions et obligations des commandans d'armes sont soumises aux règles établies ci-après, chapitre IV.

CHAPITRE II.

De l'État de Paix.

§. I.er

Du Service et de la Police des Places sur le Terrain militaire.

1.° *Définition et Limite du Terrain militaire.*

54.

Dans les places de guerre et dans les faubourgs, postes et camps retranchés qui font partie des fortifications permanentes, le terrain militaire comprend,

1.° La zone des fortifications entre les limites intérieures de la rue du rempart et les bornes intérieures des glacis, conformément aux articles 13, 14, 15, 16, 17, 18, 19, 20 et 21, titre I.er de la loi du 10 juillet 1791 (1);

2.° Les bâtimens, établissemens et terrains militaires désignés dans l'article 14, titre III, et dans l'art. 1.er, titre IV de ladite loi.

55.

Dans les citadelles, forts et châteaux, et dans les ouvrages extérieurs ou détachés des places de guerre, le terrain militaire

___

(1) *Voyez* page 58.

comprend tout l'espace occupé ou renfermé par les fortifications, jusqu'aux bornes extérieures des glacis, conformément aux articles 20 et 21, titre I.er de la même loi.

2.° Du Service de la Police des Portes et autres issues de la Place.

56.

Conformément à l'article 48, titre III de la loi du 10 juillet 1791 (1), les clefs de toutes les portes, poternes, vannages et autres ouvertures qui donnent entrée dans la place, sont sous la garde et la responsabilité personnelle du commandant d'armes.

57.

Il veille et pourvoit, sous sa responsabilité, à la stricte observation des règles prescrites par l'ordonnance du 1.er mars 1768, titres XI et XII (2),

1.° Pour la garde des clefs, et l'ouverture ou la fermeture des portes et autres issues de la place;

2.° Pour le service et la police desdites portes et issues pendant leur ouverture.

58.

Nous nous réservons de déterminer, sur le rapport de notre Ministre de la guerre,

1.° Les places de troisième classe dont les ponts, portes et barrières, conformément à l'article 39, titre I.er de la loi du 10 juillet 1791, seront entretenus par les communes; et celles où, en vertu de l'art. 40, elles pourront substituer aux ponts des levées en terre ;

2.° Les places où, conformément à l'article 49, titre III de ladite loi, la communication pourra, dans l'état de paix, être établie à certaines portes, de nuit comme de jour, pour la facilité du commerce, et pour la commodité des voyageurs ou des habitans;

3.° Les places aux portes desquelles il sera établi des consignes civiles, conformément à l'art. 50 du même titre et de la même loi.

---

(1) *Voyez* page 58.　　　　(2) *Voyez* page 79.

3.°

*3.° Du Service et de la Police des Fortifications, Bâtimens, Établissemens
et Terrains militaires.*

59.

Le commandant d'armes donne les ordres et consignes, établit
les postes et sentinelles, prescrit les rondes et patrouilles, et fait
lui-même les visites nécessaires à la conservation et à la police
des fortifications (a), bâtimens (b), établissemens (c), et terrains
militaires, de l'artillerie et de tout le matériel qui s'y trouve,
conformément à l'ordonnance du 1.er mars 1768 (1), sur le service
des places, aux titres I.er et III de la loi du 10 juillet 1791 (2),
au réglement du 22 germinal an 4 (3), et à nos décrets des 23 avril
1810 (4), et 16 septembre 1811 (5), sur la police des fortifications
et des bâtimens militaires.

60.

Le commandant d'armes tient la main et veille en personne,
et par les officiers de son état-major, à l'exécution des lois, ordonnances et réglemens sur l'assiette et la police du casernement (d),
sur le service des hôpitaux (e) et des autres établissemens militaires.

4.° Du Service et de la Police des Travaux militaires.

61.

Le commandant d'armes, conformément à l'article 3, titre 35
de l'ordonnance de 1768 (6), ne laissera construire aucune pièce
nouvelle de fortification, ni ouvrir la place, ni en interrompre
l'entrée pour des réparations, qu'après avoir pris, de concert avec
le commandant du génie, les mesures nécessaires à la police ou à
la sûreté de la place, et à la discipline de la garnison.

---

(1) *Voyez* page 79.
(2) *Voyez* page 58.
(3) *Voyez* page 138.

(4) *Voyez* page 143.
(5) *Voyez* page 144.
(6) *Voyez* page 79.

(a). *Voyez* le réglement du 22 germinal an 4, page 140; la circulaire du 9 floréal an 5, page 140,
et celle du 1.er brumaire an 9, page 142.

(b) *Voyez* le réglement du 30 thermidor an 2, page 136, et la circulaire du 25 vendémiaire an 8, page 141.

(c) *Voyez* la circulaire du 8 avril 1808, page 148.

(d) *Voyez* l'extrait du réglement sur le logement et le casernement, du 23 mai 1792,
page 146.

(e) *Voyez* l'extrait de l'arrêté concernant les hôpitaux, du 24 thermidor an 8, page 147.

62.

Le commandant d'armes pourvoit, en ce qui le concerne, à la police, à la protection et à la plus prompte exécution des travaux militaires, conformément à l'ordonnance du 1.er mars 1768 (1), au titre 6 de la loi du 10 juillet 1791 (2), et aux réglemens du 3 avril 1744 et du 25 frimaire an 2 (3).

63.

Le commandant d'armes tiendra la main à ce qu'il ne soit construit sur le terrain militaire aucun bâtiment ou autres travaux publics ou particuliers (a), qu'après avoir été prévenu d'office par le commandant du génie que lesdits travaux sont bien et dûment autorisés, et en avoir réglé l'exécution sous le rapport de la conservation et de la police de la place, conformément à ce qui est prescrit pour les routes par notre décret du 4 août 1811 (4).

Réciproquement, lorsque les travaux des fortifications, ou tous autres objets du service militaire, exigeront, soit l'interruption momentanée des communications publiques, soit quelques manœuvres d'eau extraordinaires, ou toute autre disposition non usitée qui intéressera les habitans, le commandant d'armes et le commandant du génie ne pourront les ordonner, hors le cas d'urgence, qu'après avoir prévenu le maire, et pris avec lui les mesures convenables pour que le service public n'en reçoive aucun dommage.

5.° *Des Rapports de la Police militaire avec la Police judiciaire et civile.*

DE LA POLICE ET DÉLITS MILITAIRES.

64.

Le commandant d'armes fait arrêter sur le terrain militaire, et punit des peines de discipline ou renvoie devant les tribunaux mili-

---

(1) *Voyez* page 79.
(2) *Voyez* page 58.
(3) *Voyez* page 149.
Ce réglement est du 18 germinal an 2 ; il a été

fait pour fixer un mode de travail, &c. pour les douze bataillons de sapeurs créés par le décret du 25 frimaire.

(4) *Voyez* page 153.

(a) *Voyez* l'extrait du décret du 17 pluviôse an 2, page 154, et le décret du 9 décembre 1811, page 156.

taires les personnes qui, par leur qualité ou par la nature des délits, sont soumises à cette discipline ou justiciables de ces tribunaux.

65.

Le commandant d'armes fait arrêter, en cas de flagrant délit, les particuliers qui dégradent les ouvrages ou bâtimens militaires, ou qui commettent sur le terrain militaire des délits contre la police de la place et la discipline des garnisons.

Il donne les ordres et consignes nécessaires pour faire mettre en fourrière les animaux qui dégradent les fortifications, ou qui s'y trouvent en contravention à l'article 22, titre I.ᵉʳ de la loi du 10 juillet 1791 (1).

Les prévenus, en cas d'arrestation, et, dans tous les cas, les rapports et procès-verbaux constatant les délits dont il s'agit, seront renvoyés par le commandant d'armes aux officiers de police civile ou judiciaire, qui feront sur-le-champ l'instruction.

Les maires, juges de paix et tribunaux prononceront, sans délai, les peines portées par le code pénal pour les délits ordinaires, dans les cas analogues; savoir:

Pour les dégradations commises aux ouvrages et bâtimens, les peines portées contre les dégradations des monumens, ouvrages et autres dépendances du domaine public;

Pour les autres délits contre la police de la place ou la discipline de la garnison, les peines portées contre les contraventions ou délits qui tendent à troubler l'ordre public ou à exciter la sédition.

Nos cours impériales, nos procureurs impériaux et nos préfets tiendront la main à l'exécution de ces dispositions.

66.

Lorsque la garnison recevra un ordre subit de départ, ou quand elle sera faible et ne pourra fournir les postes et sentinelles indispensables à la police et à la conservation de la place, le service de la place se fera en tout ou en partie par la garde municipale ou par la garde nationale de la commune et de l'arrondissement.

Les maires et sous-préfets seront tenus de déférer aux réquisitions des commandans d'armes, provisoirement et jusqu'à ce qu'un

---

(1) *Voyez* page 58.

ordre définitif de service ait pu être concerté entre le général commandant la division et le préfet.

Les postes et détachemens fournis par la garde municipale ou par la garde nationale, en conséquence du présent article, passeront sous les ordres du commandant d'armes, pendant toute la durée de leur service (a).

DE LA POLICE ET DÉLITS ORDINAIRES.

67.

Pour les délits ordinaires, toute personne prise en flagrant délit ou poursuivie par la clameur publique, aux portes de la ville ou sur toute autre partie du terrain militaire, y sera sur-le-champ arrêtée, soit par les postes et sentinelles, soit par les officiers de police civile ou judiciaire, soit même par les particuliers, sans qu'il soit besoin d'une autorisation préalable du commandant d'armes, lequel en sera d'ailleurs et de suite informé.

68.

Hors les cas prévus dans l'article précédent, nul ne peut pénétrer, sans l'autorisation du commandant d'armes, dans l'intérieur des bâtimens ou établissemens militaires et des terrains clos qui en dépendent, ni sur les parties des fortifications autres que celles qui sont réservées à la libre circulation des habitans, en vertu de l'article 28 de la loi du 10 juillet 1791 (1).

En conséquence et hors lesdits cas, les officiers de police civile et judiciaire s'adresseront, pour la poursuite des délits ordinaires, au commandant d'armes, qui prendra de suite et de concert avec eux, les mesures nécessaires pour la répression du désordre, et, s'il y a lieu, pour l'arrestation des prévenus.

69.

Le commandant d'armes veille lui-même, de son propre mouvement, et pourvoit, conformément à l'article 15, titre III de la loi du 10 juillet 1791, à ce qu'aucune partie du terrain militaire ne devienne un lieu d'asile pour le crime et le désordre; en

---

(1) *Voyez* page 58.

(a) *Voyez* l'extrait du décret impérial du 12 novembre 1806, page 190.

conséquence

conséquence il donne les ordres et consignes nécessaires pour y prévenir les délits de toute espèce ; il y fait arrêter les prévenus et les renvoie, s'il y a lieu, devant les officiers de police judiciaire ou civile, conformément aux dispositions de ladite loi, et spécialement des titres III, IV et VI.

§. II.

Du Service et de la Police des Places dans l'intérieur et dans le rayon d'attaque.

1.° Définition et Limites du rayon extérieur des Places.

70.

Le rayon d'attaque des places s'étend sur la zone du terrain extérieur comprise entre les bornes des glacis et les points où seraient établis, en cas de siége, les dépôts et la queue des tranchées de l'ennemi, à la distance d'un kilomètre [500 toises] de la crête intérieure du parapet des chemins couverts les plus avancés, conformément aux articles 29 et 34, titre Ier de la loi du 10 juillet 1791 (1), à notre décret du 13 fructidor an 13 (2), et à notre décret du 9 décembre 1811 (3).

71.

Dans l'état de paix, le rayon ordinaire ou d'attaque, est le seul qui soit soumis à la police militaire, conformément aux règles établies dans le reste du présent paragraphe.

Mais le commandant d'armes doit étudier le terrain, ses accidens ou ses ressources en cas de siége, et rendre compte au général commandant la division ou le département, de tous les événemens qui intéressent l'État ;

1.° Dans le rayon d'investissement jusqu'aux limites du terrain le plus favorable à l'assiette du camp, du parc et des lignes de circonvallation de l'ennemi ;

2.° Dans le rayon d'activité de la garnison, jusqu'aux points où le commandant peut et doit, quand la place est menacée, envoyer des partis ou pousser des reconnaissances, suivant les règles prescrites par le titre XVII de l'ordonnance du 1.er mars 1768 (4), sur le service des places ;

---

(1) *Voyez* page 58.
(2) *Voyez* page 154.

(3) *Voyez* page 156.
(4) *Voyez* page 79.

H

3.° Sur la frontière, dans les cas prévus par l'art. 26, tit. V de l'ordonnance du 31 décembre 1776 (1), et par notre décret du 13 fructidor an 13 (2).

2.° *Police des Constructions et autres Travaux civils ou particuliers.*

72.

Le commandant d'armes veille à ce qu'il ne soit fait, dans le rayon d'attaque de la place, ni fouilles ni constructions (a) ou reconstructions, ni levées ou dépôts de terre et décombres, quels qu'en soient l'objet et la nature, si ce n'est avec les autorisations et dans les cas prévus par les articles 29, 30, 32 et 34 de la loi du 10 juillet 1791 (3), par nos décrets des 13 fructidor an 13 (4), 20 février (5) et 20 juin 1810 (6), et par notre décret du 9 décembre 1811 (7).

73.

Lorsqu'en vertu de l'article 28, titre V de l'ordonnance de 1776 (8), de l'article 30, titre I.er de la loi du 10 juillet 1791 (9), et de notre décret du 9 décembre 1811 (10), notre Ministre de la guerre aura ordonné la démolition des constructions, le comblement des fouilles ou l'enlèvement des dépôts faits dans le rayon d'attaque, au préjudice de la défense et en contravention aux lois, le commandant d'armes prendra sur-le-champ les mesures nécessaires pour l'exécution desdits ordres, et la protégera par tous les moyens qui sont en son pouvoir.

74.

Nos commandans d'armes donneront les ordres et consignes nécessaires pour faire arrêter et conduire devant eux, tout individu qui, en contravention à l'article 41, titre I.er de la loi du 10 juillet 1791 (11), exécuterait des opérations de topographie dans le rayon

---

(1) *Voyez* page 72.
(2) *Voyez* page 154.
(3) *Voyez* page 58.
(4) *Voyez* page 154.
(5) *Voyez* page 155.
(6) *Voyez* page 155.

(7) *Voyez* page 156.
(8) *Voyez* page 72.
(9) *Voyez* page 58.
(10) *Voyez* page 156.
(11) *Voyez* page 58.

(a) *Voyez* le décret du 9 décembre 1811, page 156; la circulaire du 20 dudit mois, page 158; la circulaire du colonel au corps du génie, chef de la 7.e division, du 31 juillet 1812, page 158; l'instruction du Ministre, dudit jour, page 159; et celle du 4 décembre 1812, page 164.

kilométrique , ou qui ferait la reconnaissance de la place , de ses ouvrages extérieurs et de ses approches.

Si la personne arrêtée est domiciliée, et justifie qu'elle opère pour le service public ou pour celui des propriétaires , elle sera simplement renvoyée au commandant du génie , pour lui communiquer l'objet des opérations et en recevoir l'autorisation d'usage.

Dans le cas contraire , elle sera détenue et jugée conformément au code pénal militaire.

75.

Dans l'intérieur de la place, en deça de la rue du rempart ou du terrain qu'elle doit occuper, les constructions, fouilles, dépôts, opérations et autres objets de service public ou particulier sont uniquement réglés par les lois et ordonnances de voirie et de police municipale.

Seulement l'autorité civile ne peut supprimer ou retracer les rues qui servent de communications directes entre la place d'armes, les bâtimens ou établissemens militaires , et la rue du rempart, qu'après que les projets en ont été concertés conformément aux règles établies par nos décrets du 13 fructidor an 13 (1), et des 20 février (2) et 20 juin 1810 (3).

La même disposition s'applique aux rues , carrefours et places qui environnent les bâtimens ou établissemens militaires, ou qui sont consacrés par le temps et l'usage aux exercices ou rassemblemens des troupes.

3.º *Police des Rassemblemens et Passages.*

76.

Le commandant d'armes exerce , de concert avec l'autorité civile , la police des rassemblemens et passages ordinaires dans l'intérieur et le rayon de la place , conformément aux règles établies par les titres XI et XIX de l'ordonnance du 1.ᵉʳ mars 1768 (4), et par le titre III de la loi du 10 juillet 1791 (5).

---

(1) *Voyez* page 154.
(2) *Voyez* page 155.
(3) *Voyez* page 155.

(4) *Voyez* page 79.
(5) *Voyez* page 58.

77.

Dans les rassemblemens ou passages extraordinaires ou imprévus, mais licites et déterminés par des événemens ou des circonstances qui ne constituent point la place en état de guerre, le commandant d'armes, outre les mesures prescrites et rappelées dans l'article précédent, fera, de concert avec l'autorité civile, toutes les dispositions nécessaires à la police militaire de la place.

78.

Dans les cas prévus par les articles précédens, le maire et le sous-préfet mettront à la disposition du commandant d'armes le nombre d'hommes de la garde municipale ou de la garde nationale, nécessaire pour suppléer au défaut ou à l'insuffisance de la garnison.

79.

Le service et la police de la place, en cas d'incendie, seront prévus et concertés à l'avance, entre le maire et le commandant d'armes.

Outre les dispositions prescrites ou rappelées dans les articles précédens, le commandant d'armes prendra toutes les mesures nécessaires, soit à la police et à la sûreté de la place, soit à l'ordre et à la protection des manœuvres et travaux qui ont pour objet d'éteindre et de couper l'incendie.

A cet effet, il mettra à la disposition du commandant du génie les travailleurs de la garnison que ce dernier lui demandera.

Les travaux des troupes et des ouvriers militaires seront dirigés par le commandant du génie, de concert avec l'ingénieur civil, l'architecte de la commune et le chef des pompiers, s'il en existe.

Le commandant d'armes et le maire veilleront et pourvoiront à ce qu'aucune autre personne ne s'immisce dans l'indication ou la direction des travaux et manœuvres, et ne trouble ou n'entrave celles qu'ils auront ordonnées.

80.

Les dispositions de l'article précédent, s'appliqueront aux inondations et autres accidens publics, spécialement dans les places sujettes aux débordemens périodiques des fleuves et rivières.

4.° Relations de la Police militaire avec la Police judiciaire et civile.

81.

Les délits qui, par leur nature ou par la qualité des prévenus, sont du ressort de la police ou des tribunaux militaires, seront poursuivis dans l'intérieur et dans le rayon de la place, par le commandant d'armes, de concert avec les officiers de police civile et judiciaire, qui feront arrêter conformément aux lois et renverront devant lui les prévenus, lorsqu'ils se seront réfugiés dans l'intérieur des établissemens publics ou des maisons particulières.

82.

Sur la réquisition des officiers de police civile ou judiciaire, le commandant prêtera main-forte pour la répression des délits ordinaires, et pour l'exécution des ordonnances et jugemens des tribunaux.

Hors ce cas, il ne s'immiscera point dans l'exercice de la police et de la justice ordinaire.

§. III.

Devoirs des Commandans d'armes, relatifs à la défense de la Place.

83.

Tout commandant doit considérer sa place comme susceptible d'être attaquée ou insultée à l'improviste, et de passer subitement de l'état de paix à l'état de guerre ou de siége.

En conséquence, il établira, même dans l'état de paix, son plan de service et de défense, suivant les hyothèses d'attaque les plus probables, et déterminera, pour les principaux cas, ses postes et ses réserves, les mouvemens des troupes, l'action et le concours de tous les corps et de tous les services.

Il rédigera, d'après ces bases, ses instructions en cas d'alarme, et s'assurera de leur exécution, conformément au titre XVIII de l'ordonnance du 1.ᵉʳ mars 1768 (1).

84.

Il réunira, dans ce même but, les divers élémens de sa défense, et s'attachera particulièrement à bien connaître la situation,

1.° De l'intérieur de la place, des fortifications, bâtimens ou

---

(1) *Voyez* page 79.

éablissemens militaires, et du terrain extérieur dans les rayons d'attaque, d'investissement et d'activité;

2.° De la garnison, de l'artillerie et des munitions ou approvisionnemens de toute espèce (a);

3.° De la population à nourrir en cas de siége, des hommes capables de porter les armes, des maîtres et compagnons ouvriers susceptibles d'être employés en cas d'incendie, ou pour les travaux, et des subsistances, des matériaux, des outils et des autres ressources que la ville et le pays qui l'environne peuvent fournir, et dont il convient de s'assurer dans l'état de siége.

85.

Les renseignemens concernant la population et les ressources de la place seront donnés par le maire au commandant d'armes.

86.

Notre Ministre de la guerre prendra les mesures nécessaires pour qu'il soit déposé successivement au secrétariat de nos places, pour le service des commandans d'armes,

1.° Un plan de la place, contenant tous les détails de l'intérieur, de la fortification et du terrain extérieur dans le rayon d'attaque;

2.° Une carte des environs dans le rayon d'investissement;

3.° Une carte générale (gravée ou manuscrite), qui s'étende, non-seulement dans le rayon d'activité de la place, mais encore jusqu'aux places voisines, et jusqu'à la frontière ou à la côte, s'il s'agit d'une place de première ligne;

4.° Un mémoire de situation et de défense, qui fasse connaître l'état et les propriétés de la place et de ses ouvrages, et ses rapports avec les places voisines et avec la guerre offensive ou défensive;

5.° Un exemplaire de l'instruction du 14 thermidor an 7, et des meilleurs ouvrages connus sur la défense des places;

6.° Un exemplaire du présent décret, que notre Ministre de la guerre fera imprimer, à cet effet, avec l'extrait des ordonnances, lois et décrets en vigueur, qui s'y trouvent rappelés ou qui s'y rapportent.

(a) *Voyez* la circulaire du 21 ventôse an 5, page 167; celle du 14 ventôse an 7, page 167; celle du 21 germinal an 7, page 168; celle du 24 floréal an 7, page 169; celle du 27 floréal an 7, page 170; celle du 29 floréal an 7, page 170; celle du 24 thermidor an 7, page 175; celle du 25 thermidor an 7, page 175.

87.

Ces plans, mémoires, instructions et ouvrages, ainsi que les états de situation et les autres documens relatifs au service et à la défense de la place, seront enregistrés sur les inventaires de la place, conservés et communiqués, conformément aux ordonnances et réglemens sur les plans et papiers des fortifications.

88.

Les commandans s'assureront fréquemment et par eux-mêmes,

1.° Que toutes les portes et issues de la place sont dans un bon état de fermeture;

2.° Qu'il n'existe ni brèches aux ouvrages, ni ouvertures praticables dans les murs extérieurs des souterrains et casemates, et des portes ou poternes condamnées.

En cas de brèche et d'ouverture, ils requerront le commandant du génie de pourvoir à la clôture de la place par des travaux définitifs ou provisionnels, et feront de leur côté placer les postes et les sentinelles nécessaires à la police et à la sûreté de la place.

89.

Ils tiendront la main à l'exécution du titre XXII de l'ordonnance du 1.ᵉʳ mars 1768 (1), et des articles 57 et 58 du titre V de l'ordonnance du 31 décembre 1776 (2), pour les exercices et manœuvres ordinaires des troupes, et, toutes les fois que les circonstances le permettront, pour les exercices et simulacres d'attaque et de défense.

90.

Le commandant d'armes, étant personnellement responsable de la conservation de la place et de la tranquillité de la garnison et des habitans, ne peut, même dans l'état de paix, coucher hors des barrières, ni s'éloigner le jour hors de la portée du canon, si ce n'est avec la permission du général commandant la division, laquelle désignera toujours l'officier qui doit commander par *interim*.

Lorsque les commandans d'armes seront admis à la retraite ou appelés à d'autres fonctions, ils ne pourront semblablement quitter

---

(1) *Voyez* page 79.   (2) *Voyez* page 72.

leur place qu'après avoir remis le commandement à leur successeur ou à l'officier qui sera désigné pour les remplacer, soit par notre Ministre de la guerre, soit par le général commandant la division.

CHAPITRE III.

De l'État de guerre.

91.

Dans les places en état de guerre, le service et la police sont soumis aux mêmes règles que dans l'état de paix, sauf les exceptions et les modifications suivantes.

92.

Dans les places en état de guerre, la garde nationale et la garde municipale passent sous le commandement du gouverneur ou commandant; et l'autorité civile ne peut ni rendre aucune ordonnance de police sans l'avoir concertée avec lui, ni refuser de rendre celles qu'il juge nécessaires à la sûreté de la place ou à la tranquillité publique.

93.

Dans toute place en état de guerre, l'autorité civile est tenue de concerter avec le commandant d'armes les moyens de réunir dans la place, en cas de siége,

1.° Les ressources nécessaires à la subsistance des habitans et de la garde nationale;

2.° Les ressources que le pays peut fournir pour les travaux militaires et pour les besoins de la garnison.

94.

Dans toute place en état de guerre, les gardes-pompiers, s'il en est établi, passent, avec les pompes, machines et ustensiles, sous l'autorité du commandant d'armes.

Les ouvriers charpentiers et autres qui peuvent servir à couper les incendies, sont syndiqués, et formés, sous leurs syndics et quatre maîtres, en compagnies, sections et ateliers.

Le service d'incendie, en cas de siége ou de bombardement, est réglé par le gouverneur ou commandant, de concert avec le commandant du génie et l'autorité civile.

95.

95.

Dans toute place en état de guerre, si le Ministre ou le général d'armée en donne l'ordre, ou si les troupes ennemies se rapprochent à moins de trois journées de marche de la place, le gouverneur ou commandant est, sur-le-champ et sans attendre l'état du siége, investi de l'autorité nécessaire,

1.° Pour faire sortir les bouches inutiles, les étrangers et les gens notés par la police civile ou militaire ;

2.° Pour faire rentrer dans la place, ou empêcher d'en sortir, les ouvriers, les matériaux et autres moyens de travail, les bestiaux, denrées et autres moyens de subsistance ;

3.° Pour faire détruire par la garnison et la garde nationale, tout ce qui peut, dans l'intérieur de la place, gêner la circulation de l'artillerie et des troupes ; à l'extérieur, tout ce qui peut offrir quelque couvert à l'ennemi et abréger ses travaux d'approche.

96.

Le général commandant une armée dans le tableau de laquelle la garnison d'une place sera comprise, veillera,

1.° A ce qu'il reste dans la place la garnison nécessaire pour la garder, conjointement avec les gardes municipales et nationales ;

2.° A ce qu'il s'y trouve, dans l'état de siége, une garnison suffisante.

97.

Les généraux commandant nos armées, s'ils n'y sont autorisés, ne toucheront aux munitions et aux approvisionnemens des places que dans les cas d'extrême urgence. Ils y remplaceront le plutôt possible ce qu'ils en auront distrait. Ils les feront compléter par tous les moyens en leur pouvoir, lorsque la place sera menacée d'un siége (a).

98.

Les gouverneurs, commandans d'armes, d'artillerie et du génie, et les chefs des divers services, ne pourront jamais être détachés de la place sans un ordre du Ministre de la guerre.

(a) *Voyez* la circulaire du 26 messidor an 4, page 179, et le réglement sur la distribution des approvisionnemens de siége et de réserve des îles et forts en mer, du 24 mars 1809, page 179.

99.

Les gouverneurs ou commandans ne pourront détacher des officiers et des partis au-delà du rayon d'investissement, que pour les reconnaissances qui importent à la sûreté de la place.

Ils ne choisiront jamais ces officiers parmi les chefs de corps ou de service, et ces partis seront toujours assez faibles pour que leur perte n'influe pas sensiblement sur la force de la garnison.

100.

Les gouverneurs et commandans d'armes ne pourront, dans l'état de guerre, coucher hors des barrières, ni s'éloigner de leur place de plus d'une portée de canon, sans un ordre formel du Ministre de la guerre.

CHAPITRE IV.

De l'État de Siége.

101.

Dans les places en état de siége, l'autorité dont les magistrats étaient revêtus pour le maintien de l'ordre et de la police, passe toute entière au commandant d'armes, qui l'exerce ou leur en délègue telle partie qu'il juge convenable.

102.

Le gouverneur ou commandant exerce cette autorité, ou la fait exercer en son nom, et sous sa surveillance, dans les limites que le décret détermine ; et si la place est bloquée, dans le rayon de l'investissement.

103.

Pour tous les délits dont le gouverneur ou le commandant n'a pas jugé à propos de laisser la connaissance aux tribunaux ordinaires, les fonctions d'officier de police judiciaire sont remplies par un prévôt militaire, choisi, autant que possible, parmi les officiers de gendarmerie ; et les tribunaux ordinaires sont remplacés par les tribunaux militaires.

104.

Dans l'état de siége, le gouverneur ou commandant détermine

le service des troupes, de la garde nationale (a), et celui de toutes
les autorités civiles et militaires, sans autres règles que ses instructions secrètes, les mouvemens de l'ennemi et les travaux de l'assiégeant.

105.

Le gouverneur ou commandant consulte les commandans des
troupes, de l'artillerie et du génie, l'inspecteur aux revues et le
commissaire des guerres, seuls ou réunis en conseil de défense.

Dans ce dernier cas, le secrétaire archiviste tient la plume, et
constate, dans le registre des délibérations du conseil, l'avis commun ou les opinions respectives de ses membres, qui peuvent y
consigner, sous leur signature, tous les développemens qu'ils jugent
à propos d'ajouter au procès-verbal.

Mais le gouverneur ou commandant décide seul et contre les
avis du conseil ou de ses membres, lesquels restent secrets.

Faisons au conseil et à ses membres défense expresse de laisser
transpirer aucun objet de délibération, ou leur opinion personnelle sur la situation de la place.

106.

Indépendamment du registre des délibérations du conseil de
défense, il sera tenu particulièrement par le gouverneur ou commandant de la place, par les commandans de l'artillerie et du génie,
et par les chefs des divers services, un journal sur lequel seront
transcrits par ordre de dates, et sans aucun blanc ni interligne, les
ordres donnés et reçus, la manière dont ils ont été exécutés, leur
résultat, et toutes les circonstances, toutes les observations qui
peuvent éclairer sur la marche de la défense.

Notre Ministre de la guerre déterminera, dans une instruction
spéciale, la manière dont ces journaux doivent être tenus, et les
formalités nécessaires, afin qu'ils aient, ainsi que le registre du
conseil de défense, la régularité et l'authenticité nécessaires pour
servir à l'enquête prescrite ci-après, article 114.

107.

Outre ces registres et journaux, il y aura dans le cabinet du

---

(a) *Voyez* l'extrait du décret impérial relatif à l'organisation des gardes nationales, du
12 novembre 1806, page 190.

gouverneur ou commandant, une carte directrice des environs de la place, un plan directeur de la place, et un plan spécial des fronts d'attaque, sur lesquels le commandant du génie tracera lui-même ou fera tracer en sa présence, et successivement,

1.° Les positions occupées et les travaux exécutés par l'ennemi, à commencer de l'investissement ;

2.° Les travaux de contre-approche ou de défense, et les dispositifs successifs de l'artillerie et des troupes, à mesure des progrès de l'ennemi.

108.

Le gouverneur ou commandant défendra successivement ses ouvrages et ses postes extérieurs (a), sa contrescarpe, ses dehors, son enceinte et ses derniers retranchemens.

Il ne se contentera pas de déblayer le pied de ses brèches et de les mettre en état de défense par des abattis, des fougasses, des feux allumés, et par tous les moyens usités dans les siéges ; mais, en outre, il commencera de bonne heure en arrière des bastions ou des fronts d'attaque, les retranchemens nécessaires pour soutenir au corps de place un ou plusieurs assauts. Il y emploiera les habitans. Il y fera servir les édifices, les maisons et matériaux de celles que les bombes auront ruinées. (b)

109.

Mais, dans ces défenses successives, le gouverneur ménagera sa garnison, les munitions de guerre et ses subsistances, de manière,

1.° Qu'il ait, pour les assauts et la reprise de ses dehors, et spécialement pour l'assaut au corps de place, une réserve de troupes fraîches, et choisies parmi les vieux corps et les vieux soldats de sa garnison ;

2.° Qu'il lui reste les munitions et les subsistances nécessaires pour soutenir vigoureusement les dernières attaques.

110.

Tout gouverneur ou commandant à qui nous avons confié l'une de nos places de guerre, doit se ressouvenir qu'il tient dans ses mains un des boulevarts de notre Empire, ou l'un des points

---

(a) *Voyez* l'extrait du réglement provisoire, &c., page 194.
(b) *Voyez* la décision du conseil exécutif du 1.ᵉʳ septembre 1792, page 193.

d'appui

d'appui de. nos armées, et que sa reddition, avancée ou retardée d'un seul jour, peut être de la plus grande conséquence pour la défense de l'État et le salut de l'armée.

En conséquence, il sera sourd à tous les bruits répandus par l'ennemi, ou aux nouvelles directes ou indiretes qu'il lui ferait parvenir, lors même qu'il voudrait lui persuader que les armées sont battues et la France envahie; il résistera à ses insinuations comme à ses attaques. Il ne laissera point ébranler son courage ni celui de la garnison.

111.

Il se rappellera que les lois militaires condamnent à la peine capitale tout gouverneur ou commandant qui livre sa place sans avoir forcé l'assiégeant de passer par les travaux lents et successifs des siéges, et avant d'avoir repoussé au moins un assaut au corps de la place, sur des brèches praticables (circulaire de Louis XIV, du 6 avril 1705 (1), loi du 26 juillet 1792 (2), loi du 21 brumaire an 5, titre III, articles 1.er et 2 (3), arrêté du 16 messidor an 7 (4).

112.

Lorsque notre gouverneur ou commandant jugera que le dernier terme de sa défense est arrivé, il consultera le conseil de défense sur les moyens qui restent de prolonger le siége.

Le présent paragraphe y sera lu d'abord à haute et intelligible voix.

L'avis du conseil ou les opinions de ses membres seront consignés sur le registre des délibérations.

Mais le gouverneur ou commandant seul prononcera, et suivra le conseil le plus ferme et le plus courageux, s'il n'est absolument impraticable.

Dans tous les cas, il décidera seul de l'époque, du mode et des termes de la capitulation.

Jusque-là, sa règle constante doit être de n'avoir avec l'ennemi que le moins de communication possible et de n'en tolérer aucune.

Dans aucun cas il ne sortira lui-même pour parlementer, et n'en chargera que des officiers dont la constance, la fermeté,

---

(1) *Voyez* page 196.
(2) *Voyez* page 196.
(3) *Voyez* page 197.
(4) *Voyez* page 198.

le courage d'esprit et le dévouement lui seront personnellement connus.

113.

Dans la capitulation, le gouverneur ou commandant ne se séparera jamais de ses officiers ni de ses troupes; il partagera le sort de sa garnison, après comme pendant le siége; il ne s'occupera que d'améliorer le sort du soldat et des malades et blessés, pour lesquels il stipulera toutes les clauses d'exception et de faveur qu'il lui sera possible d'obtenir.

114.

Tout gouverneur ou commandant qui aura perdu une place que nous lui aurons confiée, sera tenu de justifier de la validité de ses motifs devant un conseil d'enquête.

115.

Si le conseil d'enquête trouve qu'il' y a lieu à accusation, le prévenu sera traduit devant le tribunal compétent, pour y être jugé conformément aux lois.

116.

Si le conseil d'enquête déclare que le gouverneur ou commandant est sans reproche, et qu'il a prolongé sa défense par tous les moyens en son pouvoir, jusqu'à la dernière extrémité, il sera acquitté honorablement, et le jugement du conseil publié sur-le-champ et mis à l'ordre de l'armée et des places.

117.

Tout gouverneur ou commandant qui, d'après la déclaration des conseils d'enquête, et d'après les comptes particuliers qui nous en seront parvenus, aura défendu sa place en homme d'honneur, en bon Français et en sujet fidèle, nous sera présenté par notre Ministre de la guerre, dans un jour de grande parade, avec les chefs de corps et de service, et les militaires qui se seront le plus signalés dans la défense; nous réservant de leur donner nous-mêmes et en présence des troupes, les témoignages publics et les marques de notre satisfaction.

A cet effet, notre Ministre de la guerre hâtera l'échange de ceux qui seraient prisonniers, et qui seront, à leur retour, rappelés de leur solde d'activité, sans aucune retenue.

(43)

118.

Tout gouverneur tué sur la brèche ou mort de ses blessures, après une défense honorable, sera inhumé avec les mêmes honneurs que les grands officiers de la légion d'honneur; son traitement de retraite sera réversible sur sa famille, et ses enfans obtiendront les premières places vacantes dans les institutions publiques.

Nous nous réservons de pensionner et placer dans les mêmes institutions les enfans des militaires tués ou morts de leurs blessures dans la défense des places.

119.

Les batteries dehors et ouvrages extérieurs des fronts d'attaque de nos places de terre, recevront, à l'avenir, les noms des généraux, commandans et autres militaires qui se seront illustrés dans la défense des places.

120.

Dans les places de guerre qui sont en même temps ports de notre marine impériale, il n'est rien changé aux lois et usages qui règlent le service des états-majors des places, dans ses rapports avec le service de la marine.

Notre Ministre de la guerre nous proposera, de concert avec notre Ministre de la marine, les changemens qu'il serait nécessaire de faire à cette partie de la législation, pour la mettre en harmonie avec les dispositions du présent décret.

121.

Nos divers Ministres sont chargés, chacun en ce qui le concerne, de l'exécution du présent décret, qui sera inséré au Bulletin des lois.

DÉCRET IMPÉRIAL qui détermine les cas où les Généraux ou Commandans militaires peuvent capituler, et la manière dont seront jugés et punis ceux qui capituleraient hors les cas où la capitulation est permise.

Au Palais de Compiègne, le 1.er Mai 1812.

NAPOLÉON, Empereur des Français, Roi d'Italie, Protecteur de la Confédération du Rhin, Médiateur de la Confédération suisse, &c. &c. &c.

Considérant que tout général ou commandant militaire, de quelque grade qu'il soit, à qui nous avons confié un corps d'armée, une place de guerre, ou qui se trouve avoir sous ses ordres une portion quelconque de nos troupes, en est comptable à nous et à la France;

Considérant que s'il les perd avant de s'être défendu à outrance, il peut compromettre le salut de l'armée, l'intégrité du territoire, l'honneur de nos armes et la gloire du nom français;

Qu'il est criminel ou répréhensible, suivant les circonstances, s'il perd sa place ou position militaire, soit par lâcheté, négligence, imprévoyance et faiblesse, ou par trop de facilité à prêter l'oreille à des propositions d'autant plus déshonorantes qu'elles sont plus avantageuses (a);

Sur le rapport de notre Ministre de la guerre;

Notre Conseil d'état entendu,

Nous avons décrété et décrétons ce qui suit:

ARTICLE 1.er

Il est défendu à tout général, à tout commandant d'une troupe armée, quel que soit son grade, de traiter en rase campagne d'aucune capitulation par écrit ou verbale.

(a) *Voyez* l'extrait du réglement provisoire pour le service des troupes en campagne, de 1810, page 194.

2.

2.

Toute capitulation de ce genre dont le résultat aurait été de faire poser les armes, est déclarée déshonorante et criminelle, et sera punie de mort. Il en sera de même de toute autre capitulation, si le général ou commandant n'a pas fait tout ce que lui prescrivaient le devoir et l'honneur.

3.

Une capitulation dans une place de guerre assiégée et bloquée, est permise dans les cas prévus par l'article suivant.

4.

La capitulation dans une place de guerre assiégée et bloquée peut avoir lieu, si les vivres et munitions sont épuisés après avoir été ménagés convenablement, si la garnison a soutenu un assaut à l'enceinte, sans pouvoir en soutenir un second (a), et si le gouverneur ou commandant a satisfait à toutes les obligations qui lui sont imposées par notre décret du 24 décembre 1811 (1). Dans tous les cas, le gouverneur ou commandant, ainsi que les officiers, ne sépareront pas leur sort de celui de leurs soldats, et le partageront.

5.

Lorsque les conditions prescrites dans l'article précédent n'auront pas été remplies, toute capitulation ou perte de la place qui s'ensuivra, est déclarée déshonorante et criminelle, et sera punie de mort.

6.

Tout commandant militaire prévenu des délits mentionnés aux articles 2 et 5, sera traduit devant un conseil de guerre extraordinaire, en conséquence du rapport que nous en fera notre Ministre de la guerre, à la suite d'une enquête.

7.

Le conseil de guerre extraordinaire sera composé de sept

---

(1) *Voyez* page 5.

(a) *Voyez* la circulaire de Louis XIV, du 6 avril 1705, page 196 ; le décret du 26 juillet 1792, page 196 ; l'extrait du code des délits et des peines, du 21 brumaire an 5, page 197, et l'arrêté du 16 messidor an 7, page 198.

membres; savoir : d'un président, qui sera toujours, tant que cela sera possible, d'un grade supérieur à celui du prévenu, et de six officiers généraux, si le prévenu est officier général; de six officiers généraux ou supérieurs, si le prévenu est officier supérieur; et, dans tous les autres cas, de six officiers de même grade ou de grade supérieur.

Le rapporteur et le commissaire impérial seront, autant que possible, d'un grade supérieur à celui de l'accusé.

Les fonctions de secrétaire-greffier seront remplies par un inspecteur aux revues, s'il s'agit de prononcer sur un général en chef; par un sous-inspecteur, s'il est question d'un officier général ou d'un colonel, et par un adjoint, s'il s'agit de tout autre grade.

8.

Les juges décideront, dans leur ame et conscience, et d'après toutes les circonstances du fait, si le délit existe, si le prévenu est coupable, et s'il convient de lui appliquer la peine de mort.

Lorsqu'il se présentera des circonstances atténuantes, la peine de mort pourra être commuée dans la peine de la dégradation, ou en celle de la prison pour un temps qui sera déterminé par le jugement.

9.

Le condamné pourra se pourvoir, dans le délai prescrit, devant la cour de cassation, dans les trois jours qui suivront le prononcé du jugement.

Le commissaire impérial aura également la faculté de se pourvoir devant la cour de cassation dans le même délai.

Les procédures auront lieu dans la chambre du conseil, et sur mémoires non imprimés.

10.

La règle établie par l'article 8 est déclarée applicable, dans les jugemens des conseils ordinaires, à tous les cas non prévus par les lois militaires. Les juges appliqueront alors, en leur ame et conscience, et d'après toutes les circonstances du fait, une des peines du code penal, civil ou militaire, qui leur paraîtra proportionnée au délit.

LOIS,

DÉCRETS, ORDONNANCES, ARRÊTÉS,

RÉGLEMENS ET CIRCULAIRES

*Qui se trouvent rappelés dans le Décret impérial du 24 décembre 1811,
ou qui s'y rapportent.*

Nota. On ne donne que par extrait les Ordonnances, Lois et
Décrets, &c. qui, applicables aux États-majors des places, contiennent
d'autres dispositions qui ne leur sont pas essentiellement propres.

DÉCRET

LOIS,

DÉCRETS, ORDONNANCES, ARRÊTÉS,

RÉGLEMENS ET CIRCULAIRES

*Qui se trouvent rappelés dans le Décret impérial du 24 décembre 1811,
ou qui s'y rapportent.*

DÉCRET IMPÉRIAL du 27 Octobre 1806 (a).

UN décret rendu par Sa Majesté, au palais de Berlin, le 27 octobre 1806, ren-
ferme les dispositions suivantes :

ARTICLE I.er

Il est alloué un corps-de-garde à chaque commandant d'armes, tant pour le chauffage de ses bureaux que pour celui de la salle où se tiennent les conseils de guerre.

2.

Ce corps-de-garde sera de troisième classe pour les commandans d'armes de
première et de deuxième classe, et de quatrième pour ceux des classes inférieures.

---

*EXTRAIT du Décret impérial sur les Logemens et les Honneurs dus
aux Présidens des Cours d'assises, du 27 Février 1811* (1) (b).

ARTICLE I.er

DANS toute commune où se tiendront les assises, le magistrat qui viendra les
présider sera logé, soit à l'hôtel-de-ville, soit au palais de justice, s'il s'y trouve des
appartemens commodes et meublés ; dans le cas contraire, dans une maison particulière et meublée, qui aura d'avance été désignée par le maire.

2.

Pour éviter toute charge qui retomberait souvent sur le même individu, le maire
sera tenu de désigner successivement les principales maisons de la commune qui
offrent la possibilité de disposer d'un appartement décent et commode, sans que le
propriétaire ou principal locataire de ladite maison soit obligé de l'abandonner.

---

(1) Journal militaire, année 1811, I.re partie, page 221.
(a) Décret du 24 décembre 1811, art. 6.
(b) *Idem*, art. 12.

N

EXTRAIT du Réglement sur les uniformes des Généraux, des Officiers des États-majors des armées et des places, des Officiers du Corps du Génie, des Inspecteurs aux revues, des Commissaires des guerres, des Officiers réformés, des Officiers jouissant de la solde de retraite, des Officiers de santé, et des Membres de l'Administration des Hôpitaux militaires (1) (a).

Du 1.er Vendémiaire an 12.

CHAPITRE III.

UNIFORMES DES OFFICIERS DES ÉTAT-MAJORS ET DES EMPLOYÉS DANS LES PLACES.

Commandans d'armes.

ARTICLE I.er

LES commandans d'armes auront un grand et un petit uniforme.

L'habit grand uniforme sera en drap bleu national, ainsi que les collets et les paremens, la doublure de serge écarlate.

Cet habit sera sans revers, boutonnant droit sur la poitrine et dégageant sur les cuisses; la taille croisée par derrière; le collet droit, de sept centimètres de haut; les paremens coupés et fermés en bottes, de onze centimètres de hauteur, dépassant de deux centimètres la largeur de la manche.

Les poches seront en travers et à trois pointes; les pans tombans ne seront point agrafés derrière.

Cet habit sera galonné comme il est prescrit ci-après.

Il sera garni de neuf gros boutons sur le devant du côté droit, placés à distance égale, jusqu'à la hauteur de la poche, trois sur chaque parement, trois à chaque poche, un sur chaque manche, deux au bas des plis, et un petit sur chaque épaule, près le collet, pour contenir l'épaulette; ces boutons seront en cuivre doré, timbrés d'un faisceau d'armes, avec cette légende, *État-major des places*, et conforme au dessin planche 6.

La veste et la culotte seront de drap écarlate, garnies de petits boutons uniformes.

Le col sera blanc en temps de paix, noir en campagne.

Le chapeau, sans panaches, plumes ni plumets, sera bordé d'un galon de six centimètres de largeur pour les commandans de première et deuxième classes; ce galon sera en or; pour les commandans de troisieme et quatrième classes, il sera en poil de chèvre noir.

La ganse sera en galon d'or de dix-huit millimètres de largeur, arrêtée par un gros bouton uniforme.

La cocarde nationale.

Les bottes à retroussis rabattus en cuir jaune.

Les éperons plaqués en argent, modèle planche 13.

---

(1) Journal militaire, an 12, I.re partie, page 213.

(a) Décret du 24 décembre 1811, art. 17.

Les boucles de souliers du modèle planche 13, seront d'argent.

L'habit du petit uniforme sera de même drap, coupé et façonné de même que le grand uniforme, excepté qu'il n'y aura de galonné que le collet et les paremens, et que les poches seront dans les plis. La veste écarlate ne sera point galonnée; la culotte en drap bleu national.

L'été, les commandans d'armes pourront porter la veste et la culotte de basin blanc non rayé, ou en nankin.

La redingote sera de drap bleu national, ainsi que les collets et les paremens. Cette redingote boutonnera croisée sur la poitrine; les poches seront en long dans les plis, le collet renversé, les paremens ouverts en dessous; il sera mis sept gros boutons uniformes sur chaque devant, un à chaque hanche, deux sur la patte des poches, et trois petits à chaque manche. Le collet et les paremens seront galonnés suivant les grades.

Le manteau, de drap bleu national, aura la rotonde bordée d'un galon d'or de quatre centimètres de largeur, conforme au dessin planche 6.

L'épée, pour les commandans de première et deuxième classes, sera du modèle de celle des généraux; pour les commandans de troisième et quatrieme classes, du modèle de l'épée des officiers de l'état-major des armées; la dragonne en or et à franges de torsades.

Le ceinturon en buffle blanc, de la largeur de six centimètres deux millimètres; la plaque en métal ciselé et doré, conforme au dessin planche 6.

Les pistolets de calibre, dont toutes les garnitures seront en fer bronzé.

Distinction des Classes.

2.

Les commandans d'armes seront distingués,

1.° Par la largeur du galon de l'habit et de la veste : ce galon représentera une branche de laurier, et sera conforme au dessin planche 6;

2.° Par les épaulettes, qui seront en or, et pour tous en franges de torsades : le corps de l'épaulette sera doublé en écarlate;

3.° Par le bord du chapeau, du dessin gravé planche 6.

Commandans de première Classe.

L'habit bordé d'un galon d'or de quatre centimètres de largeur sur les devans, les pans de derrière et les plis, ayant au collet, aux paremens et aux poches un double rang. Le double rang de galon, pour le collet et ses paremens, ne sera que de deux centimètres de largeur et mis en dehors. Le double rang sur les poches sera de la même largeur que celle des devans de l'habit. La veste sera bordée d'un galon de trois centimètres.

Deux épaulettes, sur chacune trois étoiles en lames d'argent brodées, trois sur la dragonne.

Le bord du chapeau en galon d'or.

Commandans de seconde Classe.

L'habit et la veste galonnés de même que les commandans de première classe, mais sur l'habit il n'y aura qu'un rang de galon au collet, aux paremens et aux poches.

Deux épaulettes, sur chacune deux étoiles, deux sur le gland de la dragonne.

Le bord du chapeau en galon d'or.

Commandans de troisième Classe.

L'habit bordé d'un galon d'or de trois centimètres sur les devans , les pans de derrière et les plis , n'ayant qu'un rang au collet, aux paremens et aux poches. La veste ne sera point galonnée.

Deux épaulettes sans étoile.

Le bord du chapeau en poil de chèvre.

Commandans de quatrième Classe.

L'habit galonné de même que celui des commandans de troisième classe, également sans galon sur la veste.

Une épaulette sur l'épaule gauche, une contre-épaulette sur l'épaule droite.

Le bord du chapeau en poil de chèvre.

3.

Les commandans d'armes, quel que soit le grade qu'ils avaient précédemment, ne pourront porter d'autre uniforme que celui qui est fixé par le présent réglement.

Adjudans de Place.

4.

Les adjudans de place auront deux uniformes.

L'habit grand uniforme sera de drap bleu national , ainsi que le collet et les paremens, la doublure en serge rouge : cet habit , sans revers , boutonnera droit sur la poitrine et croisera par derrière; les poches seront en travers et à trois pointes, le collet droit, les paremens fermés en bottes. Les pans ne s'agraferont point derrière, et seront tombans.

Cet habit sera garni de boutonnières de deux centimètres de largeur en galon d'or, du dessin arrêté planche 6 ; il en sera mis deux sur le collet, neuf sur chaque devant, trois en long sur les paremens et trois sur chaque poche.

Il y aura neuf gros boutons sur le devant, trois sur les paremens, trois sur les poches, un à chaque hanche, deux au bas des plis , et un petit sur chaque épaule pour fixer les épaulettes. Le bouton sera le même que celui des commandans d'armes.

La veste et la culotte seront en drap écarlate , garnies de petits boutons uniformes et sans boutonnières d'or.

Le col sera blanc en temps de paix, noir en guerre.

Le chapeau sera uni, bordé d'un galon de poil de chèvre noir, de six centimètres de largeur; la ganse, en galon d'or de dix-huit millimètres , sera retenue par un gros bouton uniforme.

La cocarde nationale, sans panache, plumes ni plumets.

Les adjudans de place ne seront distingués entre eux que par les épaulettes du grade dont ils seront pourvus. Les épaulettes et la dragonne des lieutenans seront losangées en soie bleue. Le corps des épaulettes sera doublé en écarlate.

Les bottes seront à retroussis rabattus en cuir jaune ; les éperons seront plaqués en argent, modèle planche 13.

Les

(53)

Les boucles de souliers en argent, conformes au modèle planche 13.

L'épée uniforme de l'infanterie, garnie d'une dragonne en or à frange d'effilé.

Le ceinturon en buffle blanc, de la largeur de six centimètres deux millimètres ; la plaque en métal doré, conforme au dessin planche 6.

Les pistolets de calibre, les garnitures en fer bronzé.

L'habit petit uniforme sera en tout conforme au grand ; mais les poches seront dans les plis, et il n'y aura de boutonnières en galon d'or que sur le collet et les paremens. La veste sera de drap écarlate et la culotte de drap bleu national.

La redingote en drap bleu national, le collet et les paremens de même étoffe, croisera sur la poitrine ; les poches seront en long dans les plis : il sera mis deux boutonnières de galon d'or sur le collet, qui sera renversé ; trois sur chaque parement, qui sera coupé ; sept gros boutons uniformes sur chaque devant, un à chaque hanche, deux à chaque poche et trois petits à chaque manche.

Le manteau, en drap bleu national, n'aura point la rotonde galonnée. Il sera mis au collet deux boutonnières en galon d'or.

Équipement du cheval.

5.

La selle à la française, en veau laqué. La housse et les chaperons en drap bleu national, seront bordés d'un galon d'or de la largeur de six centimètres pour les commandans de première et deuxième classes ; de cinq centimètres cinq millimètres pour ceux de troisième et quatrième classes ; de quatre centimètres cinq millimètres pour les adjudans de place de première classe, et de trois centimètres huit millimètres pour ceux de troisième classe. Tous les cuirs de la selle, de la bride et du bridon, seront noirs ; les bossettes et les boucles apparentes plaquées en argent, les étriers noirs, vernis.

6.

Les commandans d'armes et les adjudans de place se conformeront aux dessins gravés planche 6.

Secrétaires de Place.

7.

Les secrétaires de place auront le même uniforme que les adjudans de place, mais sans galon ni boutonnières en or ; ils porteront seulement des épaulettes et une dragonne de sous-lieutenant, ou du grade dont ils ont le brevet.

Portiers-consignes des Places.

8.

Les portiers-consignes des places auront l'habit en drap bleu national, doublure en serge bleue, collet et paremens de drap écarlate.

Cet habit sera coupé droit, boutonnera sur la poitrine et croisera par derrière.

Les boutons seront unis, timbrés de deux épées et d'une clef réunies par une couronne de chêne et conformes au dessin gravé planche 12.

Il en sera placé neuf gros sur le devant du côté droit, trois sur les paremens, qui seront en botte ; trois sur les poches, un à chaque hanche, deux au bas des plis.

O

Le collet sera renversé, tenant à un collet droit.

La veste et la culotte seront en drap bleu national et garnies de petits boutons d'uniforme.

Le chapeau sera uni, la ganse en galon de laine jaune, arrêtée par un gros bouton, la cocarde nationale.

L'épée uniforme de l'infanterie, la dragonne en laine jaune, le ceinturon en buffle blanc, la plaque en cuivre, conforme au modèle planche 6.

EXTRAIT du Décret impérial relatif aux Cérémonies publiques, Préséances, Honneurs civils et militaires (1) (a).

Du 24 Messidor an 12.

PREMIÈRE PARTIE.

TITRE Ier

Des Rangs et Séances des diverses Autorités dans les Cérémonies publiques.

SECTION Ire

Dispositions générales.

ART. Ier

CEUX qui, d'après les ordres de l'empereur, devront assister aux cérémonies publiques, y prendront rang et séance dans l'ordre qui suit :

Les princes français ;

Les grands dignitaires ;

Les cardinaux ;

Les ministres ;

Les grands officiers de l'Empire ;

Les sénateurs dans leur sénatorerie ;

Les conseillers d'état en mission ;

Les grands officiers de la légion d'honneur, lorsqu'ils n'auront point de fonctions publiques qui leur assigneront un rang supérieur ;

Les généraux de division commandant une division territoriale dans l'arrondissement de leur commandement ;

Les premiers présidens des cours d'appel ;

Les archevêques ;

Le président du collége électoral de département pendant la tenue de la session et pendant les dix mois qui précèdent l'ouverture et qui suivent la clôture ;

Les préfets ;

Les présidens des cours de justice criminelle ;

---

(1) Journal militaire, an 12, IIe partie, page 135 ; Bulletin des lois, n.º 10, 4.e série, loi n.º 110.

(a) Décret du 24 décembre 1811, art. 21.

Les généraux de brigade commandant un département;

Les évêques;

Les commissaires généraux de police;

Le président du collége électoral d'arrondissement, pendant le temps de la session et pendant les dix jours qui précèdent l'ouverture et qui suivent la clôture;

Les sous-préfets;

Les présidens des tribunaux de première instance;

Le président du tribunal de commerce;

Les maires;

Les commandans d'armes;

Les présidens des consistoires;

Les préfets conseillers d'état prendront leur rang de conseiller d'état.

Lorsqu'en temps de guerre, ou pour toute autre raison, Sa Majesté jugera à propos de nommer des gouverneurs de places fortes, le rang qu'ils doivent avoir sera réglé.

SECTION III.

De l'Ordre suivant lequel les Autorités marcheront dans les Cérémonies publiques.

9.

Les princes, les grands dignitaires de l'Empire et les autres personnes désignées en l'article 1.{er} de la section 1.{re} du présent titre, marcheront, dans les cérémonies, suivant l'ordre des préséances indiquées audit article, de sorte que la personne à laquelle la préséance sera due ait toujours à sa droite celle qui doit occuper le second rang; à sa gauche celle qui doit occuper le troisième, et ainsi de suite.

Ces trois personnes forment la première ligne du cortége.

Les trois personnes suivantes, la deuxième ligne.

Les corps marcheront dans l'ordre suivant :

Les membres des cours d'appel;

Les officiers de l'état-major de la division, non compris deux aides-de-camp du général qui le suivront immédiatement;

Les membres des cours criminelles;

Les conseillers de préfecture, non compris le secrétaire général qui accompagne le préfet;

Les membres des tribunaux de première instance;

Le corps municipal;

Les officiers de l'état-major de la place;

Les membres du tribunal de commerce;

Les juges de paix;

Les commissaires de police.

SECTION IV.

De la manière dont les diverses Autorités seront placées dans les Cérémonies.

10.

Lorsque, dans les cérémonies religieuses, il y aura impossibilité absolue de placer dans le chœur de l'église la totalité des membres des corps invités, lesdits membres seront placés dans la nef, et dans un ordre analogue à celui des chefs.

11.

Néanmoins, il sera réservé, de concert avec les évêques ou les curés, et les autorités civiles et militaires, le plus de stales qu'il sera possible ; elles seront destinées de préférence aux présidens et procureurs impériaux des cours ou tribunaux, aux principaux officiers de l'état-major de la division et de la place, à l'officier supérieur de gendarmerie et aux doyen et membres des conseils de préfecture.

SECONDE PARTIE.

DES HONNEURS MILITAIRES ET CIVILS.

TITRE XVIII.

Les Commandans d'armes.

SECTION I.re

Honneurs militaires.

ART. 1.er

Les commandans d'armes auront, à la porte de leur logis, une sentinelle tirée du corps-de-garde le plus voisin et des compagnies de fusiliers, s'ils ne sont pas officiers généraux ; s'ils le sont, la sentinelle sera tirée des grenadiers.

2.

Les postes, à leur passage, sortiront, et se mettront en bataille, se reposant sur leurs armes.

3.

Les postes de cavalerie monteront à cheval, mais ne mettront point le sabre à la main.

4.

Ils prendront le mot d'ordre du Ministre de la guerre, des Maréchaux d'Empire et des officiers généraux, dans les cas prévus par le présent décret, et le donneront dans toutes les autres circonstances.

5.

Les sentinelles leur présenteront les armes.

6.

Il leur sera fait des visites de corps par les troupes qui arriveront dans la place ou qui y passeront.

7.

Quand bien même ils seraient officiers généraux, ils ne recevront que les honneurs fixés ci-dessus.

8.

Les sentinelles porteront les armes aux adjudans de place.

SECTION

SECTION II.
Honneurs civils.

9.

Les commandans d'armes, à leur arrivée dans la ville où ils commandent, feront la première visite aux autorités supérieures, et recevront celle des autorités inférieures.

Toutes ces visites seront faites dans les vingt-quatre heures, et rendues dans les vingt-quatre heures suivantes.

TITRE XXVI.

SECTION Ire
Des Honneurs funèbres militaires.

ART. 2.

La totalité de la garnison assistera au convoi de toutes les personnes ci-dessus désignées, pour l'entrée d'honneur desquelles elle se fût mise sous les armes.

Pour les autres, il n'assistera que des détachemens dont la force et le nombre sont déterminés ci-après :

Pour un général de division employé, la moitié de la garnison prendra les armes ; pour un général de brigade employé, le tiers de la garnison prendra les armes ;

Pour un général de division en non-activité, le tiers de la garnison prendra les armes ; pour un général de brigade en non-activité, le quart de la garnison.

Pour un général de division en retraite ou réforme, le quart de la garnison ; pour un général de brigade en retraite ou réforme, le cinquième.

Dans aucun cas il n'y aura néanmoins au-dessous de deux cents hommes au convoi des généraux de division, et de cent cinquante au convoi des généraux de brigade.

Pour tout sénateur qui mourra dans la ville où le sénat tiendra ses séances ; pour tout conseiller d'état mort dans l'exercice de ses fonctions, et dans la ville où siégera le conseil d'état ; pour tout tribun et membre du corps législatif qui décédera pendant la session législative, et dans la ville où leurs corps respectifs seront réunis, la garnison fournira quatre détachemens de cinquante hommes, commandés chacun par un capitaine et un lieutenant. Les quatre détachemens seront aux ordres d'un chef de bataillon ou d'escadron.

Pour un adjudant commandant en activité, quatre détachemens ;

En non-activité, trois détachemens ;

En retraite ou réforme, deux ;

Pour les gouverneurs, la totalité de la garnison ;

Pour les commandans d'armes, la moitié ;

Pour les adjudans de place, un détachement ;

Pour les inspecteurs en chef aux revues, quatre détachemens ;

Pour les inspecteurs, trois ;

Pour les sous-inspecteurs, deux ;

Pour les ordonnateurs en chef, quatre ;

Pour les ordonnateurs, trois ;

Pour les commissaires des guerres, deux.

P

Si les inspecteurs et commissaires des guerres ne sont point en activité, il y aura dans chaque grade un détachement de moins.

SECTION II.

Honneurs funèbres civils.

ART 16.

Lorsqu'une des personnes désignées dans l'article 1.er du titre I.er, mourra, toutes les personnes qui occuperont, dans l'ordre des préséances, un rang inférieur à celui du mort, assisteront à son convoi et occuperont entre elles l'ordre prescrit par le susdit article.

Si des personnes qui occupent un rang supérieur dans l'ordre des préséances, veulent assister au convoi d'un fonctionnaire décédé, et qu'elles soient revêtues de leur costume, elles marcheront dans le rang qui leur est fixé par ledit article.

Les corps assisteront en totalité au convoi des princes, des grands dignitaires, des ministres, des grands officiers de l'Empire, des sénateurs dans leur sénatorerie, et des conseillers d'état en mission ; pour les autres, ils y assisteront par députation.

EXTRAIT de la Loi du 10 Juillet 1791, sur la conservation et le classement des Places de guerre (1) (a).

TITRE I.er

Conservation et Classement des Places de guerre et Postes militaires, Police des Fortifications.

ART. 5.

LES places de guerre et postes militaires seront considérés sous trois rapports ; savoir, dans l'état de paix, dans l'état de guerre, et dans l'état de siége.

6.

Dans les places de guerre et postes militaires, lorsque ces places et postes seront en état de paix, la police intérieure, et tous les autres actes du pouvoir civil, n'émaneront que des magistrats et autres officiers civils, préposés par la constitution pour veiller au maintien des lois, l'autorité des agens militaires ne pouvant s'étendre que sur les troupes et sur les autres objets dépendant de leur service, qui seront désignés dans la suite du présent décret.

7.

Dans les places de guerre et postes militaires, lorsque ces places et postes seront en état de guerre, les officiers civils ne cesseront pas d'être chargés de l'ordre et de la police intérieure ; mais ils pourront être requis par le commandant militaire, de

---

(1) Journal militaire, année 1791, II.e partie, page 436.

(a) Décret du 24 décembre 1811, art. 34, 50, 54, 55, 56, 58, 59, 62, 65, 68, 69, 70, 72, 73, 74, 76.

se prêter aux mesures d'ordre et de police qui intéresseront la sûreté de la place; en conséquence, pour assurer la responsabilité respective des officiers civils et des agens militaires, les délibérations du conseil de guerre en vertu desquelles les réquisitions du commandant militaire auront été faites, seront remises et resteront à la municipalité.

10.

Dans les places de guerre et postes militaires, lorsque ces places et postes seront en état de siége, toute l'autorité dont les officiers civils sont revêtus par la constitution, pour le maintien de l'ordre et de la police intérieure, passera au commandant militaire, qui l'exercera exclusivement sous sa responsabilité personnelle.

11.

Les places de guerre et postes militaires seront en état de siége, non-seulement dès l'instant que les attaques seront commencées, mais même aussitôt que, par l'effet de leur investissement par des troupes ennemies, les communications du dehors au dedans, et du dedans au dehors, seront interceptées à la distance de dix-huit cents toises des crêtes des chemins couverts.

12.

L'état de siége ne cessera que lorsque l'investissement sera rompu ; et dans le cas où les attaques auraient été commencées, qu'après que les travaux des assiégeans auront été détruits, et que les brèches auront été réparées ou mises en état de défense.

13.

Tous terrains de fortification des places de guerre ou postes militaires, tels que remparts, parapets, fossés, chemins couverts, esplanades, glacis, ouvrages avancés, terrains vides, canaux, flaques ou étangs dépendant des fortifications, et tous autres objets faisant partie des moyens défensifs des frontières du royaume, tels que lignes, redoutes, batteries, retranchemens, digues, écluses, canaux et leurs francs-bords, lorsqu'ils accompagnent les lignes défensives ou qu'ils en tiennent lieu, quelque part qu'ils soient situés, soit sur les frontières de terre, soit sur les côtes, et dans les îles qui les avoisinent, sont déclarés propriétés nationales; en cette qualité, leur conservation est attribuée au Ministre de la guerre, et dans aucun cas les corps administratifs ne pourront en disposer, ni s'immiscer dans leur manutention, d'une autre manière que celle qui sera prescrite par la suite du présent décret, sans la participation dudit Ministre, lequel, ainsi que ses agens, demeureront responsables, en tout ce qui les concerne, de la conservation desdites propriétés nationales, de même que de l'exécution des lois renfermées au présent décret.

14.

L'assemblée nationale n'entend pas annuller les conventions ou réglemens en vertu desquels quelques particuliers jouissent des productions de certaines parties de lignes, redoutes, retranchemens ou francs-bords de canaux ; mais elle renouvelle, en tant que de besoin, la défense de les dégrader, d'en altérer les formes ou d'en combler les fossés, les dispositions ci-dessus ne concernant point les jouissances à titre d'émolumens, et ne dérogeant point à ce qui est prescrit article 50 du titre III du présent décret.

15.

. Dans toutes les places de guerre et postes militaires, le terrain compris entre le pied du talus du rempart et une ligne tracée du côté de la place, à quatre toises du pied dudit talus, et parallèlement à lui, ainsi que celui renfermé dans la capacité des redans, bastions vides ou autres ouvrages qui forment enceinte, sera considéré comme terrain militaire national, et fera rue le long des courtines, et des gorges des bastions ou redans; dans les postes militaires qui n'ont point de remparts, mais un simple mur de clôture, la ligne destinée à limiter intérieurement le terrain militaire national, sera tracée à cinq toises du parement intérieur du parapet ou mur de clôture; il fera également rue.

16.

Si, dans quelques places de guerre et postes militaires, l'espace compris entre le pied du talus du rempart ou le parement intérieur du mur de clôture et les maisons ou autres établissemens des particuliers, était plus considérable que celui prescrit par l'article précédent, il ne serait rien changé aux dimensions actuelles du terrain national.

17.

Les agens militaires veilleront à ce qu'aucune usurpation n'étende à l'avenir les propriétés particulières au-delà des limites assignées au terrain national ; et cependant toutes personnes qui jouissent actuellement de maisons, bâtimens ou clôtures qui dé · bordent ces limites, continueront d'en jouir sans être inquiétées, mais, dans le cas de démolition desdites maisons, bâtimens ou clôtures, que cette démolition soit volontaire, accidentelle ou nécessitée par le cas de guerre et autres circonstances, les particuliers seront tenus, dans la restauration de leurs maisons, bâtimens et clôtures, de ne point outrepasser les limites fixées au terrain national, par l'article 15 ci-dessus.

18.

Les particuliers qui, par les dispositions de l'article 17 ci-dessus, perdront une partie du terrain qu'ils possèdent, en seront indemnisés par le trésor public, s'ils fournissent le titre légitime de leur possession, l'assemblée nationale n'entendant d'ailleurs déroger en rien aux autres conditions en vertu desquelles ils seront entrés en jouissance de leur propriété.

19.

Les dispositions des articles 15, 16, 17 et 18 ci-dessus, seront susceptibles d'être modifiées dans les places où quelques portions de vieilles enceintes non bastionnées font partie des fortifications. Dans ce cas, les corps administratifs et les agens militaires se concerteront sur l'étendue à donner au terrain militaire national, et le résultat de leurs conventions, approuvé par le Ministre de la guerre, deviendra provisoirement obligatoire pour les particuliers, lesquels demeureront néanmoins réservés aux indemnités qui pourront leur être dues, et qui seront réglées à l'amiable, s'il se peut, par les départemens, sur l'avis des districts, et en cas de décord, par le tribunal du lieu.

20.

Les terrains militaires nationaux et extérieurs aux places et postes, seront limités et déterminés par des bornes, toutes les fois qu'ils ne se trouveront pas l'être déjà

par

par des limites naturelles, telles que chemins, rivières ou canaux, &c. Dans le cas où le terrain militaire national ne s'étendrait pas à la distance de vingt toises de la crête des parapets des chemins couverts, les bornes qui devront en fixer l'étendue seront portées à cette distance de vingt toises, et les particuliers légitimes possesseurs seront indemnisés, aux frais du trésor public, de la perte de terrain qu'ils pourront éprouver par cette opération.

21.

Dans les postes sans chemins couverts, les bornes qui fixeront l'étendue du terrain militaire national seront éloignées du parement extérieur de la clôture, de quinze à trente toises, suivant que cela sera jugé nécessaire.

22.

Tous terrains dépendant des fortifications, qui, sans nuire à leur conservation, seront susceptibles d'être cultivés, ne le seront jamais qu'en nature d'herbages, sans labour quelconque et sans être pâturés, à moins d'une autorisation du Ministre de la guerre.

23.

Le Ministre de la guerre désignera ceux desdits terrains qui seront susceptibles d'être cultivés, et dont le produit pourra être récolté sans inconvéniens ; il indiquera pareillement ceux des fossés, les canaux, flaques ou étangs qui seront susceptibles d'être pêchés. Il adressera les états de ces divers objets aux commissaires des guerres, qui, conjointement avec les corps administratifs, et de la manière qu'il est prescrit aux articles 5, 6, 7, 8, 9 et 10 du titre VI, les affermeront à l'enchère, en présence des agens militaires qui auront été chargés par le Ministre, de prescrire les conditions relatives à la conservation des fortifications.

24.

Les fermiers de toutes les propriétés nationales dépendant du département de la guerre, seront responsables de toutes les dégradations qui seront reconnues provenir de la faute d'eux ou de leurs agens ; et lorsque le service des fortifications obligera de détériorer par des dépôts de matériaux, ou des emplacemens d'ateliers, ou de toute autre manière, les productions de quelques parties des terrains qui leur seront affermés, l'indemnité à laquelle ils auront droit de prétendre, sera estimée par des experts, et il leur sera fait, sur le prix de leurs baux, une déduction égale au dédommagement estimé.

25.

Toutes dégradations faites aux fortifications ou à leurs dépendances, telles que portes, passages d'entrées des villes, barrières, ponts-levis, ponts-dormans, &c., seront dénoncées par les agens militaires aux officiers civils chargés de la police, lesquels seront tenus de faire droit, suivant les circonstances et les caractères du délit.

26.

Nulle personne ne pourra planter des arbres dans le terrain des fortifications, émonder, extirper ou faire abattre ceux qui s'y trouvent plantés, sans une autorisation du Ministre de la guerre ; ceux desdits arbres qu'il désignera comme inutiles au service militaire, seront vendus à l'enchère, et conformément à ce qui est prescrit à l'article 23 ci-dessus pour l'affermage des terrains.

27.

Tous les produits provenant des propriétés nationales dépendant du département de la guerre, seront perçus par les corps administratifs, et versés par eux au trésor public, ainsi que cela sera réglé par les lois concernant l'organisation des finances.

28.

Pour assurer la conservation des fortifications et la récolte des fruits des terrains affermés, il est défendu à toutes personnes, sauf aux agens militaires et leurs employés nécessaires, de parcourir les diverses parties desdites fortifications, spécialement leurs parapets et banquettes, n'exceptant de cette disposition que le seul terre-plein du rempart du corps de place et les parties d'esplanade qui ne sont pas en valeur, dont la libre circulation sera permise à tous les habitans, depuis le soleil levé jusqu'à l'heure fixée pour la retraite des citoyens, et laissant aux officiers municipaux, de concert avec l'autorité militaire, le droit de restreindre cette disposition, toutes les fois que les circonstances l'exigeront.

29.

Il ne sera fait aucun chemin, levée ou chaussée, ni creusé aucun fossé dans l'étendue de cinq cents toises autour des places, et de trois cents toises autour des postes militaires, sans que leur alignement et leur position aient été concertés avec l'autorité militaire.

30.

Il ne sera, à l'avenir, bâti ni reconstruit aucune maison, ni clôture de maçonnerie autour des places de première et seconde classe, même dans leurs avenues et faubourgs, plus près qu'à deux cent cinquante toises de la crête des parapets des chemins couverts les plus avancés : en cas de contravention, ces ouvrages seront démolis aux frais des propriétaires contrevenans. Pourra néanmoins le Ministre de la guerre déroger à cette disposition, pour permettre la construction de moulins et autres semblables usines à une distance moindre que celle prohibée par le présent article, à condition que lesdites usines ne seront composées que d'un rez-de-chaussée, et à charge par les propriétaires de ne recevoir aucune indemnité en cas de guerre.

31.

Autour des places de première et seconde classe, il sera permis d'élever des bâtimens et clôtures en bois et en terre, sans y employer de pierres ni de briques, même de chaux ni de plâtre, autrement qu'en crépissage, mais seulement à la distance de cent toises de la crête du parapet du chemin couvert le plus avancé, et avec la condition de les démolir sans indemnité, à la réquisition de l'autorité militaire, dans le cas où la place, légalement déclarée en état de guerre, serait menacée d'une hostilité.

32.

Autour des places de troisième classe et des postes militaires de toutes les classes, il sera permis d'élever des bâtimens et clôtures de construction quelconque au-delà de la distance de cent toises des crêtes des parapets des chemins couverts les plus avancés, ou des murs de clôture des postes, lorsqu'il n'y aura pas de chemins couverts.

Le cas arrivant où ces places et postes seraient déclarés dans l'état de guerre, les démolitions qui seraient jugées nécessaires, à la distance de deux cent cinquante toises et au-dessous de la crête des parapets des chemins couverts et des murs de clôture, n'entraîneront aucune indemnité pour les propriétaires.

33.

Les indemnités prévues par les articles 30, 31 et 32, seront dues néanmoins aux particuliers, si, lors de la construction de leurs maisons, bâtimens et clôtures, ils étaient éloignés des crêtes des parapets des chemins couverts les plus avancés, de la distance prescrite par les ordonnances.

34.

Les décombres provenant des bâtisses et travaux civils et militaires, ne pourront être déposés à une distance moindre de cinq cents toises de la crête des parapets des chemins couverts les plus avancés des places de guerre, si ce n'est dans les lieux indiqués par les agens de l'autorité militaire ; exceptant de cette disposition ceux des détrimens qui pourraient servir d'engrais aux terres, pour les dépôts desquels les particuliers n'éprouveront aucune gêne, pourvu qu'ils évitent de les entasser.

35.

Les écluses dépendant des fortifications, soit dedans, soit dehors des places de guerre de toutes les classes, ne pourront être manœuvrées que par les ordres de l'autorité militaire, laquelle, dans l'état de paix, sera tenue de se concerter avec les municipalités ou les directoires des corps administratifs, pour diriger les effets desdites écluses de la manière la plus utile au public.

36.

Lorsqu'une place sera en état de guerre, les inondations qui servent à sa défense ne pourront être tendues ou mises à sec sans un ordre exprès du Roi ; il en sera de même pour les démolitions des bâtimens ou clôtures qu'il deviendrait nécessaire de détruire pour la défense desdites places : et en général cette disposition sera suivie pour toutes les opérations qui pourraient porter préjudice aux propriétés et aux jouissances particulières.

37.

Dans le cas d'urgente nécessité qui ne permettrait pas d'attendre les ordres du Roi, le commandant des troupes assemblera le conseil de guerre, à l'effet de délibérer sur l'état de la place et la défense de ses environs, et d'autoriser la prompte exécution des dispositions nécessaires à sa défense.

38.

Dans les cas prévus par les articles 35, 36 et 37 ci-dessus, les particuliers dont les propriétés auront été endommagées, seront indemnisés aux frais du trésor public, sauf pour les maisons, bâtimens et clôtures existant à une distance moindre de deux cent cinquante toises de la crête des parapets des chemins couverts.

39.

Dans les places et postes de troisième classe où il y a des municipalités, il ne sera fourni aucun fonds par le trésor public, pour l'entretien des ponts, portes et barrières; ces diverses dépenses devant être à la charge des municipalités, si elles desirent conserver lesdits ponts, portes et barrières.

40.

Les municipalités des places et postes de troisième classe pourront, si elles le jugent convenable, supprimer les ponts sur les fossés, et leur substituer des levées en terre, avec des ponceaux pour la circulation des eaux dont lesdits fossés peuvent être remplis, à la charge à elles de déposer dans les magasins militaires les matériaux susceptibles de service, tels que les plombs, les fers et les bois sains provenant de la démolition desdits ponts, et à la charge encore de ne pas dégrader les piles et culées de maçonnerie sur lesquelles ces ponts seront portés.

41.

Il est défendu à tout particulier, autre que les agens militaires désignés à cet effet par le Ministre de la guerre, d'exécuter aucune opération de topographie sur le terrain, à cinq cents toises d'une place de guerre, sans l'aveu de l'autorité militaire. Cette faculté ne pourra être refusée lorsqu'il ne s'agira que d'opérations relatives à l'arpentement des propriétés.

Les contrevenans à cet article seront arrêtés, et jugés conformément aux lois qui seront décrétées, sur cet objet, dans le Code des délits militaires

TITRE III.

Du Commandement et du Service des troupes en garnison ; des Rapports entre le Pouvoir civil et l'Autorité militaire, ainsi qu'entre les Gardes nationales et les Troupes de ligne dans les Places de guerre, Postes militaires et Garnisons dans l'intérieur.

14.

Dans tous les objets qui ne concerneront que le service purement militaire, tels que la défense de la place, la garde et la conservation de tous les établissemens et effets militaires, comme hôpitaux, arsenaux, casernes, magasins, prisons, vivres, effets d'artillerie ou de fortifications, et autres bâtimens, effets ou fournitures à l'usage des troupes, la police des quartiers, la tenue de la discipline et l'instruction des troupes, l'autorité militaire sera absolument indépendante du pouvoir civil.

15.

Il ne pourra être préjugé de l'article précédent, ni de tous autres du présent décret, que, dans aucun cas, les terrains, bâtimens et établissemens confiés à la surveillance de l'autorité militaire, puissent devenir des lieux d'exception ou d'asile, et soustraire le crime, la licence, les délits ou les abus à la poursuite des tribunaux; l'action des lois devant être également libre et puissante dans tous les lieux, sur tous les individus, et nul ne pouvant, sans forfaiture, pour aucun cas civil ou criminel, se prévaloir de son emploi et de ses fonctions dans la société, pour suspendre ou détruire l'effet des institutions qui la gouvernent.

16.

16.

Dans toutes les circonstances qui intéresseront la police, l'ordre, la tranquillité intérieure des places, et où la participation des troupes serait jugée nécessaire, le commandant militaire n'agira que d'après la réquisition, par écrit, des officiers civils, et, autant que faire se pourra, qu'après s'être concerté avec eux.

17.

En conséquence, lorsqu'il s'agira, soit de dispositions passagères, soit de mesures de précaution permanentes, telles que patrouilles régulières, détachemens pour le maintien de l'ordre et l'exécution des lois, police des foires, marchés ou autres lieux publics, &c., les officiers civils remettront au commandant militaire une réquisition signée d'eux, dont les divers objets seront clairement expliqués et détaillés, et dans laquelle ils désigneront l'étendue de surveillance qu'ils croiront nécessaire; après quoi l'exécution de ces dispositions, et toutes mesures capables de la procurer, telles que consignes, placement des sentinelles, bivouacs, conduite et direction des patrouilles, emplacement des gardes et des détachemens, choix des troupes et des armes, et tous autres modes d'exécution, seront laissés à la discrétion du commandant militaire, qui en sera responsable, jusqu'à ce qu'il lui ait été notifié, par les officiers civils, que ces soins ne sont plus nécessaires, ou qu'ils doivent prendre une autre direction.

18.

La force des garnisons sera réglée de manière que, dans le cas du service ordinaire, chaque soldat d'infanterie ait huit nuits de repos, et jamais moins de six; et chaque homme de troupe à cheval, douze nuits de repos, et jamais moins de dix.

20.

Nulles dispositions de police ne seront obligatoires pour les citoyens et pour les troupes, qu'autant qu'elles auront été préalablement publiées; elles seront même affichées, si leur importance ou leur durée l'exige. Les publications et affiches seront faites par les municipalités, et les frais en seront supportés par elles.

30.

Lorsqu'une troupe arrivera dans une place, elle ne pourra prendre possession des logemens qui lui seront destinés, qu'après que le commissaire des guerres aura fait publier les bans à ladite troupe, en sa présence, par le secrétaire-écrivain.

31.

Ces bans rappelleront non-seulement les lois générales de police et de discipline, mais encore celles particulières à la place.

32.

Les officiers municipaux seront tenus de donner connaissance de ces bans aux habitans de la place.

33.

Le plus ancien des régimens d'infanterie française qui se trouvera en garnison avec des régimens d'infanterie étrangère, prendra toujours le rang sur ces derniers. Les autres régimens d'infanterie française et étrangère, dans la même garnison, prendront ensuite rang entre eux, selon la date de leur création.

47.

Dans les places de guerre et postes militaires en état de paix, et dans les garnisons de l'intérieur, lorsque les autorités civiles et militaires seront dans le cas de faire battre la générale ou sonner le boute-selle pour le rassemblement des gardes nationales ou des troupes de ligne, elles devront au préalable s'en prévenir réciproquement, sauf le cas de surprise, d'incendie ou d'inondation.

48.

Les clefs de toutes les portes, poternes, vannages, aqueducs et autres ouvertures qui donnent entrée dans les places de guerre ou postes militaires, seront toujours confiées au commandant militaire.

49.

Et cependant, pour la facilité du commerce et la commodité des habitans et voyageurs, il y aura, dans chaque place et poste de guerre, un certain nombre de portes par lesquelles la communication du dedans au dehors, et du dehors au dedans, pourra se faire, dans l'état de paix, à toutes les heures de la nuit comme de jour. Les officiers civils et le commandant militaire se concerteront sur celles desdites portes qui seront affectées à cette destination, sur les formalités à remplir et les précautions à prendre pour éviter les abus. L'exécution de ces dispositions appartiendra toujours au commandant militaire.

50.

Lorsque les circonstances exigeront une surveillance plus particulière de la part des officiers civils et militaires, il pourra y avoir à chaque porte des places de guerre, un préposé choisi par la municipalité, lequel sera chargé de recevoir de tous particuliers arrivant dans la place, la déclaration de leurs noms et qualités, ainsi que de l'auberge ou maison particulière dans laquelle ils se proposeront de loger. Ces renseignemens seront portés aux officiers municipaux, et le commandant militaire pourra ordonner aux commandans des gardes des portes, de faire assister un sous-officier aux déclarations qui seront faites par lesdits particuliers arrivant dans la place, et de lui en rendre compte.

51.

Tout particulier qui sera arrêté pour fait de désordre, de contravention aux lois ou à la police, sera remis sans délai, le citoyen à la police civile, le militaire à la police militaire, pour être chacun, suivant les circonstances et la nature du délit, renvoyé aux tribunaux civils ou militaires.

52.

Toutes femmes ou filles notoirement connues pour mener une vie débauchée, qui seront surprises avec les soldats dans leurs quartiers, lorsqu'ils seront de service, ou après la retraite militaire, seront arrêtées et remises sans délai à la police civile, pour être jugées conformément aux lois.

53.

Les prisons militaires, autant qu'il sera possible, seront toujours séparées des prisons civiles.

54.

Le commandant d'une troupe en marche sera tenu d'informer la municipalité du lieu où couchera sa troupe, de l'heure à laquelle il la fera partir le lendemain. Une heure après son départ, les citoyens ne pourront plus porter de plainte contre elle ; et si, pendant ce temps, il n'y en a aucune de portée, la municipalité ne pourra refuser un certificat de bien vivre à l'officier de ladite troupe qui aura dû rester à cet effet.

55.

Toute troupe en marche ou prête à marcher en conséquence d'un ordre du Roi, ne pourra, soit en totalité, soit en partie, être détournée de sa destination que par un ordre contraire du Roi ou de ceux auxquels il en aura délégué la faculté.

56.

Aucun corps administratif ne pourra disposer des munitions de guerre, subsistances, et d'aucune espèce d'effets, armes ou fournitures confiées au département de la guerre, ni changer leur destination, ni empêcher leur transport légalement ordonné, qu'en vertu d'une autorisation expresse du pouvoir exécutif.

60.

Tout militaire en activité ne pourra porter d'autre habit que son uniforme, dans le lieu de son service.

61.

Les officiers, sous-officiers et soldats ne pourront donner des repas de corps, ni en recevoir, sous quelque prétexte que ce soit.

62.

Il ne pourra être fait aucune retenue sur les appointemens des officiers, sous-officiers et soldats, sous prétexte de dépenses de corps, de quelque nature qu'elles soient, excepté celles qui seraient destinées à payer les dégradations commises par les troupes dans leur logement, ou toutes autres indemnités dues, soit à l'État, soit aux particuliers, pour réparations de dommages, désordres ou excès commis par lesdites troupes.

TITRE IV.

Des Bâtimens et Établissemens militaires, meubles, effets, fournitures et ustensiles qui en dépendent, tant dans les Places de guerre et Postes militaires, que dans les Garnisons de l'intérieur.

Art. 1.er

Tous les établissemens et logemens militaires, ainsi que leurs ameublemens et ustensiles actuellement existans dans lesdits logemens et établissemens, ou en magasin, soit que ces divers objets appartiennent à l'État, ou aux ci-devant provinces, ou aux villes ; tous les terrains et emplacemens militaires, tels qu'esplanades, manéges, polygones, &c., dont l'État est légitime propriétaire, seront considérés désormais comme propriétés nationales, et confiés, en cette qualité, au Ministre de la guerre, pour en assurer la conservation et l'entretien.

2.

Ne seront pas compris dans l'article précédent les bâtimens et emplacemens que le Ministre de la guerre ne jugerait pas nécessaires au service de l'armée, lesquels seront, dans ce cas, remis aux corps administratifs, pour faire partie des propriétés nationales aliénables, s'ils appartenaient ci-devant à l'Etat ; et dans le cas où ils auraient appartenu aux ci-devant provinces ou aux villes, elles continueront d'en être propriétaires.

3.

Il sera dressé des procès-verbaux de tous les terrains, bâtimens et établissemens conservés pour le service de l'armée, ainsi que des ameublemens, effets et fournitures qu'ils contiennent, soit qu'ils appartiennent actuellement à l'État, soit qu'ils appartiennent aux ci-devant provinces ou aux villes. Une expédition desdits procès-verbaux sera déposée au département de la guerre, une autre sera remise au directoire des départemens dans lesquels se trouvent les objets ci-dessus mentionnés, et bornée pour chaque département à ce qui les concerne ; et la troisième expédition sera déposée dans les secrétariats militaires des différentes places. Celle-ci sera bornée, pour chaque place en particulier, aux objets renfermés dans ladite place, ou qui en sont dépendans.

4.

Au moyen de ce qui précède, les dépenses d'entretien, réparations, constructions ou augmentations de bâtimens, renouvellement d'effets et fournitures concernant le service de l'armée, qui, jusqu'à ce moment, avaient été supportées par les ci-devant provinces et par les villes, cesseront d'être à leur charge du jour de la remise qui en sera faite, lesdites dépenses devant, à compter de ce même jour, être supportées par la partie du trésor public affectée au département de la guerre.

TITRE V.

Du Logement des troupes.

ART. Ier

Les bâtimens et établissemens militaires dont la remise aura été faite au département de la guerre, ne pourront être affectés qu'au logement des troupes, des employés attachés à l'administration de la guerre et à contenir ou conserver les munitions, subsistances ou effets militaires.

2.

Dans aucune place de guerre, poste militaire ou ville de l'intérieur, les municipalités ne pourront être tenues de fournir ni logement, ni emplacement, ni magasins pour l'usage des troupes, qu'autant que ceux actuellement existans ne seraient pas suffisans.

3.

Il sera remis aux municipalités de tous les lieux où se trouveront des bâtimens militaires conservés, un état détaillé des logemens que ces bâtimens renferment, afin que lesdites municipalités puissent toujours connaître si les logemens qui leur seront demandés sont proportionnés aux besoins réels du service.

4.

Dans les places de guerre, postes militaires et villes de garnison habituelle de l'intérieur, il sera fait par les officiers municipaux un recensement de tous les logemens et établissemens qu'ils peuvent fournir sans fouler les habitans, à l'effet d'y avoir recours au besoin et momentanément, soit dans le cas de passage de troupes, soit dans les circonstances extraordinaires, lorsque les établissemens militaires ne suffiront pas.

5.

Lorsqu'il y aura nécessité de loger chez les habitans les troupes qui devront tenir garnison, si leur séjour doit s'étendre à la durée d'un mois, les seuls logemens des sous-officiers et soldats, et les écuries pour les chevaux, seront fournis en nature : à l'égard des officiers, ils ne pourront prétendre à des billets de logement pour plus de trois nuits ; et ce terme expiré, ils se logeront de gré à gré chez les habitans, au moyen de la somme qui leur sera payée, suivant leur grade, ainsi qu'il sera décrété par l'assemblée nationale.

6.

Les municipalités veilleront à ce que les habitans n'abusent point, dans le prix des loyers, du besoin du logement où se trouveront les officiers.

7.

Toutes les fois qu'il sera pourvu à l'établissement du logement d'une troupe, excepté le cas de passage, le logement des sous-officiers et soldats, et les fournitures d'écuries pour les chevaux, seront faits au complet et non à l'effectif.

8.

Faute de bâtimens affectés au logement des troupes destinées à tenir garnison dans un lieu quelconque, il y sera pourvu, autant que faire se pourra, en y établissant lesdites troupes dans des maisons vides et convenables, et il y sera en outre fourni aux troupes à cheval des écuries suffisantes pour leurs chevaux. Ces maisons et écuries seront choisies et louées par les commissaires des guerres, qui seront autorisés à requérir les soins et l'intervention des municipalités, pour leur faciliter l'établissement des logemens dont ils seront chargés ; de plus, les agens militaires désignés à cet effet par les réglemens, feront, en présence d'un ou de plusieurs officiers municipaux, la reconnaissance des maisons et écuries qui seront louées, afin de constater l'état dans lequel elles se trouveront, et afin de pouvoir, au départ des troupes, estimer, s'il y a lieu, les indemnités dues aux propriétaires pour les dégradations qu'auraient éprouvées lesdites maisons et écuries.

9.

Dans les cas de marche ordinaire, de mouvemens imprévus, et dans tous ceux

S

où il ne pourra être fourni aux troupes des logemens isolés, tels qu'ils ont été indiqués dans l'article 8 précédent, les troupes seront logées chez les habitans, sans distinction de personnes, quelles que soient leurs fonctions et leurs qualités; à l'exception des dépositaires de caisses pour le service public, lesquels ne seront point obligés de fournir des logemens dans les maisons qui renferment lesdites caisses, mais seront tenus d'y suppléer, soit en fournissant des logemens en nature chez d'autres habitans avec lesquels ils s'arrangeront à cet effet, soit par une contribution proportionnée à leur faculté, et agréée par les municipalités. La même exception aura lieu, et à la même condition, en faveur des veuves et des filles, et les municipalités veilleront à ce que la charge du logement ne tombe pas toujours sur les mêmes individus, et que chacun y soit soumis à son tour.

10.

Les troupes seront responsables des bâtimens qu'elles occuperont, ainsi que des écuries qui leur seront fournies pour leurs chevaux.

TITRE VI.

Administration des Travaux militaires.

ART. 3.

Tous les travaux de construction, entretien ou réparation des fortifications, bâtimens et établissemens militaires quelconques, et de tout ce qui en dépend, seront faits par entreprise, d'après une adjudication au rabais. Cette adjudication ne sera jamais passée en masse, mais elle comprendra le détail des prix affectés à chaque nature d'ouvrage et de matériaux qui seront employés.

4.

Lorsqu'il s'agira de passer le marché pour des travaux militaires, le Ministre adressera au commissaire des guerres,

1.° L'ordre de procéder à l'adjudication;

2.° Un état par aperçu des travaux à exécuter pendant la durée du marché;

3.° Les devis et conditions qui auront été fournis par les agens militaires préposés à cet effet.

5.

Suivant que les travaux, objet du marché, intéresseront toute l'étendue d'un département, ou seulement celle d'un district, ou enfin qu'ils se borneront à l'étendue d'une municipalité, le commissaire des guerres informera le directoire du département ou celui du district, ou les officiers municipaux, des ordres qu'il aura reçus, et les requerra de procéder, dans un délai dont ils conviendront, à l'adjudication du marché.

6.

D'après l'époque convenue entre les corps administratifs et le commissaire des guerres, celui-ci fera poser dans la place et dans les lieux circonvoisins, des affiches signées de lui, indicatives de l'objet, de la durée du devis et des conditions du marché, ainsi que du jour et du lieu où il sera passé, de manière que les particuliers puissent être informés à temps et se mettre en état de concourir à l'adjudication qui sera faite.

(71)

7.

Le commissaire des guerres sera tenu de donner à ceux qui se présenteront à cet effet, connaissance des devis et conditions du marché, et tous autres renseignemens qui dépendront de lui. On pourra, pour se procurer les mêmes indications, s'adresser au secrétariat du département, du district ou de la municipalité.

8.

Le jour fixé pour l'adjudication, les membres du directoire du département, ou de celui du district ou de la municipalité, conformément à l'article 5 ci-dessus, se rendront, ainsi que le commissaire des guerres, au lieu d'assemblée de celui desdits corps administratifs par-devant lequel devra se passer le marché ; et là, en leur présence et celle des agens militaires préposés à cet effet par le Ministre de la guerre, l'adjudication sera faite par le commissaire des guerres, au rabais, publiquement, et passée à celui qui fera les meilleures conditions avec les formalités qui seront prescrites ; et, en attendant, celles usitées jusqu'à ce jour continueront d'avoir lieu.

22.

Tous particuliers non militaires employés aux travaux militaires, seront en cette qualité, et pour tout ce qui concernera l'exécution de ces travaux, soumis graduellement à l'obéissance envers les officiers et autres préposés chargés de surveiller et de diriger lesdits travaux ; sauf, en cas de prétentions pécuniaires ou de toutes autres plaintes qu'ils auraient à faire valoir à la charge les uns des autres, à se pourvoir par-devant les tribunaux civils, supposé qu'après en avoir référé à l'agent militaire chargé de la conduite des travaux, celui-ci n'ait pas pu les concilier ou les apaiser.

23.

Les particuliers non militaires employés aux travaux militaires, seront, en cette qualité, soumis à la police des agens militaires chargés de la direction des travaux ; et en cas d'arrestation d'aucun d'eux, ils seront remis aux tribunaux civils.

24.

Lorsque les travaux indispensables exigeront la plus grande célérité, après que les troupes en garnison auront fourni toutes les ressources qu'on en peut attendre, les corps administratifs, d'après la réquisition des agens militaires, seront tenus d'employer tous les moyens légalement praticables qui seront en leur pouvoir, pour procurer le supplément d'ouvriers nécessaire à l'exécution des travaux. Dans ce cas, le salaire desdits ouvriers sera fixé par les corps administratifs.

25.

Dans le cas de travaux pressés, les agens militaires chargés de leur direction, pourront ne point les interrompre les jours de dimanches et fêtes chômées, à la charge par eux d'en prévenir les municipalités.

26.

Les ouvriers employés aux travaux militaires seront payés par les entrepreneurs, au plus tard, toutes les trois semaines, d'après les toisés particuliers des ouvrages, et toutes les semaines pour le nombre des journées de travail. Il ne pourra être fait aucune retenue sur les salaires, si ce n'est, pour les soldats ouvriers, celle nécessaire pour payer leur service de garnison et leur habillement de travail, s'ils n'y ont pas satisfait, l'assemblée nationale n'entendant point d'ailleurs déroger aux lois concernant les actions et oppositions des créanciers envers leurs débiteurs.

27.

Lorsque les travaux des fortifications, ou tous autres objets de service militaire, exigeront soit l'interruption momentanée des communications publiques, soit quelques manœuvres d'eau extraordinaires, ou toute autre disposition non usitée qui intéressera les habitans, les agens militaires ne pourront les ordonner qu'après en avoir prévenu la municipalité et pris avec elle les mesures convenables pour que le service public n'en reçoive aucun dommage.

EXTRAIT de l'Ordonnance du Roi, concernant le Corps du génie.

Du 31 Décembre 1776 (a).

TITRE V.

Service du Corps royal du génie, dans les places et sur les Frontières.

ART. 13.

EN cas de mort d'un officier du corps, employé en chef dans une place, les papiers concernant les fortifications seront remis au major ou à l'aide-major de la place : celui-ci sera tenu d'en donner avis, à l'instant, au commandant du district, et de lui remettre lesdits papiers, dès qu'il se présentera pour les recevoir; mais, en attendant l'arrivée de cet officier, le scellé y aura été apposé immédiatement après le décès, par le major, qui ne pourra le lever qu'en présence du commandant du district ou autre officier commis par lui, pourvu d'un ordre par écrit dudit commandant du district.

En cas de mort du commandant du district, le major de la place en informera le directeur, et ne fera la remise des papiers qu'à lui ou à l'officier auquel il aura donné l'ordre de les recevoir.

En cas de mort du directeur, le major de la place en rendra compte au secrétaire d'état ayant le département de la guerre, et demeurera dépositaire des papiers de la direction, auxquels le scellé aura été également apposé, jusqu'à ce qu'il ait été autorisé par Sa Majesté à les remettre à l'officier du corps qui lui sera indiqué.

26.

Entend Sa Majesté qu'il ne sera fait à l'avenir, dans les provinces frontières, aucune construction d'ouvrage, soit par l'administration des provinces et des villes, soit même par les ingénieurs des ponts et chaussées, soit que ces constructions soient

---

(a) Décret du 24 décembre 1811, art. 35, 36, 37, 72.

relatives

relatives aux ports marchands, aux routes ou aux canaux, que les projets n'en aient été communiqués au secrétaire d'état ayant le département de la guerre.

27.

Sa Majesté enjoint pareillement aux officiers du corps royal du génie, de ne point souffrir qu'il soit fait aucun chemin, maison, levée ni chaussée, ni creusé aucun fossé, à cinq cents toises près d'une place de guerre, sans que l'alignement n'en ait été auparavant concerté avec l'officier du corps employé dans la place : dans tous les cas, ledit officier sera tenu de prendre les ordres du commandant du district, qui, selon l'importance de l'objet, prendra l'avis du directeur ou décidera provisoirement par lui-même.

28.

Entend aussi Sa Majesté qu'il ne soit bâti aucune maison, clôture de maçonnerie dans les faubourgs et aux avenues des places, plus près de deux cent cinquante toises de la palissade du chemin couvert. Défendant, Sa Majesté, à toutes personnes, de quelque qualité ou condition qu'elles soient, de contrevenir à ses intentions à cet égard, sous peine de désobéissance, et de la démolition et du rasement desdites maisons ou jardins, sans aucun dédommagement. De même, aucune personne ne pourra faire transporter des décombres ailleurs que dans les lieux indiqués par l'officier du corps.

29.

Enjoint Sa Majesté à tous les officiers du corps royal du génie, de tenir la main à ce que les bâtimens du Roi ne soient point employés à d'autres usages qu'à ceux de leur destination; qu'il n'y soit logé personne que ses troupes et ceux qui en auront le droit; et qu'il ne soit mis dans les magasins et greniers desdits bâtimens, ainsi que dans les poternes et souterrains, que les effets appartenant à Sa Majesté, à moins d'un ordre de sa part. Elle ordonne que, pour ôter tout prétexte aux abus, les clefs desdits bâtimens, greniers, magasins, poternes et souterrains, seront remises, suivant l'usage, entre les mains de l'officier du corps, qu'elle rend responsable de l'inexécution.

30.

Les portes et poternes qui pourront donner entrée dans la place, seront masquées en maçonnerie, ou fermées solidement avec bonne porte double de charpente, à leur issue dans le fossé : dans ce dernier cas, les clefs de ces portes extérieures seront remises au commandant de la place.

33.

L'intention de Sa Majesté est que les clefs des écluses qui dépendront de la fortification, demeurent entre les mains de l'officier employé en chef dans la place; en son absence, ces clefs seront remises à celui qui en fera les fonctions; l'un ou l'autre satisfera à ces objets de la manière la plus prompte et la plus convenable au service et au bien public.

34.

Lorsque les portes et vannages des écluses serviront en même temps de fermeture ou d'entrée dans une place, les clefs resteront entre les mains du commandant, qui ne pourra les refuser à l'officier du corps, quand celui-ci les demandera pour opérer la manœuvre des eaux : laisse au surplus Sa Majesté à la prudence du commandant, à prendre, en pareil cas, les mesures qu'il jugera convenables pour la sûreté de la place.

36.

Sa Majesté trouve bon cependant que les commandans de ses places prennent connaissance des manœuvres d'eau qui peuvent avoir rapport à la sûreté desdites places, dans l'étendue de la fortification; elle enjoint même aux officiers du corps royal du génie, de communiquer, à cet égard, leurs dispositions auxdits commandans. Dans le cas où il y aurait diversité de sentimens, le commandant de la place rendra compte au commandant de la province, l'officier du corps au commandant du district, et celui-ci au directeur; le secrétaire d'état de la guerre en sera informé par le commandant de la province et le directeur, auxquels les décisions de Sa Majesté seront ensuite adressées : dans les cas pressans, le commandant de la place donnera un ordre par écrit, et l'officier du corps sera tenu de s'y conformer provisoirement.

37.

Les inondations autour d'une place de guerre ne pourront être formées ou mises à sec qu'en conséquence d'un ordre exprès de Sa Majesté; dans un cas pressant, il faudra au moins un ordre par écrit de celui qui commandera dans la province, s'il est à portée de le donner; à son défaut, on suivra l'ordre du commandant de la place. L'officier du corps en rendra compte sur-le-champ au commandant du district, celui-ci au directeur, et le dernier, sans délai, au secrétaire d'état ayant le département de la guerre.

38.

Un officier du corps royal du génie fera, tous les mois, avec un officier major de la place, une visite exacte de tous les bâtimens, corps-de-garde, guérites, ponts, barrières, et autres objets entretenus sur le fonds des fortifications, pour dresser l'état des réparations à y faire; il aura soin de distinguer ce qui devra être à la charge des troupes, et rendra compte de la situation de sa place tous les mois au commandant du district; celui-ci tous les trois mois au directeur, et le directeur deux fois l'an seulement au secrétaire d'état de la guerre, excepté dans les cas imprévus.

54.

Aucun officier du corps ne pourra faire construire aucune pièce de fortification, ni ouvrir la place, sans en avoir auparavant prévenu le commandant de ladite place.

57.

Veut sa Majesté que les directeurs, et sous eux les commandans de district, s'entendent avec les chefs des corps, et prennent les ordres des officiers généraux commandant les divisions, pour faire exécuter, le plus souvent qu'il sera possible, et en présence des troupes, des tracés de retranchemens de campagne en tout génre, et adaptés à toute sorte de terrains; de façon que ces exercices répétés procurent aux officiers du corps une habitude essentielle à la guerre, et aux troupes, des connaissances indispensables pour l'attaque et la défense.

59.

Sa Majesté fait défense à tout officier du corps royal du génie, de laisser lever par qui que ce soit les plans des places du royaume où ils font leur résidence, ni de laisser prendre des copies de ceux dont ils sont dépositaires, à moins d'une permission expresse de sa Majesté, le tout sous peine d'être cassé, et même de plus grande punition, suivant l'exigence du cas.

EXTRAIT du Réglement concernant le Service du Corps de l'artillerie dans les Places.

Le 1.er Avril 1792 (a) (1).

TITRE Ier

Service d'infanterie.

ART 3.

Ne fourniront pour la Garde que la moitié au plus de ce qui sera fourni par les autres troupes.

Les canonniers seront dispensés, d'après la demande du commandant du régiment à celui de la place, de toutes gardes, dans le cas où ils seraient trop occupés pour le service de l'artillerie.

TITRE III.

Travaux dans les Places.

ART. Ier

Lorsqu'il y aura quelques manœuvres à faire dans les arsenaux, le commandant de l'artillerie s'adressera à celui de la place, qui lui fera fournir par la garnison les détachemens nécessaires pour l'exécution de ces manœuvres.

TITRE IV.

Conditions sous lesquelles les Officiers pourront s'absenter de leur résidence.

ART. 33.

Les officiers d'artillerie employés dans les places ne pourront s'absenter du lieu de leur résidence, sans un congé du Gouvernement ou sans la permission du directeur, et, en son absence, du sous-directeur : ces officiers ne pourront la leur accorder que pour trois jours seulement, et avec l'agrément du commandant de la place à laquelle l'officier sera attaché.

(a) Décret du 24 décembre 1811, art. 35, 36, 37.

(1) Journal militaire, tome III du Supplément, page 349.

35.

L'Officier qui s'absentera, obligé d'en demander la permission au Commandant de la Place.

Un officier d'artillerie qui changera de destination, ou qui aura obtenu un congé, ne pourra quitter le lieu de sa résidence sans en prévenir le commandant de la place.

37.

Apposition de scellés sur les papiers de l'artillerie, après la mort d'un Officier, et levée desdits scellés.

Lors du décès d'un officier d'artillerie dans une place, le scellé sera apposé sur les papiers qui concerneront le service, par le commissaire des guerres et le juge de paix, en présence d'un officier nommé par le commandant de la place et de ceux du corps de l'artillerie qui y seront employés. Ce scellé ne pourra être levé qu'en leur présence.

L'officier qui commandera l'artillerie dans la place, au défaut du commissaire des guerres, requerra la municipalité d'y faire assister un de ses membres pour le suppléer.

Il sera dressé par le commissaire ou l'officier municipal, de concert avec les officiers du corps de l'artillerie, un inventaire de ces papiers ; l'officier d'artillerie en enverra deux copies au directeur du département, qui en adressera une au Ministre de la guerre.

38.

S'il ne se trouve pas d'officiers de ce corps dans la place, le commandant nommera un officier de la garnison pour le remplacer, et le commissaire sera tenu d'en avertir sur-le-champ le directeur ou le sous-directeur du département, qui enverra retirer les papiers par un officier, en présence duquel le scellé sera levé.

TITRE VII.

Clefs des Magasins ; à qui remises.

Art. 3.

Les gardes étant responsables des effets d'artillerie de la place, ils auront seuls les clefs des magasins, à l'exception cependant de celles des magasins à poudre, dont les portes seront garnies de trois serrures différentes, pour rendre nécessaire le concours de trois personnes toutes les fois qu'il faudra les ouvrir.

4.

Ces trois clefs seront confiées, l'une au commandant de la place, la seconde à celui de l'artillerie, et la troisième au garde. Si l'officier d'artillerie, par son ancienneté, se trouvait commandant dans la place, une des clefs sera remise au plus ancien officier de la garnison après ce commandant.

Dans le cas où il n'y aurait pas d'officier d'artillerie employé dans la place, les deux premières clefs seraient déposées entre les mains des deux plus anciens

officiers

officiers de la garnison; et, s'il n'y avait pas de garnison, l'une des clefs serait remise au maire, et l'autre au juge de paix.

10.

Apposition des scellés sur les papiers du Garde qui viendra à mourir.

A la mort d'un garde, l'officier d'artillerie de résidence et le commissaire des guerres mettront le scellé sur ses papiers, à la réserve des registres, qui seront remis au commandant de l'artillerie, après que le nombre des feuilles en aura été vérifié.

Les clefs des magasins seront déposées chez le commandant de la place; et, lorsqu'il sera nécessaire d'y entrer, il nommera un officier de la garnison pour s'y trouver avec l'officier d'artillerie qui en sera chargé. S'il y a sur les lieux des héritiers du garde, ils pourront aussi nommer quelqu'un de leur part pour y assister : chacun d'eux tiendra un état de ce qui entrera ou sortira des magasins.

11.

S'il n'y a point d'officiers d'artillerie dans la place, le commandant en nommera un de la garnison, qui, de concert avec le commissaire des guerres, fera ce qui est prescrit par le précédent article relativement au scellé et aux clefs, lors de la sortie ou de la rentrée des effets. Cet officier fera l'ouverture des magasins, et tiendra note de ce qui sera délivré ou remis, dont il signera l'état avec le préposé du garde défunt, et les clefs des magasins seront toujours rapportées chez le commandant de la place.

12.

Apposition de scellés sur les papiers, à la mort d'un Garde d'un Arsenal de construction.

A la mort d'un garde d'artillerie d'arsenal de construction, on prendra les précautions prescrites ci-dessus pour les magasins dans lesquels on n'est pas obligé d'entrer journellement. Quant à ceux qui doivent rester ouverts pour fournir aux consommations journalières des travaux, le commandant de la place nommera quelqu'un pour être témoin, avec l'officier d'artillerie, de la sortie et de l'entrée des munitions. Ces deux officiers et l'avoué des héritiers du garde signeront l'état qui en sera tenu par un écrivain préposé à cet effet par le commandant.

Le 3 Décembre 1812.

LE MINISTRE DE LA GUERRE,

A M. le Général commandant la 10.ᵉ Division militaire à Perpignan.

GÉNÉRAL, je suis informé qu'il s'est élevé une discussion sur des rapports de service, entre M. le commandant d'armes et M. le directeur des fortifications à Perpignan. Cette discussion provient de ce que M. le commandant d'armes, écrivant fréquemment à M. le directeur pour les détails du service de la place, cet officier supérieur lui a répondu qu'en suivant cette marche, le service pourrait éprouver des retards, parce que l'exercice de ses fonctions l'obligeait à faire souvent des absences, et qu'il était plus naturel, et dans l'ordre même de l'administration, que M. le commandant d'armes s'adressât directement au chef du génie de la place.

Décision qui fixe les rapports de service entre les commandans d'armes e les directeurs des fortifications.

V

Mais M. le commandant, sur cette objection, a fait connaître à M. le directeur qu'il ne pouvait s'absenter de la place sans l'en prévenir; et il a cru pouvoir se fonder à cet égard sur l'art. 9, titre XX de l'ordonnance du 1.er mars 1768, concernant le service des places.

Je dois vous faire observer que M. le général commandant d'armes, présumant sans doute qu'il devait ne s'attacher qu'à la disposition citée dans sa lettre à M. le directeur, s'est trompé sur l'application de cet article, qui est ainsi conçu :

« Les ingénieurs dont les fonctions s'étendent hors de la place de leur résidence » ordinaire, ne pourront s'en absenter sans prévenir le commandant de ladite place, » lequel ne pourra ni les obliger de s'expliquer sur les motifs de leur absence, ni leur » rien prescrire sur le temps de leur retour; mais ils ne pourront s'absenter un seul jour » hors du terrain de l'étendue de leurs fonctions, sans en avoir obtenu la permission » du commandant du génie. »

Il est donc évident, comme l'observe M. le directeur, que cet article ne concerne que les officiers du génie employés dans les places, et même ceux qui s'y trouvent en chef, sans qu'il puisse s'appliquer, sous aucun rapport, aux directeurs des fortifications, qui ne sont attachés à aucune place en particulier, et n'ont, par cela même, aucun compte à rendre sur le service de la direction, aux commandans d'armes des places où ils résident temporairement.

Ce résultat est démontré par la teneur même de l'article cité, qui comporte évidemment deux dispositions bien distinctes; l'une, purement d'ordre, oblige l'officier du génie, en chef ou non en chef, à prévenir seulement le commandant d'armes de son absence, sans même lui en expliquer les motifs, tandis que l'autre disposition, le faisant rentrer vis-à-vis de son supérieur immédiat dans l'ordre de la discipline militaire, le soumet à une demande motivée en *permission* d'absence, qui peut être refusée ou accordée, selon le plus ou le moins d'exigence des besoins du service, quand ce même officier veut sortir du territoire assigné à l'exercice de ses fonctions.

Dans cet état de choses, j'ai jugé que, d'après les lois et réglemens qui s'appliquent spécialement au *matériel* du génie, MM. les commandans d'armes, lors même qu'ils sont généraux, ne devaient correspondre, pour les détails du service de leur place, qu'avec le chef du génie, parce que les relations des autorités militaires administratives ne s'établissent entre elles que par les fonctions et non par le grade; d'où il suit, quant à MM. les directeurs des fortifications, qu'ils n'ont et ne doivent avoir de rapports de service *obligés* qu'avec les généraux commandant les divisions dont les places de leur direction font partie, ainsi que cela se pratique sur tous les points de l'Empire.

Je vous invite à informer de ma décision M. le commandant d'armes à Perpignan, afin de faire connaître la marche qu'il doit suivre dans ses relations de service avec le génie militaire.

Extrait de l'Ordonnance sur le Service des Places et Quartiers.

Du 1.er Mars 1768 (1) (a).

TITRE II.

Du Service des Officiers généraux employés et des États-majors.

Art. 3.

Les officiers-majors des places ne feront entre eux aucun arrangement qui puisse nuire à la célérité et à l'exactitude du service ; et, pour cet effet, dans les places où il n'y aura qu'un officier de chaque grade, un d'eux ne pourra jamais être chargé par mois, ni par semaine, des fonctions auxquelles ils doivent tous également contribuer, chacun pour ce qui le concerne.

4.

A l'égard des places plus considérables où il y aura plusieurs aides-majors et sous-aides-majors, le commandant distribuera entre eux, le plus également qu'il sera possible, le soin de l'ouverture et de la fermeture des portes, et tous les détails du service.

5.

Il partagera pareillement entre eux les différens quartiers de la ville, afin que chacun d'eux, prenant une connaissance particulière de la partie qui lui sera assignée, y veille plus efficacement à la police, au bon ordre et à la régularité des gardes qui s'y trouveront.

6.

Un des aides-majors sera alternativement de semaine pour remplacer le major dans toutes les fonctions auxquelles il ne pourra vaquer, ce qui ne dispensera pas cet aide-major du soin de la police du quartier qui lui aura été affecté.

7.

Les aides-majors et sous-aides-majors se trouveront tous les matins chez le major de la place, pour l'informer de tout ce qui se sera passé pendant la nuit dans leur quartier, ou le matin à l'ouverture des portes, et pour recevoir ses ordres.

8.

Le major se rendra ensuite chez le commandant de la place, et lui rendra les mêmes comptes, et en même temps celui des rondes et des patrouilles qui auront été faites pendant la nuit.

9.

Le commandant de la place se rendra chez l'officier général dans le département duquel sera comprise ladite place, pour lui rendre les mêmes comptes et recevoir ses ordres, si ledit officier général réside dans la place ; s'il n'y réside pas, le commandant lui rendra compte, par écrit, le premier jour de chaque mois, de tout ce qui se sera

---

(1) Journal militaire, Supplément, tome Ier, page 1.re

(a) Décret du 24 décembre 1811, art. 39, 57, 59, 61, 71, 76, 83, 89.

passé dans la place pendant le mois précédent , concernant le service, la discipline et les exercices des troupes qui y seront en garnison ; bien entendu cependant qu'il l'informera sur-le-champ des événemens extraordinaires qui l'exigeront.

10.

Toutes les fois que les officiers de l'état-major des places se mettront à la tête d'une troupe, soit pour la conduire ou pour lui faire quelques commandemens , ils seront tenus d'avoir l'épée à la main.

TITRE III.

De l'Arrivée des Troupes dans les Places,

ART. 9.

Pendant que le quartier-maître s'occupera de l'établissement de la troupe, l'aide-major ira au-devant du régiment, pour porter à l'officier qui le commandera, les ordres qu'il aura reçus du commandant de la place.

10.

Le régiment étant arrivé près de la place, se mettra en bataille au pied du glacis ; et pendant cette halte, on fera rajuster les parties de l'armement, de l'habillement et de l'équipement.

11.

Si les troupes doivent être fouillées par les commis des fermes, on fera, pendant cette halte, ouvrir les rangs et poser les armes à terre, chaque bas-officier et soldat ayant son havre-sac devant lui ; alors trois commis des fermes passeront en même temps, un devant chaque rang, accompagnés d'un officier-major du régiment, et visiteront successivement les havre-sacs, et même les habits s'ils soupçonnent que les soldats aient de la contrebande sur eux, et les officiers feront arrêter ceux dans les habits et équipages desquels il s'en sera trouvé.

Il en sera usé de même à l'égard des troupes de cavalerie et de dragons, en observant de faire mettre les cavaliers et les dragons pied à terre à la tête des chevaux, chaque cavalier ou dragon ayant son porte-manteau devant lui.

Les valets et équipages des troupes seront visités de même par les employés des fermes, en présence d'un officier-major.

12.

Lorsque le régiment sera prêt à entrer dans la place, le major ou un aide-major de ladite place, qui se trouvera à la première barrière pour le recevoir, se mettra à sa tête et le conduira sur la place d'armes.

13.

La troupe marchera dans le plus grand ordre, les officiers étant à pied, le fusil à la main, les tambours battant aux champs, et les soldats portant les armes.

Les troupes de cavalerie et de dragons marcheront de même, ayant le sabre à la main , les timbaliers , les trompettes et les tambours battant ou sonnant la marche.

14.

Aucune femme de soldat, ni aucuns valets, chariots et chevaux d'équipage, ne se mêleront avec la troupe lorsqu'elle entrera dans la place ; on aura l'attention de les faire marcher tous ensemble, à cent pas derrière elle.

15.

La troupe arrivée sur la place d'armes, s'y mettra en bataille, faisant face au corps-de-garde, autant que cela se pourra.

16.

Le commandant de la place sera tenu de se trouver à l'arrivée de ladite troupe sur la place d'armes.

17.

Lorsque le régiment sera en bataille, le commandant de la place ordonnera de battre un ban et de faire les défenses portées au titre IV.

18.

Les bans étant publiés, on tirera les gardes, si la troupe est indispensablement obligée d'en fournir ce jour-là.

19.

A l'égard des régimens de cavalerie et de dragons, ils ne fourniront de garde à cheval le jour de leur arrivée dans une place, que dans un cas de guerre ou dans des circonstances extraordinaires ; et s'ils doivent fournir des gardes à pied, elles ne seront tirées que lorsque la troupe aura été établie dans ses logemens, et les chevaux dans les écuries.

20.

Tous ces objets remplis, le commandant de la place ordonnera de faire entrer le régiment dans ses quartiers ou logemens.

21.

Alors on enverra, dans l'ordre prescrit par les ordonnances de l'exercice, les drapeaux, étendards ou guidons, au logement du commandant du régiment ; et le régiment défilera ensuite par compagnie, devant le commandant de la place, et se rendra à son quartier ou à ses logemens.

22.

Le quartier-maître et les fourriers se trouveront sur la place d'armes, au moment que le régiment s'y mettra en bataille, pour distribuer les billets de logement et y conduire les troupes.

23.

Le major de la troupe remettra en arrivant, et ensuite tous les mois, au commandant de la place, un état exact de la force effective dudit régiment, compagnie par compagnie, avec le nombre, le nom et les grades des officiers présens, et de même ceux des officiers absens, les raisons de leur absence et le lieu où ils seront.

24.

Le major d'un régiment de cavalerie ou de dragons, comprendra sur cet état le nombre de chevaux de chaque compagnie qui seront présens, et celui des chevaux éclopés qui seront restés en arrière, avec le nom des officiers, bas-officiers, cavaliers et dragons qu'on aura laissés avec eux pour en prendre soin.

25.

Le commandant de la place enverra un double dudit contrôle au commandant de la province, qu'il instruira, dans la suite, du retour des officiers absens et du départ de ceux qui s'absenteront.

26.

Tous les détachemens qui arriveront dans des places pour y tenir garnison, se conformeront à ce qui est réglé par les articles précédens, pour l'entrée des régimens dans lesdites places.

TITRE IV.

Des Bans qui doivent être battus à la tête des Troupes.

ART. I.ᵉʳ

A l'arrivée d'une troupe dans une place, soit pour y tenir garnison ou y passer seulement, le commisaire des guerres, ou, à son défaut, celui que le commandant de la place préposera à cet effet, publiera à la tête de ladite troupe, un ban pour défendre, sous les peines portées par les ordonnances, à tous soldats, cavaliers et dragons, de s'éloigner de la place au-delà des limites qui leur seront indiquées, de mettre le sabre ou la baïonnette à la main dans la place ou hors de la place, d'y commettre aucun vol ou désordre dans les maisons, jardins et autres lieux des environs.

Dans les places où les troupes ne devront pas être casernées, il sera défendu de s'établir en d'autres logemens que ceux portés par leurs billets, sous peine de quinze jours de prison, et de ne rien exiger de leur hôte qu'un lit garni pour deux, place au feu et à la chandelle.

2.

Il sera pareillement défendu aux officiers de changer leur logement sans permission, et de rien exiger de leur hôte au-delà de ce qui sera prescrit; et ils seront responsables des dommages ou des désordres causés par les soldats, cavaliers ou dragons de leurs compagnies, quand, par négligence ou par tolérance, ils les auront soufferts.

3.

Le commandant de la place fera ajouter à ces défenses celles qu'il jugera nécessaires, relativement aux circonstances et au service particulier de la place.

4.

Il sera adressé et publié un autre ban, par les soins du commissaire des guerres, portant injonction aux habitans, qu'en cas de contravention aux défenses susdites, ils aient à le venir déclarer incontinent, et porter leur plainte d'abord au commandant de la troupe, et ensuite, en cas de refus de justice de sa part, au commandant de la place, pour en être fait justice sur-le-champ; faute de quoi il en sera dressé par les officiers municipaux un procès-verbal, que le premier d'entre eux sera tenu d'envoyer au secrétaire d'état ayant le département de la guerre et à l'intendant de la généralité, à peine auxdits officiers municipaux de répondre des dommages que les particuliers auront soufferts impunément.

5.

Les peines attachées à chaque délit seront toujours spécifiées dans la publication des bans.

6.

Les commissaires des guerres tiendront la main à ce que les officiers municipaux donnent connaissance aux habitans, des défenses qui auront été faites, afin qu'aucun n'en prétende cause d'ignorance.

TITRE VI.

De l'Établissement des Troupes dans leur Logement.

ART. I.er

Lorsque le régiment aura reçu ordre d'entrer dans son logement, il s'y rendra dans le plus grand ordre, et aucun officier ne pourra quitter sa troupe qu'elle n'y soit établie.

2.

Si le régiment est logé dans les pavillons et casernes, il sera conduit de la place d'armes auxdits pavillons et casernes par un officier-major de la place, et ledit régiment ne se séparera qu'après y avoir établi sa garde particulière de police.

3.

Le commandant du régiment réglera la force de cette garde, relativement à l'étendue et à la position des casernes.

TITRE VII.

Du Service des Troupes dans les Places.

ART. I.er

Les troupes feront la garde nuit et jour dans les places de guerre et dans les quartiers, et elle sera relevée toutes les vingt-quatre heures.

2.

Indépendamment de la garde, il y aura plusieurs autres espèces de services, qui seront distingués et commandés par des tours séparés, comme il est prescrit aux articles 1.er et 14 du titre VIII.

3.

En temps de guerre, le service sera réglé par les commandans des places, relativement à la proximité de l'ennemi et à la sûreté de la place.

4.

Dans le cas où une place serait assiégée, le commandant de ladite place ordonnera et disposera des troupes de sa garnison, des officiers d'artillerie et des ingénieurs, comme il le jugera à propos pour la défense de ladite place. Il chargera les officiers qu'il croira les plus capables, des détails relatifs à la défense et au bon ordre de la place, de même qu'à la garde des ouvrages et des postes; il les en retirera pour les placer ailleurs, quand et selon que le bien du service lui paraîtra l'exiger, tant dans l'intérieur qu'à l'extérieur de ladite place.

5.

En temps de paix, la garde sera réglée tous les premiers du mois, sur le nombre effectif des soldats, cavaliers ou dragons en état de faire le service, et relativement au nombre des sentinelles qui seront absolument nécessaires pour la garde de la place, le maintien du bon ordre et la conservation des ouvrages.

6.

A cet effet, les commandans des régimens se rendront chez le commandant de la place; et après lui avoir remis un état de la situation actuelle de leur corps, le service sera réglé de manière que chaque grenadier ou fusilier ait six nuits de repos, et jamais moins de cinq, et chaque cavalier ou dragon, douze nuits, et jamais moins de dix.

7.

Il ne sera jamais employé de sentinelles pour garder les herbages des remparts et des ouvrages; et il n'y aura absolument sur lesdits remparts que le nombre de sentinelles nécessaire pour empêcher la dégradation des ouvrages, et pour observer, pendant la nuit, ce qui se passera dans les dehors de la place.

8.

Chaque soldat, cavalier ou dragon, ne fera jamais moins de six heures de faction pendant les vingt-quatre heures qu'il sera de garde.

Depuis le 1.ᵉʳ mai jusqu'au 1.ᵉʳ octobre, et dans les cas d'une nécessité absolue seulement, les commandans des places seront autorisés à faire faire huit heures de faction à chaque sentinelle; d'après cela, il sera compté ordinairement sur le pied de quatre hommes pour fournir une sentinelle, et, dans les cas indispensables, sur le pied de trois.

9.

Lorsque la garnison ne pourra fournir les sentinelles absolument nécessaires, sans s'écarter de ce qui est réglé par l'article 6, les commandans des provinces pourront, sur les représentations des commandans des places, augmenter le nombre d'hommes fixé pour la garde en temps de paix, en rendant toutefois compte sur-le-champ au secrétaire d'état ayant le département de la guerre, des motifs qui les y auront engagés.

10.

A l'égard du nombre des officiers qui devront monter la garde, il sera réglé par le commandant de la place, de manière que les capitaines d'infanterie aient,

autant

autant qu'il se pourra, onze ou douze nuits de repos, les officiers subalternes huit à neuf, les capitaines de cavalerie ou de dragons quatorze ou quinze, et les officiers subalternes onze à douze.

11.

Dans le temps des congés de semestre, le nombre des postes d'officiers sera diminué, et celui des postes des sergens et maréchaux-des-logis sera augmenté en proportion.

12.

La force des postes ayant été déterminée, relativement au nombre de sentinelles qu'ils devront indispensablement fournir, et à ce qui est réglé ci-dessus, le major de la place inscrira sur son registre d'ordre le service du mois tel qu'il aura été arrêté, afin de le commander en conséquence.

13.

Quand il y aura dans la place assez de compagnies de grenadiers pour qu'elles puissent fournir chaque jour une garde de vingt-quatre grenadiers, sans être plus fatigués que les fusiliers de la garnison, on leur donnera des postes séparés; celui de la place d'armes leur sera toujours affecté par préférence, et, dans ce cas, il sera toujours commandé par un capitaine ou officier subalterne de grenadiers, qui rouleront ensemble pour ce service.

14.

S'il n'y a point assez de compagnies de grenadiers pour qu'elles puissent fournir seules le poste de la place d'armes, les grenadiers seront alors mêlés avec des fusiliers, qui formeront le nombre d'hommes suffisant pour compléter le poste, et, dans ce cas, les officiers et sergens de grenadiers, quoique mêlés, auront toujours, par préférence, le poste de la place d'armes.

15.

Indépendamment du service de la garde de la place, les grenadiers feront tous les détachemens pour lesquels ils seront commandés, tant au dedans qu'au dehors de la place.

16.

Chaque bataillon fournira pour la garde le nombre de bas-officiers et soldats qui sera fixé par le commandant de la place, relativement au nombre effectif d'hommes de la garnison, et conformément à ce qui est réglé par les articles 5 et 6 du présent titre.

17.

Le service de la cavalerie et des dragons sera de deux espèces; savoir, à pied ou à cheval; il sera aussi réglé sur le nombre effectif de cavaliers ou dragons et de chevaux de la garnison, conformément aux articles 5 et 6.

18.

La cavalerie ou les dragons qui monteront la garde à pied, auront dans les places des postes séparés de ceux de l'infanterie; et s'il n'y a pas d'infanterie dans lesdites places, le commandant de la place disposera les détachemens que la cavalerie ou les dragons devront fournir pour la garde, de manière qu'il y ait pour la police un poste sur la principale place, et, s'il est possible, une petite garde à chaque porte.

19.

La garde de cavalerie ou de dragons qui montera à cheval, sera placée sur la place d'armes, pour se porter avec plus de célérité par-tout où elle sera nécessaire.

20.

On désignera un endroit sur ladite place pour mettre à couvert les hommes et les chevaux de cette garde, et pour servir de corps-de-garde.

21.

Indépendamment du service de la garde de la place, la cavalerie et les dragons feront tous les détachemens pour lesquels ils seront commandés au dehors de la place.

22.

Les régimens du corps royal de l'artillerie, se trouvant seuls dans les places, y feront le service comme toute l'infanterie, si le commandant de ladite place le juge nécessaire.

23.

Lorsqu'au contraire lesdits régimens du corps royal de l'artillerie se trouveront dans les places avec d'autres troupes, ils seront dispensés d'y monter la garde ailleurs qu'au parc de l'artillerie et à leur quartier ; les officiers et soldats des compagnies de mineurs et d'ouvriers, soit qu'elles se trouvent seules dans les places ou avec d'autres troupes, seront également dispensés de monter la garde, hors les cas de nécessité.

24.

Indépendamment de ce que chaque régiment d'infanterie, de cavalerie ou de dragons, devra fournir pour la garde de la place, il fournira tous les jours, et sans que cela soit compris dans ledit service, ses gardes de police de quartier, s'il est caserné, et ses gardes de caisses, drapeaux, étendards ou guidons.

25.

Lorsqu'il sera nécessaire d'exploiter et remuer des pièces d'artillerie et munitions de guerre, dans une place où il n'y aura point un détachement du corps royal d'artillerie suffisant à cet effet, on commandera le nombre de soldats nécessaire, sur la demande du commandant d'artillerie ; ces soldats seront commandés par des sergens de corvée, qui leur feront exécuter tout ce que le commandant d'artillerie ordonnera.

TITRE VIII.

De l'Ordre à observer dans les Places pour commander le Service.

ART. Ier

L'infanterie aura, à l'avenir, six tours de service dans les places; savoir (1):

Le premier, pour les détachemens, escortes et pour la garde des postes extérieurs, qui ne sera relevée qu'après un certain nombre de jours;

Le second, pour la garde de la place, qui sera relevée journellement;

Le troisième, pour les gardes d'honneur;

Le quatrième, pour les corvées;

Le cinquième, pour les rondes;

Et le sixième, pour les détachemens en mer.

Dans les places assiégées, il y aura de plus un tour pour les travailleurs, lequel sera alors le premier de tous.

2.

Les détachemens de tous ces tours de service seront composés d'officiers, bas-officiers, grenadiers et soldats du même régiment, de manière que chacun des bataillons dont le régiment sera composé y contribue également.

Dans les places où il y aura plusieurs régimens, chacun desdits régimens fournira les détachemens nécessaires pour compléter la garde; mais les différens postes et détachemens, pour quelque service que ce soit, ne seront jamais mêlés d'officiers, bas-officiers ou soldats de différens régimens.

3.

A cet effet, tous les régimens, tant français qu'étrangers, qui seront dans la même place, fourniront tous également et alternativement aux différens services, selon leur rang et à proportion du nombre de bataillons ou d'escadrons dont ils seront composés.

4.

Dans l'infanterie, tous les détachemens des premier et sixième tours de service, et ceux des travailleurs dans les siéges, seront formés de huit escouades de service de huit hommes chacune, et dans les proportions réglées ci-après.

Le détachement entier sera composé de huit escouades et un tambour, et commandé par un capitaine, un lieutenant ou sous-lieutenant, deux sergens, quatre caporaux et quatre appointés.

Le demi-détachement sera composé de quatre escouades avec un tambour, et commandé par un lieutenant ou sous-lieutenant, un sergent, deux caporaux et deux appointés (2).

Le quart de détachement sera de deux escouades, et commandé par un sergent, un caporal et un appointé.

Le petit détachement sera d'une escouade et commandé par un caporal.

Tous les petits détachemens au-dessous d'une escouade seront fournis au tour des gardes de l'intérieur de la place.

---

(1) L'activité du service a fait négliger ces règles.

(2) Grade supprimé par la loi du 2 frimaire an 2.

5.

Les détachemens des deuxième, troisième et quatrième tours de service, seront commandés par le major de la place, relativement à la force des postes, à l'espèce des gardes d'honneur, ou aux corvées nécessaires, et seront ensuite formés dans les régimens, conformément à ce qui est réglé par l'article 5 du titre IX.

6.

On se conformera, pour le cinquième tour de service, à ce qui est réglé par les articles 1.er, 3 et 4 du titre XV.

7.

Les détachemens commandés pour les processions, seront réputés gardes d'honneur et compris dans ce tour de service.

8.

Tout le service, quel qu'il soit, sera commandé tous les jours à l'ordre général de la garnison, par le major de la place, qui tiendra, à cet effet, des contrôles du service de la place, tel qu'il aura été réglé le premier du mois, et des différens tours de service, afin que chaque régiment y fournisse dans l'égalité et dans la proportion prescrites par l'article 3.

9.

Le major de la place tiendra pareillement des contrôles de tous les régimens, avec l'état, par ancienneté de commission ou de brevet, de tous les officiers, pour les commander chacun à leur tour.

10.

Les bas-officiers et soldats seront commandés par les majors de leur régiment, suivant le service qui aura été demandé à chaque régiment au cercle général de la garnison.

11.

Lorsque le commandant de la place jugera à propos d'employer les officiers supérieurs à la visite des postes, tous ceux de la garnison rouleront ensemble pour ce service, et ils seront nommés à l'ordre par le major de la place.

12.

Dans l'infanterie, les officiers seront commandés, pour tous les tours de service, par la tête du régiment, sans que, sous quelque prétexte que ce soit, on puisse commencer par la queue.

Le premier, le troisième et le quatrième tour seront continués en paix comme en guerre, et dans les places et quartiers d'hiver comme en campagne.

Le deuxième et le cinquième tour seront continués, soit en paix, soit en guerre, d'une garnison à l'autre, de manière qu'ils ne soient interrompus que quand les régimens seront en campagne, et qu'ils soient repris lorsque les régimens rentreront dans les places ou s'établiront dans les lieux de leur quartier d'hiver.

Le sixième tour, pour les détachemens en mer, ne sera jamais interrompu ; tout officier reprendra son tour et ne pourra être commandé deux fois, que tous ceux du même grade ne l'aient été une.

Celui des travailleurs de siége sera continué d'une guerre et d'un siége à l'autre.

13.

Afin que le service soit toujours commandé dans les vues de l'article 12, les majors des régimens tiendront avec soin les contrôles de tous ces différens tours, et les remettront, en arrivant dans une place, au major de ladite place.

14.

Il y aura, pour la cavalerie et les dragons, trois tours de service :

Le premier, pour les détachemens ;

Le deuxième, pour les gardes à cheval et les gardes d'honneur ;

Et le troisième, pour les gardes à pied.

Le service à cheval commencera par la tête du régiment, et le service à pied par la queue, et les majors des régimens tiendront pareillement des contrôles de tous les tours de service.

Les différens détachemens de cavalerie et de dragons seront commandés, composés et formés de la manière prescrite par les ordonnances d'exercice de la cavalerie et des dragons.

15.

Dans l'infanterie, comme dans la cavalerie et les dragons, les capitaines, lieutenans et sous-lieutenans du même corps seront commandés par ancienneté de commission ou de brevet.

16.

Aucun capitaine d'infanterie, de cavalerie ou de dragons, ne pourra être commandé deux fois pour le même tour de service, qu'après que tous les capitaines du régiment l'auront été chacun une fois, et il en sera usé de même pour les lieutenans et autres officiers subalternes.

18.

Les officiers qui se trouveront à la garnison ou au quartier, pendant le temps qu'ils pourraient être absens par semestre ou par congé, seront tenus de faire le service de même que les autres officiers.

19.

Les officiers ne pourront changer entre eux leurs tours de garde ou de détachement.

20.

Ceux qui se seront trouvés malades ou absens lorsqu'ils auront dû marcher pour gardes ou détachemens, ne reprendront point leur tour. A l'égard des corvées, elles se reprendront pour un tour seulement.

21.

Les officiers commandés qui se trouveront incommodés, en feront avertir le major du régiment, pour qu'il en soit commandé d'autres à leur place.

22.

Lorsqu'un officier se trouvera en même temps le premier à marcher pour différens services, il sera commandé par préférence pour le premier de ces services, dans l'ordre où ils sont désignés par l'article 1.er, et les autres tours seront censés passés pour lui.

23.

Les détachemens seront censés faits lorsqu'ils auront passé la dernière barrière de la place.

24.

Les capitaines rouleront, s'il est nécessaire, avec les officiers subalternes, pour le second tour de service, de manière que les capitaines relèvent les officiers subalternes, lesquels pourront pareillement relever les capitaines ; mais on observera de donner aux capitaines par préférence les postes les plus importans de la garnison.

25.

Seront exempts de tous tours de garde et de ronde les colonels, mestres-de-camp, lieutenans-colonels, majors, aides-majors, sous-aides-majors, quartiers-maîtres, porte-drapeaux, porte-étendards ou porte-guidons, les fourriers, les tambours-majors et les timbaliers ; bien entendu cependant que les fourriers suivront leurs compagnies lorsqu'elles seront détachées en entier.

26.

Les capitaines qui, au défaut des officiers-majors des places, s'y trouveront commander, ou qui, en l'absence des trois officiers supérieurs de leurs corps, commanderont par accident un ou plusieurs bataillons ou escadrons dont les compagnies seront réunies, jouiront aussi de la même exemption, laquelle né pourra être prétendue par les capitaines qui commanderont des bataillons ou escadrons dont les compagnies seront dispersées. Mais sous prétexte de cette exemption, les susdits capitaines ne seront pas dispensés de leur tour de détachement ni de marcher avec leurs compagnies de grenadiers ou de fusiliers, si elles sont détachées, devant, dans ce cas, laisser le commandement au capitaine qui les suit.

TITRE X.

De l'Assemblée, de l'Inspection et de la Parade des Gardes.

ART. 1.er

On battra la garde à neuf heures du matin en tout temps, et les détachemens qui la composeront, défileront à midi précis de la parade générale, pour se rendre aux postes qu'ils devront occuper.

Dans les provinces méridionales du royaume, et pendant les fortes chaleurs seulement, Sa Majesté autorise les commandans desdites provinces à permettre aux commandans des places d'icelles, de faire défiler les gardes à dix heures précises, et l'on battra alors la garde à sept heures du matin, afin que tout ce qui est prescrit par le présent titre, puisse s'exécuter avec la même exactitude.

2.

Le tambour-major de chaque régiment d'infanterie assemblera à huit heures et demie tous les tambours du régiment, et en fera l'inspection : cette inspection finie, et aussitôt que neuf heures sonneront, tous les tambours battront la garde et l'assemblée dans le quartier de leur régiment.

3.

Les fourriers des compagnies dont on aura nommé la veille à l'ordre quelque officier, sergent ou caporal, maréchal-des-logis ou brigadier pour la garde, se rendront à neuf heures et demie au lieu destiné pour tirer les postes, où le major de la place, et à son défaut, un aide-major de ladite place, sera tenu de se trouver.

4.

Le major de la place tiendra un registre destiné à être rempli des noms des postes et de ceux des officiers, sergens, maréchaux-des-logis, caporaux et brigadiers qui devront les commander.

5.

Il sera fait autant de billets qu'il y aura de postes dans la place : sur chacun de ces billets, sera écrit le nom du poste ; ceux où devront passer les officiers et bas-officiers de chaque grade, seront mis séparément; les fourriers qui devront tirer ces différens postes, tireront d'abord ceux des capitaines et successivement ceux des lieutenans, sous-lieutenans, sergens, maréchaux-des-logis, caporaux ou brigadiers. A mesure que l'on tirera chaque billet, le nom de celui auquel il sera échu, sera écrit sur les registres du major.

Lorsque, par l'inégalité des postes, le tirage ne pourra pas se faire sur tous les régimens de la garnison, il se fera par régiment (en suivant l'ordre de leur ancienneté), et dans le nombre des postes que chacun d'eux devra fournir.

6.

Aucun officier ou bas-officier ne pourra prétendre d'autre poste que celui qui lui sera échu par le sort.

7.

En été et dans les beaux jours, on montera toujours la garde en guêtres blanches (1) ; pendant le froid et les mauvais temps, on la montera en guêtres noires, et on croisera les revers de l'habit (2); mais on en avertira à l'ordre, afin que toutes les troupes de la garnison soient mises uniformément.

8.

Les détachemens que chaque régiment devra fournir pour la garde, seront assemblés et inspectés dans les quartiers du régiment, et conduits ensuite à l'heure nécessaire au rendez-vous général de toutes les gardes de la garnison sur la place d'armes, conformément à ce qui est réglé par les articles 72 et suivans du titre XXI.

9.

Le major ou aide-major de la place se trouvera journellement à onze heures et demie sur la place d'armes, pour y recevoir les détachemens des différens régimens.

10.

Les noms de chaque poste seront écrits en gros caractères sur les murs d'une des grandes faces de la place d'armes.

---

(1) Inusité, si ce n'est pour la garde impériale.
(2) Impraticable, par la forme actuelle des habits.

11.

Les détachemens de chaque régiment étant arrivés au rendez-vous général de l'assemblée des gardes, y seront mis en bataille le dos tourné au mur où seront marqués les postes : le major ou l'aide-major de la place, qui s'y sera trouvé pour les recevoir, vérifiera si chaque régiment a fourni le nombre d'officiers, bas-officiers, soldats, cavaliers ou dragons fixé, et indiquera aux officiers et bas-officiers les détachemens auxquels chacun d'eux devra être attaché.

S'il y a des détachemens de cavalerie ou de dragons, soit à pied ou à cheval, on les placera à la gauche de l'infanterie.

12.

Les officiers commandant·les détachemens destinés pour les nouvelles gardes, leur feront faire demi-tour à droite, et ensuite haut les armes, et chaque détachement ira poser ses armes au-dessous du nom du poste où il devra monter.

13.

S'il y a des détachemens de cavalerie ou de dragons à cheval, les commandans desdits détachemens leur feront les commandemens nécessaires pour remettre le sabre dans le fourreau, et ensuite pour mettre pied à terre, s'ils le jugent à propos, sans néanmoins qu'aucun cavalier ou dragon puisse quitter son rang.

14.

Le tambour-major et tous les tambours qui auront accompagné la garde de leur régiment jusqu'au rendez-vous de l'assemblée générale des gardes de la place, ne se retireront que lorsque la garde générale aura défilé de dessus la place d'armes, et ils seront remenés en ordre à leur logement par le tambour-major ou par le plus ancien d'entre eux.

15.

Lorsque l'heure approchera pour monter la garde, le major de la place ordonnera aux tambours d'appeler; à ce signal, les détachemens, qui seront rangés suivant les postes qui leur seront échus, se formeront en bataille, à rangs serrés, le dernier rang à quatre pas du mur des inscriptions, et les officiers se mettront à leur poste.

16.

Le major de la place fera ensuite marquer les divisions par un aide-major ou sous-aide-major de ladite place, afin que la garde se rompe sur un front à-peu-près égal.

Pour cet effet, lorsqu'il y aura plusieurs petits postes, on les joindra les uns aux autres, et ils marcheront ensemble, jusqu'à ce qu'après avoir défilé devant l'officier général ou le commandant de la place, ils arrivent dans les endroits où ils auront différens chemins à prendre.

17.

Les tambours de tous les régimens de la garnison se réuniront et se placeront sur l'aile droite de la garde.

18.

Lorsque les gardes seront prêtes à se porter sur le terrain où elles devront défiler, le major de la place en fera avertir l'officier général ou le commandant de la place,

place, par un officier major de ladite place ; et le gouverneur ou le lieutenant de
roi, par un sergent.

19.

Pendant ce temps-là, l'officier commandant le poste de l'ancienne garde, qui sera
sur la place d'armes, lui fera prendre les armes, et fera débarrasser la place de tout
ce qui pourrait empêcher que les nouvelles gardes ne s'y missent en bataille et y
fissent les évolutions nécessaires.

Il fera aussi placer des sentinelles autour du terrain que lesdites nouvelles gardes
devront occuper, et assez en avant d'elles pour que leur front soit libre, de manière
à pouvoir y manœuvrer.

20.

Toutes ces dispositions étant faites, le major de la place fera faire un roulement,
pour servir de signal aux officiers, bas-officiers et soldats, de porter leurs armes et
de s'aligner ; il fera ensuite le commandement : *marche.*

21.

A ce commandement, toute la garde marchera en bataille, s'alignant sur le centre,
et se portera sur l'emplacement où elle devra défiler.

Le premier rang de la garde de cavalerie ou de dragons à cheval, sera aligné sur
le premier rang de l'infanterie ; les tambours battront aux champs et le trompette
sonnera la marche.

22.

Le commandant et les autres officiers de l'état-major de la place ne pourront se
dispenser de se trouver tous les jours à la parade, à moins que leur présence ne
fût absolument nécessaire ailleurs pour le bien du service.

23.

Tous les officiers des régimens qui seront dans une place, seront tenus, sans
exception, depuis le colonel ou le mestre-de-camp jusqu'au porte-drapeau, porte-
étendard ou porte-guidon, de se trouver pareillement à la parade, à moins qu'ils
ne soient employés pour quelque autre service ou occupés à leurs exercices.

24.

On rendra alors les comptes de tout ce qui se sera passé pendant les vingt-quatre
heures, dans l'ordre prescrit au titre XXI.

25.

Dès que les nouvelles gardes arriveront sur le terrain où elles devront défiler,
les officiers de la garnison s'y rangeront sur plusieurs rangs, vis-à-vis la garde, et
par ancienneté de régiment, de manière que les officiers du plus ancien régiment
se trouvent vis-à-vis la droite de la garde, et ceux du moins ancien, vis-à-vis la
gauche.

Les commandans des corps se placeront à deux pas en avant des officiers de leur
régiment.

26.

Lorsque lesdits officiers de la garnison ne pourront, pour raison de maladie,

<table><tr><td>Recueil.</td><td align="right">A a</td></tr></table>

se trouver à la parade, ils en feront avertir le major de leur régiment, afin qu'il en soit rendu compte au commandant du corps; et si c'est un officier supérieur, il en fera prévenir le major de la place, pour qu'il en rende compte au commandant de la place.

27.

Les nouvelles gardes étant en bataille, le major de la place fera ouvrir les rangs à quatre pas de distance, et il remettra un état de la garde à l'officier général et au commandant de la place.

28.

Alors l'officier général, et à son défaut le commandant de la place, fera l'inspection des nouvelles gardes, s'il trouve que tout ne soit pas en règle, il s'en prendra au commandant du corps dans lequel il aura manqué quelque chose.

L'officier général pourra, lorsque la garde sera nombreuse, se faire aider dans cette inspection par le commandant et le major de la place, qui alors verront chacun un rang.

29.

Les nouvelles gardes seront conduites aux postes où elles devront se rendre, par des soldats d'ordonnance, détachés des anciennes gardes de ces postes, lesquels soldats d'ordonnance se trouveront sur la place d'armes une demi-heure avant que la nouvelle garde y arrive : ces soldats d'ordonnance ne seront employés que jusqu'à ce que tous les postes soient bien connus par les troupes de la garnison.

30.

Pendant que l'officier général ou le commandant de la place fera l'inspection prescrite par l'article 28, un officier major de la place rangera les ordonnances des anciens postes sur une même ligne, à vingt pas des gardes, et chacune d'elles en face du détachement qu'elle devra conduire.

Lorsque la garde se rompra, les ordonnances marcheront chacune à quatre pas en avant du détachement qu'elles conduiront.

31.

Cette dernière inspection étant faite, l'officier général ou le commandant de la place ordonnera au major de la place, ou à tel officier qu'il jugera à propos, de faire charger les armes.

32.

Le commandant de la place ordonnera ensuite de faire défiler les gardes ; alors le major de la place, ou l'officier désigné par ledit commandant, fera faire un roulement, et fera ensuite les commandemens nécessaires pour faire serrer les rangs, mettre la garde en colonne et la faire défiler.

33.

Si le terrain ne permet pas aux nouvelles gardes de se rompre par un seul et même mouvement, chaque division défilera l'une après l'autre, lorsque l'officier ou bas-officier qui la commandera lui fera le commandement *marche*.

34.

Dès que les nouvelles gardes commenceront à défiler, les tambours battront aux champs, et ils ne cesseront de battre qu'après que la dernière division aura pris le chemin de son poste : le trompette qui marchera à la tête de son détachement, sonnera la marche, à moins que l'officier général n'en ordonne autrement.

35.

Lorsqu'il y aura deux officiers dans la même division, le moins ancien en prendra la queue en défilant ; s'il y a deux sergens, le premier se placera à la droite du premier rang, et le second à la droite du dernier ; les rangs observeront entre eux deux pas de distance, et le tambour, s'il y en a un, marchera sur la droite.

Tous les commandans des divisions marcheront à la tête de leur division, à deux pas du premier rang.

36.

Conformément à ce qui a été prescrit par l'ordonnance qui règle l'exercice, les officiers et sergens n'ôteront point leur chapeau en défilant devant l'officier général ou le commandant de la place, et ils porteront la tête de son côté.

A l'égard des détachemens de cavalerie et de dragons qui monteront la garde à cheval, ils défileront de même sans saluer.

37.

Les gardes, tant en allant de la place d'armes à leur poste, qu'en revenant de leur poste à leurs quartiers, lorsqu'elles descendront la garde, porteront l'arme au bras, et marcheront au pas de route ; les officiers et bas-officiers qui les conduiront, leur feront observer le plus grand silence et le plus grand ordre : les officiers supérieurs des corps veilleront particulièrement à ce que les officiers et bas-officiers de leur régiment ne se négligent jamais à cet égard.

38.

Quand un officier major de la place verra quelque officier ou bas-officier conduire sa troupe en désordre, il en rendra compte sur-le-champ au commandant de la place, qui fera punir ledit officier ou bas-officier à la descente de la garde.

TITRE XI.

Du Service des Gardes dans leurs Postes.

ART. I.er

Lorsque la nouvelle garde approchera du poste qu'elle devra relever, l'officier ou bas-officier qui la commandera, lui fera porter les armes, et ordonnera au tambour ou au trompette, s'il y en a, de battre ou de sonner la marche.

2.

Les officiers ou bas-officiers qui commanderont l'ancienne garde, lui feront prendre aussitôt les armes ou monter à cheval, et la feront ranger de manière qu'elle laisse sur la gauche le terrain nécessaire pour que la nouvelle garde puisse s'y former ; le tambour et le trompette, s'il y en a, battront et sonneront la marche.

3.

Les gardes d'infanterie qui ne seront composées que de six hommes, se mettront en haie ; celles qui seront composées de douze, se formeront sur deux rangs ; celles de dix-huit et au-dessus, sur trois rangs.

4.

Les gardes de cavalerie et de dragons, soit à pied ou à cheval, ne seront jamais formées que sur un ou deux rangs.

De quelque nombre d'hommes que soit composée une garde, elle sera toujours partagée en deux ou quatre divisions, afin que, si les circonstances exigent qu'une garde tire, elle ne se dégarnisse pas à-la-fois de tout son feu.

5.

Tout officier commandant un poste, se placera toujours devant le centre de sa garde, à deux pas en avant du premier rang ; tout bas - officier commandant un poste, se placera sur un flanc droit ; et, s'il y a un tambour, il se placera à la droite de ladite garde.

6.

Toutes les fois que les gardes prendront les armes ou se montreront hors du corps-de-garde, elles se rangeront toujours dans le même ordre.

7.

Si les gardes doivent être en haie, et que le terrain ne permette pas à la nouvelle garde de se former à la gauche de l'ancienne, celle-ci se placera en avant du corps-de-garde, et y faisant face à quelque distance, pour laisser la place à la nouvelle de se former entre elle et ledit corps-de-garde.

8.

Les officiers, sergens et maréchaux-des-logis des deux gardes, s'avanceront alors les uns vers les autres, et ceux de la garde descendante donneront la consigne à ceux de la garde montante.

9.

Le commandant de la nouvelle garde ordonnera ensuite au premier caporal ou au premier brigadier d'aller prendre possession du corps-de-garde.

10.

Ce caporal ou brigadier sera nommé le caporal ou brigadier de consigne du poste.

11.

Dans les petits postes qui seront commandés par un caporal, ledit caporal sera en même temps le caporal de consigne.

12.

Le caporal ou brigadier de consigne de la nouvelle garde, visitera avec celui de l'ancienne, les corps-de-garde, bancs, tables, vitres, falots, guérites, et toutes les autres choses consignées, pour voir si elles sont en bon état, ou s'il y aura été commis

des

des dégradations ; auquel cas il en sera rendu compte au major de la place, qui en avertira le commandant de ladite place, pour faire réparer lesdites dégradations, aux dépens des officiers et bas-officiers de la garde descendante.

13.

Les caporaux ou brigadiers de consigne seront mis en prison, toutes les fois qu'il sera fait des dégradations aux choses qui leur seront consignées.

14.

Pendant que les caporaux ou brigadiers de consigne visiteront les corps-de-garde, le commandant de la nouvelle garde fera l'inspection des armes.

15.

Les caporaux et brigadiers d'un même poste partageront entre eux le temps de leur garde, en sorte qu'ils aient un service égal à faire entre eux, soit de jour, soit de nuit : ils régleront pareillement le temps de la garde des soldats, cavaliers ou dragons, de manière qu'ils aient autant d'heures de faction à faire les uns que les autres ; et lorsque ce partage ne pourra se faire exactement, le sort en décidera.

16.

Le caporal ou brigadier chargé de poser les sentinelles, pendant le temps qu'il remplira cette fonction, s'appellera le caporal ou brigadier de pose ; il prendra la consigne de celui qui aura fait la pose précédente, et ils iront ensemble relever les anciennes sentinelles et poser les nouvelles.

17.

Un caporal commandant un petit poste, pourra se faire aider pour poser et relever les sentinelles, par l'appointé ou le plus ancien soldat.

18.

L'état-major de la place fera dresser, d'après la présente ordonnance, des consignes particulières pour les commandans, bas-officiers et sentinelles de tous les postes, de manière que la garde de la place d'armes n'ait dans ses consignes que ce qui est relatif à son service, de même que les gardes aux portes, les postes intérieurs, les postes extérieurs et les gardes à cheval.

Le commandant de la place joindra à ces consignes celles qu'il jugera nécessaires pour la sûreté et le bon ordre de la place, et pour les différens cas d'alarmes.

19.

Les consignes générales et particulières de chaque poste seront, par écrit, collées sur une planche et déposées dans le corps-de-garde du commandant du poste ; les commandans des postes, caporaux et brigadiers de consigne, se les consigneront successivement de l'un à l'autre.

S'il y a dans la place des régimens étrangers, il y aura des traductions des consignes dans leur langue, qui seront collées sur une planche séparée.

Celles qui concerneront les fonctions des bas-officiers et celles des sentinelles, seront pareillement, par écrit, collées sur une planche dans le corps-de-garde des

B b

soldats, cavaliers ou dragons, avec la traduction. La dépense des unes et des autres se fera aux dépens de S. M., sur les ordres des intendans des provinces.

20.

Après que la visite du poste aura été faite par les caporaux ou brigadiers de consigne de la nouvelle et de l'ancienne garde, et qu'ils les auront rejointes, le commandant de la garde montante désignera les sentinelles de la première pose ; après quoi il fera le commandement : *première pose, en avant.*

A ce commandement, le caporal ou le brigadier, et les soldats, cavaliers ou dragons de la première pose, formeront un rang en avant de la garde, et le caporal ou brigadier de pose les numérotera.

Le commandant de la garde ayant ensuite ordonné au caporal ou au brigadier d'aller relever les sentinelles, ce caporal ou brigadier de pose, et celui de la garde descendante, iront ensemble relever lesdites sentinelles, dans l'ordre prescrit par les art. 48 et suivans du présent titre.

21.

Les sentinelles des différentes poses seront fournies sur toutes les divisions du poste.

22.

Pendant qu'on relevera les sentinelles, les commandans des deux gardes visiteront ensemble les avenues du poste, et celui qui relevera prendra de l'autre tous les éclaircissemens nécessaires sur les consignes et sur le service de son poste.

23.

Les sergens, maréchaux-des-logis, caporaux et brigadiers qui auront été détachés d'une garde, la rejoindront dès qu'ils auront été relevés.

A leur retour, ils rendront compte à l'officier commandant ladite garde, et feront devant lui l'appel des soldats, cavaliers ou dragons qui auront été détachés avec eux.

24.

Le commandant de l'ancienne garde ayant rassemblé tous les petits postes et sentinelles, il les fera rentrer dans les rangs, et se mettra en marche ; le tambour ou trompette de la garde battra ou sonnera la marche, et de même celui de la nouvelle garde.

25.

Lorsqu'il sera à environ cinquante pas du poste, il fera les commandemens nécessaires pour remettre la baïonnette dans son lieu et pour porter l'arme au bras, ou, si c'est un poste à cheval, pour remettre le sabre dans le fourreau ; et il ordonnera au plus ancien sergent, maréchal-des-logis, caporal ou brigadier, de ramener la garde au quartier du régiment.

26.

Les bas-officiers, commandans des petits postes, descendront la garde dans le même ordre, et remeneront eux-mêmes leur détachement au quartier du régiment.

27.

Tout bas-officier qui ne conduira pas les détachemens de son régiment dans le meilleur ordre et dans le plus grand silence, sera mis en prison.

(99)

28.

Après le départ de l'ancienne garde, le commandant de la nouvelle lui fera faire demi-tour à droite, et ensuite haut les armes, pour les placer par division au râtelier des armes du corps-de-garde ; si c'est une garde de cavalerie, il fera remettre le sabre dans le fourreau, fera les commandemens nécessaires pour faire mettre pied à terre à sa troupe, et lui ordonnera de mettre les chevaux dans l'écurie du corps-de-garde.

29.

Aussitôt que la garde sera rentrée, le commandant du poste ira visiter ses sentinelles ; il lira avec soin les consignes générales et particulières données à son poste, et il instruira ensuite les sergens, maréchaux-des-logis, caporaux ou brigadiers, de tout ce qu'ils auront à faire.

30.

Les caporaux ou brigadiers de consigne enverront chercher par des soldats de la garde, le bois, le charbon et les chandelles qui devront être fournis pour le corps-de-garde ; les soldats tireront entre eux pour cette corvée : ceux à qui le sort sera échu la feront en veste et en bonnet, conservant leur giberne pour marque de service ; mais ils ne porteront jamais le bois ou le charbon sur leurs épaules, devant y avoir toujours dans chaque poste un brancard, brouette ou panier destiné à cet usage, dont la dépense sera faite par Sa Majesté, sur les ordres des intendans des provinces.

31.

Les officiers de garde seront obligés de rester à leur poste et d'y faire leurs repas, sans pouvoir s'en éloigner, sous quelque prétexte que ce soit ; ils ne quitteront point leur épée ni leur hausse-col pendant tout le temps qu'ils seront de garde ; les officiers de cavalerie ou de dragons ne quitteront pas leurs bottes.

32.

Il n'y aura dans leur corps-de-garde qu'un fauteuil de cuir et une table, dont la dépense sera faite par Sa Majesté, sur les ordres de l'intendant de la province, sans qu'il soit jamais permis d'y faire porter d'autres meubles.

33.

Tout commandant d'une garde ne pourra donner à boire ou à manger dans son poste à qui que ce soit, qu'à ceux qui seront de garde avec lui.

34.

Il sera pareillement défendu à tout officier de garde, de jouer dans son poste, ou d'y laisser jouer.

35.

Tout officier ou bas-officier commandant un poste, veillera, pendant la durée de sa garde, sur les soldats, cavaliers ou dragons de son poste, pour leur faire remplir tous leurs devoirs ; il se promènera souvent au-dehors de son poste, afin de mieux voir ce qui s'y passera.

36.

Il fera faire l'appel de sa garde, toutes les fois qu'on relevera les sentinelles, et plus souvent s'il le juge à propos.

37.

Il fera sortir, aussi souvent qu'il le jugera nécessaire, sa garde, avec armes ou sans armes, pour habituer les soldats, cavaliers ou dragons, à se former promptement, et il punira les plus paresseux.

38.

Il contiendra sa garde, toutes les fois qu'elle sera sous les armes, dans le plus grand ordre et le plus grand silence.

39.

Il ne permettra à aucun soldat, cavalier ou dragon de sa garde, de s'écarter, lesdits soldats, cavaliers ou dragons devant se faire apporter à manger par leurs camarades.

40.

Les soldats, cavaliers ou dragons de garde qui mériteront d'être punis, seront condamnés, pour les fautes ordinaires, à faire les corvées de la garde ; et dans les cas graves, le commandant du poste les fera arrêter, et rendra compte au commandant de la place.

Nul soldat, cavalier ou dragon, étant de garde, ne pourra être arrêté sans la participation du commandant du poste.

41.

Les commandans des postes de cavalerie enverront à l'abreuvoir, aux heures qui seront fixées ; mais ils observeront de n'y envoyer jamais qu'une division de la garde à-la-fois.

42.

Il ne sera jamais posé de vedettes dans l'intérieur d'une place, hors les cas indispensables, et la garde à cheval de la place d'armes fournira devant son poste une sentinelle à pied.

43.

Les sentinelles seront relevées de deux heures en deux heures.

Pendant les fortes gelées, elles seront relevées d'heure en heure, mais le major de la place en avertira à l'ordre.

44.

Autant qu'il se pourra, il ne sera jamais posé de sentinelle, qu'elle ne puisse être entendue de son poste, et communiquer avec lui directement ou par des sentinelles intermédiaires.

45.

Avant que les sentinelles partent d'un poste, le caporal ou brigadier de pose les présentera toujours au commandant du poste.

46.

Celui-ci les fera mettre en haie, et s'assurera si leurs armes sont bien amorcées et garnies de pierres bien assujetties.

47.

Il réglera, avant leur départ, les lieux où chacune d'elles devra être posée ; les plus vieux soldats, cavaliers ou dragons, seront mis en faction devant les armes et aux postes avancés, et les soldats, cavaliers ou dragons de recrue, dans les postes voisins de la garde, afin que les officiers et bas-officiers soient à portée de les instruire de leur devoir.

48.

Le caporal ou le brigadier de pose, allant relever, portera l'arme sur le bras droit ; toutes les sentinelles le suivront portant leurs armes, sans qu'aucune puisse prendre un chemin plus court pour aller attendre ledit caporal ou brigadier de pose aux endroits où elle saurait devoir être placée.

49.

Le caporal ou brigadier de pose commencera par la sentinelle de devant les armes, qui seule ne sera pas tenue de le suivre après avoir été relevée ; il ira ensuite relever les sentinelles les plus éloignées, qui, après l'avoir été, le suivront dans l'ordre prescrit par l'article précédent.

50.

Les sentinelles, en se relevant, se présenteront les armes l'une à l'autre, au commandement qui leur en sera fait par le caporal ou brigadier de pose, et elles se donneront la consigne en présence dudit caporal ou brigadier, qui s'avancera seul pour l'entendre donner. Les sentinelles qui ne seront pas encore posées, ou celles qui seront déjà relevées, s'arrêtant six pas derrière lui.

51.

La consigne étant donnée, le caporal de pose fera les deux commandemens, *Portez vos armes, marche :* au premier de ces commandemens, l'ancienne et la nouvelle sentinelle porteront les armes ; et au second commandement, le caporal de pose et l'ancienne sentinelle rejoindront les autres pour continuer la pose, si elle n'est pas finie, ou pour retourner au poste, en cas qu'elle le soit.

52.

Le caporal ou brigadier de pose examinera, en posant les sentinelles, si, dans les guérites ou à côté, il n'aura pas été mis de pierres pour s'asseoir, et si les fenêtres des guérites ne sont pas bouchées, auxquels cas il fera ôter lesdites pierres, déboucher les fenêtres, et en rendra compte au commandant du poste, afin que la sentinelle qui sera trouvée en faute soit punie.

Le caporal ou brigadier de pose rendra toujours compte, en arrivant de sa pose, au commandant du poste, et lui présentera les anciennes sentinelles.

53.

Les sentinelles ne se laisseront jamais relever ou donner de nouvelle consigne que par les caporaux de leur poste.

54.

Les sentinelles auront toujours la baïonnette au bout du fusil, sans couvre-platine, ni capucine au bassinet, et elles porteront l'arme au bras, se reposeront dessus, et pourront les porter, pendant le mauvais temps, sous le bras gauche.

55.

Les sentinelles, pendant le temps qu'elles seront en faction, ne pourront jamais quitter leurs armes, pas même dans leur guérite, ni s'asseoir, rire, chanter, siffler ou parler à personne sans nécessité, ni, en se promenant, s'écarter de leur poste à plus de trente pas.

56.

Les sentinelles ne souffriront pas qu'il se fasse aucune ordure ou dégradation aux environs de leur poste.

57.

Toute sentinelle qui sera trouvée en contravention sur quelqu'un de ces objets, ou qui manquera à sa consigne, sera mise au piquet (1) pendant huit jours, et punie, à la descente de la garde, plus rigoureusement, suivant l'exigence du cas.

58.

Les sentinelles s'arrêteront, feront face en tête et porteront les armes, lorsqu'il passera à portée d'elles, soit une troupe, soit des officiers de quelque régiment qu'ils soient ; elles présenteront les armes pour les officiers généraux, pour le commandant et le major de la place, et pour les officiers supérieurs de leur régiment.

59.

Les sentinelles postées sur le rempart, feront face aux personnes qui passeront près d'elles ; elles s'arrêteront, porteront ou présenteront les armes dans cette position.

60.

Les sentinelles présenteront les armes pendant la nuit, quand les rondes et patrouilles passeront, et quand elles croiront devoir se mettre en état de défense.

61.

Les sentinelles qui seront posées aux magasins à poudre feront faction avec une hallebarde et poseront leurs armes dans la guérite.

62.

A cet effet, le garde d'artillerie fournira, sur l'ordre du commandant de la place, deux hallebardes pour chaque magasin à poudre ; une restera au corps-de-garde, et y sera tenue en état par les soldats de la garde ; elle servira pour remplacer celle de la sentinelle, lorsqu'elle aura besoin d'être éclaircie.

S'il n'y a pas de hallebardes dans l'arsenal, on leur fournira d'autres armes de longueur et de défense.

63.

Lorsqu'une sentinelle verra ou entendra quelqu'un en querelle auprès de son poste, elle criera à la garde : cet avertissement passera de sentinelle en sentinelle jusqu'au

______

(1) Cette punition n'existe plus.

poste, qui enverra plusieurs fusiliers aux ordres d'un bas-officier, pour arrêter les querelleurs.

64.

Si les sentinelles aperçoivent quelque incendie, elles crieront *au feu;* cet avertissement passera de sentinelle en sentinelle jusqu'au poste, dont le commandant se conformera à ce qui est réglé par les articles 105 et 106 du présent titre.

65.

Les sentinelles posées devant les armes avertiront promptement, lorsqu'elles apercevront un officier général, le commandant de la place, ou autre pour lequel la garde devra prendre les armes ou se montrer hors du corps-de-garde.

66.

Quand la garde devra prendre les armes, la sentinelle criera *aux armes;* et quand la garde devra sortir sans armes, la sentinelle criera *hors la garde :* alors les soldats, cavaliers ou dragons, sortiront promptement du corps-de-garde.

67.

Les sentinelles qui garderont un magasin quel qu'il soit, n'y laisseront entrer personne qu'après en avoir averti le caporal de garde, et qu'après que le commandant du poste aura examiné si les personnes qui demandent à entrer dans le magasin, sont réellement chargées d'en prendre soin.

68.

Les sentinelles ne se laisseront jamais approcher de trop près par qui que ce soit, et particulièrement pendant la nuit; pour cet effet, elles feront passer alors, autant que cela sera possible, les allans et venans du côté opposé à celui où elles seront posées.

69.

Lorsque la nuit sera fermée, les sentinelles crieront, d'une voix forte, *qui vive,* et elles ne laisseront passer personne qu'il ne leur ait été répondu de façon à se faire connaître.

70.

Si, après qu'une sentinelle aura crié trois fois *qui vive,* on continue de s'approcher d'elle sans répondre, elle criera *halte-là,* et avertira en même temps qu'elle va tirer; et si, malgré cet avertissement, on continue de s'avancer pour vouloir la forcer, elle tirera et appellera la garde.

71.

Les sentinelles qui seront placées sur les remparts, n'y laisseront passer, pendant la nuit, absolument que les rondes et les patrouilles.

72.

Lorsque la sentinelle d'un poste apercevra une ronde ou une patrouille, elle criera *qui vive;* et lorsque cette ronde ou patrouille se sera annoncée, elle criera *halte-là; caporal, hors la garde, ronde* ou *patrouille,* en expliquant, si c'est une ronde, l'espèce dont elle sera.

Le caporal sortira alors du corps-de-garde, se faisant éclairer par un soldat, s'avancera à la sentinelle qui sera devant les armes, criera *qui vive;* lorsqu'on lui aura répondu, et qu'il aura reconnu la ronde ou patrouille, il criera *avance qui a l'ordre,* présentera ses armes pour se mettre en défense contre celui qui s'avancera, en recevra le mot, et si c'est celui qui a été donné à l'ordre de la place, il laissera passer la ronde ou patrouille.

73.

Lorsqu'une sentinelle aura commis quelque faute qui méritera punition, elle sera punie, à la descente de la garde, conformément à l'article 57 du présent titre; si la faute est grave, elle sera relevée sur-le-champ, et arrêtée par ordre du commandant du poste; Sa Majesté défendant à tout officier ou bas-officier, sous peine d'être cassé, de les frapper ou insulter pendant leur faction.

74.

S'il arrivait qu'un bourgeois ou habitant insultât ou frappât une sentinelle, le commandant de la place le fera mettre en prison, et en rendra compte à Sa Majesté, qui ordonnera sa punition.

75.

Les commandans des postes emploieront toujours, pour les ordonnances, rapports ou reconnaissances, les soldats, cavaliers ou dragons les plus intelligens de la garde; et ceux-ci s'en acquitteront avec la plus grande diligence et exactitude.

76.

Les commandans des gardes aux postes ne laisseront entrer aucun soldat, cavalier ou dragon, autre que de la garnison, sans s'être fait représenter son congé; ils feront arrêter tous ceux qui se présenteront sans en être munis, et ils en rendront compte sur-le-champ au commandant de la place.

77.

Ils feront arrêter pareillement tous les bas-officiers, soldats, cavaliers et dragons de la garnison qui se présenteront pour sortir de la place sans être munis d'une permission dans les formes, ou sans être conduits par des officiers.

78.

Ils ne laisseront entrer dans la place aucuns étrangers sans qu'ils aient été interrogés par le consigne de la porte, pour savoir qui ils sont, d'où ils viennent, où ils vont, où ils comptent loger, et s'ils doivent y rester long-temps; lorsqu'il n'y aura point de consignes aux portes, ils tiendront registre de leurs réponses, et se conformeront à ce qui est prescrit par les article 5 et suivans du titre XIX.

79.

Lesdits étrangers seront ensuite conduits par un ou deux fusiliers, suivant leur nombre, à l'officier de garde sur la place d'armes

80.

Lorsque ces étrangers seront d'une certaine considération, ils ne seront point conduits par des fusiliers, soit chez le commandant de la place, soit au corps-degarde

garde de la place ; les consignes des portes, ou, à leur défaut, les commandans des gardes auxdites portes, dresseront sur-le-champ un billet, par lequel ils annonceront l'arrivée de ces étrangers et le lieu où ils devront loger ; lequel billet sera envoyé aussitôt, par un soldat de la garde, audit commandant de la place.

81.

Les commandans des avancées ou postes ne laisseront entrer dans la place aucun mendiant, à moins qu'il ne soit avoué ou muni de passe-ports.

82.

Dès que la sentinelle de l'avancée découvrira une troupe, elle appellera la garde, qui prendra les armes sur-le-champ et fermera la première barrière.

83.

Lorsque ladite troupe sera à environ trois cents pas du glacis ou de la barrière, le commandant du poste l'enverra reconnaître par quatre fusiliers avec un bas-officier, lequel s'avancera jusqu'à trente pas en avant des sentinelles ; et, lorsque la troupe qu'il voudra reconnaître sera à portée de l'entendre, il fera faire *haut les armes* à ses soldats, et criera *qui vive* ; lui ayant été répondu *France*, il criera *de quel régiment*, et, quelque réponse qui lui ait été faite, il criera *halte-là* ; si, après l'avoir répété une troisième fois, la troupe avançait toujours, il fera faire *feu* sur elle, et se retirera derrière la première barrière, qu'il fermera, et il *tiendra ferme* ; pendant ce temps-là, l'officier de garde fera promptement lever les ponts, et détachera la moitié de sa garde sur le rempart, pour faire *feu* et protéger son avancée.

84.

Si, au contraire, ladite troupe s'arrête, ledit bas-officier, quand bien même elle se serait dite un régiment, bataillon ou toute autre troupe, s'avancera seul pour la reconnaître encore de plus près, ne devant se fier, à cet égard, ni à l'uniforme, ni aux autres marques distinctives, et menera le commandant de ladite troupe au commandant de son poste, lequel examinera alors lui-même ledit officier, le gardera à son poste, et rendra compte par écrit au commandant de la place. La troupe arrivante restera cependant toujours arrêtée en dehors de la première barrière, jusqu'à ce que le commandant de la place ait envoyé un officier major de la place, ou un ordre par écrit pour faire entrer cette troupe. Le commandant du poste tiendra sa garde sous les armes, jusqu'à ce que ladite troupe soit passée.

Le commandant d'une place prendra cependant les précautions nécessaires pour faire rentrer, sans retard, les troupes de la garnison qui seraient sorties pour les exercices, conformément à ce qui est prescrit par l'article 5 du titre XXII.

85.

Les tambours, timbaliers et trompettes des troupes qui entreront dans une place, battront et sonneront la *marche* dès les postes avancés ou la première barrière, et de même les tambours ou trompettes des gardes devant lesquelles elles passeront.

86.

S'il se présente aux portes, des tambours ou trompettes venant des ennemis, le commandant du poste les fera entrer sur-le-champ dans le corps-de-garde de l'avancée, et en rendra compte au commandant de la place, qui enverra aussitôt un officier major pour traiter avec eux des objets qui les ameneront, sans souffrir qu'ils entrent dans la place, ni qu'ils parlent à qui que ce soit.

87.

Lorsqu'il s'y présentera des déserteurs des troupes des puissances voisines ou ennemies, on ne souffrira point qu'ils parlent à personne, et ils seront conduits aussitôt chez le commandant de la place : en temps de guerre et dans les places frontières de l'ennemi, les déserteurs seront toujours désarmés avant d'être introduits dans la place ; et s'ils arrivaient en trop grand nombre, les commandans des postes les feront rester à la première barrière, et enverront avertir sur-le-champ le commandant de la place.

88.

Lorsqu'il se présentera des voitures couvertes pour entrer dans la place, et qu'elles paraîtront suspectes, elles seront visitées par le consigne de la porte, avec un caporal et quelques fusiliers, pour examiner si elles ne renferment rien qui tende à surprise.

89.

Avant de laisser entrer aucune voiture, la sentinelle de la barrière criera *arrête là - bas*, ce qui sera répeté de sentinelle en sentinelle, jusqu'à celle de la porte de la place ; cette dernière sentinelle empêchera alors toute voiture de sortir, et s'il n'y en a point entre les portes, elle criera *marche*, ce qui sera répété de sentinelle en sentinelle, jusqu'à celle de l'avancée, qui fera défiler les voitures de distance en distance, de manière que tous les ponts ne soient point embarrassés en même temps et que l'on en puisse toujours lever un en cas de besoin.

90.

Si quelque chariot venait à casser sur les ponts, le commandant du poste ferait aussitôt lever les autres ponts et prendre les armes à sa garde, jusqu'à ce que ledit chariot ait été retiré.

91.

Les sentinelles ne souffriront point qu'aucune voiture s'arrête entre les portes ni sur les ponts-levis ou sous les orgues, grilles ou herses, et elles empêcheront aussi de trotter ou galoper sur les ponts-levis.

92.

Pendant que les voitures du dehors entreront, la sentinelle de la porte fera ranger les voitures qui se présenteront pour sortir, de manière qu'elles n'embarrassent point le passage.

Lorsque toutes les voitures arrivantes seront passées, ladite sentinelle criera à son tour *arrête* : cette parole étant passée à la sentinelle de l'avancée, elle répondra *marche* ; alors la sentinelle de la porte fera mettre en marche les voitures qui voudront sortir, avec les précautions ci-dessus détaillées.

93.

Les commandans des gardes aux portes et aux avancées, se conduiront, pour l'ouverture et la fermeture des portes, comme il est prescrit aux articles 11 et suivans du titre XII.

94.

La garde d'infanterie de la place d'arme sera principalement chargée de la police de la place; on renverra à son poste tous les étrangers, gens sans aveu, et les soldats ou habitans faisant du désordre.

95.

L'officier commandant cette garde interrogera tous les étrangers qui lui seront envoyés, et fera conduire chez le commandant de la place tous ceux venant des terres d'une autre domination, ou y allant.

Quant aux autres, ledit commandant de la place pourra, s'il le juge à propos, charger l'officier de garde sur la place d'armes, de les examiner, et de les laisser passer s'il lui paraît qu'on puisse le faire sans inconvénient, sinon de les faire conduire chez le major de la place.

96.

Dès que les portes auront été fermées, les caporaux poseront les sentinelles d'augmentation pour la nuit, dans les postes qui leur auront été marqués.

Ils les instruiront, avec exactitude, de ce qu'elles auront à faire, et visiteront les autres sentinelles pour leur faire répéter leur consigne.

97.

Les commandans des postes de l'intérieur de la place enverront, immédiatement après la fermeture des portes, sur la place d'armes, un bas-officier de leur garde, pour prendre le mot au cercle, où il se placera suivant le rang de son régiment.

98.

Si le poste est commandé par un bas-officier, ce sera le caporal ou brigadier qui ira à l'ordre; et s'il est commandé par un simple caporal ou brigadier, ce sera un appointé ou un carabinier.

99.

Les postes extérieurs recevront le mot d'un officier major de la place, avant la fermeture des portes.

Ceux qui seront éloignés, enverront à l'avancée de la porte la plus voisine de leur poste, un bas-officier, pour le recevoir dudit officier major.

100.

Tous les commandans des postes redoubleront de vigilance pendant la nuit, pour que les poses, patrouilles et factions soient faites avec exactitude.

101.

Aussitôt que les portes seront ouvertes, les caporaux retireront les sentinelles d'augmentation qu'ils auront posées pendant la nuit, et feront nettoyer et balayer le corps-de-garde, le dessous des portes, les ponts et les environs de leurs postes; ces corvées seront faites par les soldats, cavaliers ou dragons, qui tireront au sort à cet effet.

102.

A neuf heures du matin, les caporaux et brigadiers de consigne de tous les postes, porteront chez le major de la place les registres et les boîtes des rondes et patrouilles, avec le rapport par écrit, signé du commandant du poste, de tout ce qui aura pu y arriver pendant la nuit ou à l'ouverture des portes.

Quand lesdites boîtes et registres auront été vérifiés par ledit major, les caporaux de consigne les porteront au corps-de-garde de la place d'armes, les remettront au caporal de consigne de cette garde, et retourneront sur-le-champ à leurs postes.

103.

Une heure avant que les gardes défilent de la place d'armes, tous les postes enverront sur ladite place un soldat d'ordonnance, qui sera placé à la parade comme il a été dit à l'article 30 du titre X, et conduira le nouveau détachement qui devra relever son poste.

104.

En cas d'alarme, toutes les gardes prendront les armes ou monteront à cheval; si c'est pendant le jour, les officiers ou bas-officiers de garde aux portes feront fermer sur-le-champ les barrières et lever les ponts-levis de l'avancée, et en donneront avis au commandant de la place.

Toutes les gardes, soit à pied ou à cheval, se conformeront au surplus, suivant l'espèce de l'alarme, aux consignes particulières qui auront été données à leur poste.

105.

En cas d'incendie, le commandant du premier poste où l'on s'en apercevra, enverra sur-le-champ un caporal et deux soldats, pour voir si le feu est dangereux; et s'il paraît tel au caporal, il l'enverra dire sur-le-champ au commandant du poste, qui y enverra un autre caporal ou un appointé et six hommes ou davantage, suivant la force de son poste, pour empêcher le désordre et faciliter les premiers secours; ils n'en laisseront approcher que ceux qui porteront des seaux, des pompes, des échelles, des crocs ou autres instrumens pour éteindre le feu.

106.

Le commandant du poste en fera avertir en même temps le major et le commandant de la place; il en fera pareillement avertir le commandant de la garde de la place d'armes, qui y enverra sur-le-champ un détachement plus ou moins considérable, suivant la force de son poste, pour le joindre à celui de l'autre garde qui y sera déjà et empêcher conjointement le désordre : ces détachemens retourneront chacun à leur poste, lorsqu'il sera arrivé des détachemens de la garnison à l'endroit où sera le feu.

107.

Les commandans des postes à cheval se conduiront, dans le même cas, ainsi qu'il est prescrit ci-dessus aux postes d'infanterie, faisant pareillement avertir le commandant de la place, et de plus le poste d'infanterie le plus voisin.

108.

Lors des processions, la moitié de la garde se tiendra sous les armes alternativement; s'il y a un grand concours d'étrangers auxdites processions, on fermera

les

les barrières et on levera un pont-levis à chaque porte ; on ajoutera encore à cette précaution, de tenir sous les armes toutes les compagnies de grenadiers.

109.

Les jours de foire et de marché, la moitié des gardes se tiendra alternativement sous les armes, ainsi qu'il est prescrit à l'article 108, et chacune d'elles fera des patrouilles continuelles dans les rues voisines de son poste.

110.

A l'égard des gardes à cheval, elles seront placées où le commandant de la place le jugera le plus utile.

TITRE XII.

De l'Ouverture et de la Fermeture des Portes.

ART. 1.er

Les portes des places seront fermées, en temps de paix comme en temps de guerre, une demi-heure après le coucher du soleil ; elles ne seront ouvertes qu'une demi-heure avant le lever du soleil, à moins d'une nécessité absolue.

2.

Les clefs des portes de la place seront entre les mains du commandant de la place, et enfermées chez lui dans un coffre de bois ferré ; celles de chaque porte seront mises dans un sac de cuir, sur lequel le nom de la porte sera écrit ; et les autres clefs dont on ne fera pas un usage journalier, seront toutes étiquetées, afin qu'on puisse reconnaître leur destination au besoin.

3.

A l'égard des clefs des souterrains, poternes, écluses et bâtimens du Roi, dépendant de la fortification, elles resteront entre les mains de l'ingénieur en chef de la place, chargé spécialement de l'inspection et de la conservation desdits ouvrages et bâtimens.

4.

Si cependant les poternes destinées aux descentes de fossés, et celles qui pourraient donner entrée dans la place, n'étaient point masquées en maçonnerie à l'extérieur, mais seulement fermées par des portes de charpente, les clefs en seraient remises au commandant de la place.

Il en sera de même des clefs des estacades ou barrières d'eau et des écluses qui serviront de fermeture ou d'entrée dans la place ; mais ledit commandant ne pourra les refuser à l'ingénieur, toutes les fois qu'il les lui demandera pour la manœuvre des eaux, ou pour en faire la visite, en prenant néanmoins toutes les précautions qu'il jugera nécessaires pour la sûreté de la place.

5.

Une heure avant la fermeture des portes, le tambour ou le trompette de la garde montera sur le parapet du rempart pour y battre ou sonner la retraite.

6.

A la même heure, on sonnera une cloche à ce destinée, pour avertir les habi-tans, gens de la campagne ou autres passagers qui voudront entrer dans la ville ou en sortir.

7.

Il se trouvera matin et soir, chez le commandant de la place, un sous-aide-major, ou à son défaut un aide-major de ladite place, pour faire la distribution des clefs, lorsqu'on viendra les chercher.

8.

Une demi-heure après que la cloche aura sonné, deux soldats de chacune des gardes aux portes, et les portiers, s'il y en a, iront chercher les clefs chez le com-mandant de la place.

9.

Lorsque l'officier major de la place aura remis à ces deux soldats ou au portier les clefs de leur poste, lesdits soldats retourneront, sans perdre de temps, à leur poste, faisant marcher entre eux le portier chargé des clefs.

10.

Dans les places où il n'y aura point de portiers établis, un de ces deux soldats sera sans armes, et après qu'il aura reçu les clefs, il retournera de même, sans perte de temps, escorté par l'autre soldat armé.

11.

En même temps qu'on ira chercher les clefs, le commandant de la garde à l'avancée détachera un bas-officier et quatre fusiliers pour se placer à la première barrière, avec ordre d'examiner, encore plus soigneusement que dans le reste du jour, les per-sonnes qui pourraient s'y présenter; si le poste de l'avancée n'est pas assez consi-dérable pour fournir ce petit détachement, ce sera la garde de la porte qui le four-nira.

12.

Les clefs arrivant aux postes, l'officier fera prendre les armes à sa garde, et attendra, pour fermer les portes, l'arrivée de l'officier major de la place.

13.

Lorsqu'il sera arrivé, le commandant postera sa garde près de la porte, la par-tagera en double haie, fera présenter les armes, et fera avancer deux fusiliers jusque sur le pont-levis.

14.

Il donnera ensuite à l'officier major de la place deux autres fusiliers pour l'escorte des clefs; celui-ci se portera, avec lesdits fusiliers, d'abord à la barrière la plus avancée, qu'il fermera à la clef, après qu'on aura retiré les sentinelles extérieures.

15.

Lorsque l'officier major de la place passera à portée des officiers ou bas-officiers commandant les postes du dehors, il leur donnera le mot, ainsi qu'aux ordonnances 'des postes plus éloignés, qui, conformément à l'article 99 du titre XI, devront se trouver sur son chemin pour le recevoir.

16.

Il fermera ensuite successivement, en retournant vers la place, les autres portes et barrières, et fera lever les ponts-levis.

17.

Le caporal de consigne éclairera avec un falot celui qui fermera les portes.

Il sera détaché de la garde de la porte ou des avancées, des soldats avec leurs armes en bandoulière, pour aider aux manœuvres nécessaires, et ces soldats rentreront avec l'officier major de la place.

18.

Les commandans des gardes à qui les portes seront confiées, s'assureront, à mesure qu'on les fermera, que les verroux, serrures et cadenas soient effectivement bien fermés.

19.

Pendant tout le temps que durera la fermeture des portes, le tambour de la garde battra aux champs sur le parapet du rempart.

Si cependant on ouvre la porte pendant la nuit, il ne battra point, toute batterie devant cesser depuis la retraite jusqu'au jour, hors les cas d'alarme.

20.

Les portes étant fermées, les clefs seront reportées chez le commandant de la place, dans le même ordre qu'on les aura été chercher.

21.

Elles seront mises sur une table dans l'antichambre, et gardées par les deux fusiliers qui les auront escortées, lesquels seront relevés par ceux qui escorteront les clefs d'une autre porte, et ainsi successivement jusqu'à ce que toutes les clefs étant arrivées, l'officier-major de la place chargé de les rassembler, les fasse renfermer, après avoir vérifié s'il n'en manque point.

22.

S'il est besoin d'ouvrir les portes pendant la nuit, on ne les ouvrira qu'en présence d'un officier-major de la place, et en prenant les précautions prescrites ci-après pour l'ouverture des portes.

23.

Au point du jour, tous les tambours de garde aux portes monteront sur le parapet, et ils battront la diane.

Les trompettes sonneront aussi des fanfares.

24.

Une demi-heure avant l'ouverture des portes, on ira chercher les clefs, et en attendant leur arrivée, la garde prendra les armes, et se placera de la même manière qu'il a été prescrit pour la fermeture des portes.

25.

L'officier de garde fera aussi monter des bas-officiers sur le rempart, pour écouter et découvrir s'il ne se passe rien dans le dehors de la place.

26.

A mesure que l'officier major de la place, suivi des gens nécessaires pour ouvrir les portes, et des détachemens commandés pour faire la découverte, passera les ponts-levis et barrières, pour arriver à la plus avancée, on relevera lesdits ponts-levis et on fermera les barrières derrière lui.

27.

Lorsqu'il n'y aura point de garde de nuit dans les ouvrages avancés, le commandant de la garde de la porte enverra un petit détachement avec l'officier-major de la place.

28.

La garde à cheval de la place d'armes fournira le nombre de cavaliers ou dragons nécessaire pour la découverte.

29.

Lorsque la cavalerie ne fournira pas de garde à cheval, le commandant fera commander, s'il le juge nécessaire, de petits détachemens de cavalerie, de dragons ou de grenadiers, pour les découvertes, et il y aura au corps-de-garde de chaque porte une instruction pour les commandans desdits détachemens.

30.

S'il n'y a point de détachemens commandés pour ce service, le commandant de la garde de la porte fera, pour y suppléer, sortir avec l'officier major de la place un bas-officier et quelques soldats de sa garde, qu'il instruira de ce qu'ils auront à faire.

31.

L'officier major de la place étant arrivé à la barrière la plus avancée, l'ouvrira et la fermera aussitôt après que le détachement chargé de la découverte sera sorti.

32.

Si, lors de cette première ouverture des portes, il se présente des habitans ou autres personnes pour sortir de la place, on ne le leur permettra que sur un ordre par écrit du commandant de la place, et on les fera retirer en dedans à trente pas du corps-de-garde. On obligera de même ceux qui se présenteront à la barrière pour rentrer, de s'en éloigner à cent pas en dehors, jusqu'à ce que les portes soient entièrement ouvertes.

33.

Le détachement qui aura fait la découverte étant de retour, celui qui le commandera rendra compte au commandant de la garde de la porte par laquelle il rentrera, de ce qu'il aura vu en faisant ladite découverte : sur son rapport, après que les hommes et les voitures qui attendront auront été reconnus, les barrières et les portes, tant de l'avancée que de la place, seront ouvertes et les ponts-levis baissés, les gardes restant sous les armes jusqu'à ce que le tout soit entré dans la place.

34.

34.

Les jours qu'il fera assez de brouillard pour qu'on ne puisse pas découvrir à un certain éloignement, on redoublera de précautions pour les reconnaissances ; on n'ouvrira pas entièrement les barrières que le brouillard ne soit dissipé, et la moitié de la garde de l'avancée se relevera alternativement près de la première de ces barrières.

TITRE XIII.

De l'Ordre et du Mot.

Art. I.er

On donnera l'ordre tous les jours sur la place d'armes, immédiatement après que la garde aura défilé, et le mot se donnera le soir après la fermeture des portes.

2.

Le mot sera de deux espèces, l'un de ralliement pour les gardes des postes extérieurs, et l'autre général pour les postes de l'intérieur de la place.

3.

Tous les fourriers de l'infanterie, de la cavalerie et des dragons, se rendront, en même temps que les nouvelles gardes, sur la place d'armes, dans l'ordre prescrit par les articles 85 et 86 du titre XXI.

4.

Ceux de l'infanterie s'y formeront en bataille, en arrivant vis-à-vis le terrain où devra défiler la nouvelle garde, et derrière le corps des officiers de leur régiment.

Ceux de la cavalerie et des dragons s'y formeront sur un seul rang, vis-à-vis la garde à pied ou à cheval de leur régiment.

5.

Le major de la place se rendra à onze heures chez le commandant de la place, pour prendre les ordres qui seront relatifs au service de ladite place.

6.

Immédiatement après que la garde aura défilé, il ordonnera à un tambour de battre à l'ordre.

7.

A ce signal, tous les fourriers et sergens formeront un cercle qui commencera par ceux du plus ancien régiment, et finira par ceux du moins ancien régiment.

8.

Les caporaux se placeront à quatre pas derrière les fourriers et sergens de leur compagnie.

9.

Les fourriers et sergens d'un régiment étranger, quoique plus anciens que les régimens français de la même garnison, prendront, dans le cercle, la gauche du plus ancien régiment français.

10.

Les fourriers de la cavalerie et des dragons formeront leur cercle particulier par régiment.

11.

Le grand cercle de l'infanterie étant formé, le major de la place y entrera avec un officier major et un porte drapeau par régiment, lesquels formeront un petit cercle intérieur autour du major de la place, en commençant par l'officier major du plus ancien régiment français, et finissant par le porte-drapeau du moins ancien régiment de la garnison.

12.

Le major de la place nommera les officiers de garde, ceux de ronde, de visite d'hôpital et d'autres services; il ordonnera le nombre de postes que chaque régiment devra fournir pour la garde de l'intérieur de la place ; il commandera les déta-chemens pour les postes extérieurs, escortes ou corvées, et il expliquera les ordres particuliers du commandant de la place ; après quoi il commandera, *rompez le cercle.*

13.

A ce commandement, les officiers majors, porte-drapeaux, fourriers, sergens et caporaux de chaque régiment rompront le cercle général pour en former un parti-culier par régiment.

14.

Le major de la place ayant donné l'ordre au grand cercle d'infanterie, le donnera aux majors ou officiers majors des régimens de cavalerie et de dragons, qui le rendront ensuite chacun au cercle particulier de leur régiment.

15.

Le cercle particulier de chaque régiment étant formé, le major ou l'aide-major du régiment y expliquera en détail les ordres donnés au grand cercle; il nommera les officiers ou bas-officiers qui devront être de service, réglera ce que chaque compagnie devra fournir d'hommes ou d'escouades, suivant les différens services, indiquera les heures des exercices ou de distributions, et donnera les ordres particuliers du com-mandant du régiment, après quoi il fera rompre le cercle.

16.

Le cercle étant rompu, le fourrier de chaque compagnie rendra l'ordre aux officiers de sa compagnie, lesdits officiers devant rester sur la place d'armes jusqu'après l'ordre donné, après quoi le porte-drapeau, porte-étendard ou porte-guidon de chaque régiment formera les bas-officiers et les ramenera à leur quartier dans le même ordre qu'il les aura amenés sur la place.

Aussitôt après leur arrivée, les fourriers donneront l'ordre dans leur compagnie, conformément à ce qui est prescrit par l'article 91 du titre XXI.

17.

Dans le cas où les officiers commandés pour quelque service ne se seraient point trouvés sur la place, les fourriers, sergens et maréchaux-des-logis de leur compagnie seront tenus d'aller jusqu'à leur logement ou leur auberge, pour leur porter l'ordre ; et s'ils ne les y trouvent point, ils laisseront, par écrit, ce qui les concernera, en observant que le fourrier, et à son défaut un sergent, doit porter l'ordre au capitaine.

18.

L'ordre sera porté aux officiers supérieurs et aux officiers majors des régimens, lorsqu'ils n'auront pu se trouver à la parade, conformément à ce qui est prescrit par les articles 96 et 97 du titre XXI.

19.

S'il y a dans la place plusieurs officiers généraux employés, le major de la place ne recevra l'ordre que du premier ou du plus ancien, et il l'enverra aux autres, après la fermeture des portes, par un aide-major de la place; il l'enverra de même au commandant de la place et aux inspecteurs généraux des troupes ; cet aide-major le laissera par écrit, cacheté, auxdits officiers généraux ou inspecteurs, s'il ne les trouve pas chez eux.

A l'égard des brigadiers employés, le major de la place leur enverra le mot par un sergent de la garde la plus voisine de leur logement.

20.

Une heure avant la fermeture des portes, le major et les aides-majors de la place se rendront chez l'officier général, ou, à son défaut, chez le commandant de la place; le major prendra d'abord le mot de ralliement, qu'il distribuera sur-le-champ aux officiers majors chargés de la fermeture des portes, afin qu'ils se rendent aux postes extérieurs lors de cette fermeture.

21.

Le major prendra ensuite le mot de l'ordre, pour le distribuer sur la place d'armes aux bas-officiers de service, après la fermeture des portes.

22.

Le major de la place s'étant rendu sur la place d'armes, ordonnera au tambour de la garde de battre l'ordre.

23.

A ce signal, tous les bas-officiers, appointés et carabiniers de garde, formeront un cercle qui commencera par les sergens et maréchaux-des-logis du plus ancien régiment, et finira par l'appointé ou carabinier du régiment le moins ancien.

24.

Lorsque ce cercle se formera, l'officier de garde sur la place d'armes enverra un caporal et six fusiliers, qui se placeront à quatre pas à l'entour du cercle, et présenteront les armes en dehors.

25.

Le major de la place entrera alors dans le cercle, précédé du caporal de consigne de la garde de la place d'armes, qui portera un falot pour l'éclairer, et appellera ensuite à l'ordre, ôtera son chapeau, ainsi que les sergens, maréchaux-des-logis, caporaux, brigadiers, appointés et carabiniers, et leur donnera le mot, commençant par le bas-officier du plus ancien régiment, qui le donnera au bas-officier qui sera à sa gauche, celui-ci au troisième, et ainsi de suite jusqu'au dernier appointé ou carabinier, qui le rendra au major de la place.

26.

Lorsque le mot aura été rendu au major de la place, s'il trouve qu'il ait été changé, il le donnera une seconde fois dans la même forme, ce qui sera répété autant de fois qu'il sera nécessaire.

27.

Le mot étant donné, le major de la place commandera : *rompez le cercle*. À ce commandement, tous les bas-officiers retourneront à leurs postes, porter le mot au commandant.

28.

Lorsque les bas-officiers donneront le mot aux officiers, ils le leur donneront à l'oreille, ayant le chapeau bas, et les officiers le recevront de même.

29.

Le major de la place enverra l'ordre et le mot à l'ingénieur en chef, au commandant de l'artillerie et au commissaire des guerres, par un des sergens de la garnison, lesquels le leur porteront chacun à leur tour.

TITRE XIV.

De la Retraite et des Patrouilles de Police.

ART. 1.er

La retraite générale de la garnison sera battue, en tout temps, une demi-heure après le mot donné.

2.

Tous les tambours ou trompettes de la garnison, conduits en ordre par les tambours-majors ou les plus anciens trompettes de leurs régimens, se rendront, à cet effet, sur la place d'armes, une demi-heure avant la fermeture des portes.

Lorsqu'ils y seront arrivés, ils se formeront sur un ou plusieurs rangs, et attendront l'heure fixée par l'art. 1.er, pour battre et sonner la retraite.

3.

Tous les tambours commenceront à battre la retraite à-la-fois, au signal qui leur en sera donné par le tambour-major du plus ancien régiment ; ils continueront ensuite de battre depuis la place d'armes jusqu'au quartier de leur régiment.

Les trompettes la sonneront ensemble sur la place d'armes, et au quartier de leur régiment lorsqu'ils y seront de retour.

4.

Lorsqu'il y aura des régimens suisses ou autres régimens étrangers dans la place, les tambours des régimens français partiront tous ensemble les premiers, et ceux des suisses et autres régimens étrangers, séparément à leur suite.

5.

Les commandans des places pourront cependant affecter aux tambours ou trompettes des différens régimens, des quartiers particuliers, pour y battre ou sonner la retraite ; auquel cas il partiront tous ensemble de la place d'armes, et se sépareront ensuite pour aller, chaque troupe, au quartier qui lui sera désigné, et ils cesseront de battre à l'endroit qui leur aura été prescrit.

6.

Une demi-heure après la retraite, on fera les appels dans les quartiers, casernes ou logemens des troupes, conformément à ce qui est prescrit par les articles 111 et suivans du titre XXI.

7.

La retraite des bourgeois sera sonnée à dix heures du soir, par la cloche du beffroi ou autre à ce destinée.

8.

Une heure après la retraite sonnée des bourgeois, les sentinelles ne laisseront passer personne dans les rues, soit officier ou bourgeois, qu'il ne porte ou fasse porter du feu devant soi (1).

9.

Le major de la place commandera, tous, les soirs à l'ordre des postes, les patrouilles nécessaires pour parcourir les rues de la place, depuis le commencement de la nuit jusqu'au jour.

10.

Le nombre de ces patrouilles sera réglé par le commandant de la place, qui leur prescrira le chemin qu'elles auront à parcourir, observant de leur en faire changer souvent.

11.

Ces patrouilles seront tirées des postes intérieurs de la place, et commandées par un caporal ou brigadier, un appointé ou un carabinier ; dès que la retraite des bourgeois sera sonnée, il y aura à chacune des patrouilles de la place d'armes un sergent de ville ou un habitant.

12.

Pour s'assurer que ces patrouilles seront faites exactement, il leur sera donné des marrons (ou des pièces de cuivre ou de fer-blanc), sur lesquels le numéro et l'heure des patrouilles seront écrits, et lesdites patrouilles seront obligées de les porter et déposer dans des boîtes, à certains postes qu'on leur indiquera ; ces marrons seront distribués à la garde montante, et remis au soldat d'ordonnance de chaque poste.

13.

Dans chaque corps-de-garde ou autres lieux désignés pour recevoir les marrons des patrouilles, il y aura une boîte destinée à cet usage, dont le major de la place aura la

______

(1) Inusité dans les villes éclairées par des réverbères publics.

clef, et sur laquelle sera marqué le nom du corps-de-garde ou autre lieu où elle sera déposée.

14.

Le caporal de consigne de chaque poste portera ladite boîte, tous les matins, chez le major de la place, qui vérifiera, au moyen des marrons, si les patrouilles auront été faites exactement, et rendra compte au commandant de la place, de celles qui ne l'auront pas été, afin que les commandans desdites patrouilles soient punis.

15.

Ces patrouilles arrêteront toutes personnes qui pourraient avoir quelques débats et querelles, et les conduiront chez le major de la place, qui les fera mettre en lieu de sûreté, si le cas l'exige, jusqu'à ce que le commandant de la place en ait ordonné.

16.

Elles arrêteront pareillement et conduiront au corps-de-garde de la place tous les cavaliers, dragons ou soldats qui feront du désordre, ou qui, après la retraite battue ou sonnée, se trouveront dans les rues ou dans les cabarets, sans même y faire du bruit, pour être punis le lendemain.

17.

Les bourgeois qui seront trouvés sans feu ou faisant du désordre, seront aussi arrêtés par les patrouilles, et conduits au corps-de-garde de la place d'armes, où ils resteront jusqu'au lendemain matin qu'il en sera donné avis au commandant de la place, lequel se conformera à ce qui est réglé par les articles 13 et 14 du titre XIX.

18.

Les commandans des patrouilles observeront, tant en allant qu'en revenant, la vigilance des sentinelles postées sur le chemin qu'ils auront à parcourir, et informeront sur-le-champ le commandant du poste, et le lendemain le major de la place, de toutes celles qu'ils auront trouvées en faute.

19.

Lorsque les patrouilles se rencontreront, la première qui découvrira l'autre, criera *qui vive;* l'autre répondra *patrouille*, et de quel régiment; la première s'annoncera ensuite; et si leur chemin est de se joindre, le bas-officier du moins ancien régiment ou de la moins ancienne compagnie, donnera le mot à l'autre.

TITRE XV.

Des Rondes.

ART. 1.er

Le commandant de la place réglera le nombre et l'espèce des rondes, de manière que chacun des officiers et sergens ne soit commandé au plus que tous les quinze jours pour ce genre de service.

2.

Il réglera pareillement les heures où les rondes doivent être faites, selon les saisons.

3.

Les officiers et sergens des compagnies de grenadiers seront exempts de ce service.

4.

Dans le temps des congés de semestre, ou quand les garnisons seront trop faibles pour fournir assez d'officiers ou bas-officiers pour les rondes de chaque nuit, on y suppléera en employant à une partie desdites rondes les sergens de garde aux postes commandés par des officiers.

5.

Les officiers et sergens commandés pour faire la ronde, prendront le mot du sergent ou maréchal-des-logis du poste d'où ils devront partir pour la commencer.

6.

Les rondes partiront du poste qui sera désigné par le commandant de la place, et feront le tour du rempart en entier, revenant aboutir au poste d'où elles seront parties.

7.

Dans les places d'une grande étendue, on pourra régler les rondes, de manière que chaque officier ou sergent ne parcoure que la moitié ou le tiers du rempart : dans ce cas, on indiquera le poste d'où chaque ronde devra partir, et celui où elle devra finir sa tournée.

8.

Les commandans des places ordonneront, lorsqu'ils le jugeront nécessaire, une ronde de sergent en même temps qu'une ronde d'officier ; alors ces deux rondes prendront les deux chemins opposés, pour se croiser au milieu de celui qu'elles auront à parcourir.

9.

Ils pourront aussi faire faire des contre-rondes par des officiers ou des sergens qu'ils feront partir des postes intermédiaires.

10.

Ces doubles rondes et contre-rondes n'auront lieu qu'en temps de guerre, ou dans des circonstances extraordinaires.

11.

Le major de la place tiendra un registre où seront écrits chaque jour le nom et le grade des officiers de ronde, et les différentes heures qui leur seront échues.

Le nom des sergens de ronde, et celui de la compagnie dont ils seront, seront aussi inscrits sur le même registre.

12.

Les officiers et sergens qui devront faire la ronde, seront commandés à l'ordre immédiatement après ceux qui devront monter la garde le lendemain ; savoir, les officiers et le nombre des sergens par le major de la place, et les sergens par le major de leur régiment, au cercle particulier dudit régiment.

13.

Les fourriers des compagnies desquelles on aura nommé à l'ordre des officiers ou sergens pour les rondes de la nuit suivante , tireront ces rondes en même temps et de la même manière qu'il a été prescrit pour les postes, à l'article 5 du titre X.

14.

Il sera en même temps délivré à ces fourriers autant de marrons, où l'heure de la ronde sera empreinte, qu'il y aura de boîtes sur le chemin que chaque ronde aura à parcourir.

15.

Les fourriers remettront ensuite aux officiers et sergens de leurs compagnies, commandés pour la ronde, les marrons qu'ils auront reçus, et y joindront, par écrit, l'heure à laquelle ils devront faire la ronde, et le poste où ils devront la commencer.

16.

Afin de s'assurer encore plus si les rondes se font exactement, il y aura des corps-de-garde désignés, où les officiers et sergens de ronde seront tenus de signer leur nom dans un registre uniquement destiné à cet usage, et qui y sera fourni par le major de la place.

17.

Les officiers et sergens de ronde observeront, en signant sur le registre, de ne point laisser d'intervalle entre leur nom et les noms de ceux qui auront déjà signé , et d'ajouter l'heure de leur ronde.

18.

Il y aura d'autres corps-de-garde où , indépendamment de leur signature, ils laisseront un marron.

19.

Dans chaque corps-de-garde ou autres lieux désignés pour recevoir les marrons des rondes, il y aura des boîtes semblables à celles dont on a parlé pour les patrouilles ; ces boîtes et les registres des rondes seront portés tous les matins, par le caporal de consigne de chaque poste, au major de la place, afin qu'il vérifie si les rondes auront été faites exactement, pour en rendre compte ensuite au commandant de la place.

20.

Les officiers et sergens commandés pour les rondes ne les pourront faire qu'à pied.

21.

Tout officier de ronde sera tenu de faire porter un falot devant lui ; il pourra, à cet effet, se servir d'un soldat du premier poste où il commencera sa ronde.

22.

Les sergens de ronde seront obligés de même de porter un falot, qui leur sera fourni, avec la chandelle nécessaire , dans le poste où ils devront commencer à faire leur ronde, et qu'ils seront tenus d'y rapporter lorsqu'elle sera finie.

23.

Les officiers et sergens de ronde suivront exactement le parapet des ouvrages dans lesquels ils passeront. Ils examineront si les sentinelles sont bien exactes à leur faction, s'il n'y en a point d'endormies et s'il n'en manque point.

Ils monteront de temps en temps sur le parapet, pour voir ou écouter ce qui se passera dans le dehors de la place.

24.

S'ils découvrent quelque chose qui intéresse la sûreté de la place, ils en avertiront sur-le-champ les postes voisins, et se rendront tout de suite chez le commandant de la place pour l'en informer ; mais, si ce qu'ils auront découvert n'est que contre le bon ordre et la police, ils préviendront seulement le commandant du poste le plus voisin, pour qu'il y soit remédié, et en instruiront le lendemain, par écrit, le major de la place.

25.

Les officiers et sergens de ronde avertiront les commandans des postes dont ils auront surpris des sentinelles en faute ou en négligence.

26.

Toutes les fois que les officiers ou bas-officiers de ronde devront donner ou recevoir le mot, ils mettront la main sur la garde de leur épée, sans ôter leur chapeau.

27.

Lorsque les rondes se rencontreront, la première qui découvrira l'autre criera *qui vive ;* l'autre répondra *ronde*, en désignant de quelle espèce : la première s'annoncera ensuite, et, lorsqu'elles se joindront, l'officier du grade inférieur, ou, si le grade est égal, l'officier ou le sergent du moins ancien régiment donnera le mot.

28.

Toutes les fois que l'officier général, gouverneur, lieutenant de roi ou autre commandant de la place, jugera à propos de faire la ronde, il pourra la faire à cheval, sans être tenu d'en descendre en aucun cas, et il sera escorté par un caporal et quatre fusiliers de la garde de la place d'armes, et il aura avec lui un soldat de la même garde portant un falot : cette escorte sera relevée successivement de poste en poste.

29.

Lorsqu'en faisant cette ronde, il approchera d'un poste, la sentinelle criera *qui vive ;* et lui ayant été répondu *ronde du commandant* ou *ronde major*, il criera *halte-là*, et il avertira ensuite le caporal, en criant, *caporal, hors la garde, ronde du commandant* ou *ronde major*. Le caporal en avertira aussitôt le commandant du poste, qui fera prendre les armes à toute sa garde, et la formera en haie dans le même ordre qu'elle devra être disposée pendant le jour.

30.

Ledit commandant du poste, après avoir fait reconnaître la ronde, s'avancera à dix pas en avant de sa garde, éclairé par le caporal de consigne, et escorté par quatre

H h

fusiliers, qui feront *haut les armes*, et marcheront deux pas en arrière : il criera ensuite *avance à l'ordre* ; et lorsque celui qui fera la ronde se sera approché de lui, il lui donnera le mot, en mettant la main sur la garde de son épée, sans ôter son chapeau.

31.

Il en sera usé de même pour les officiers supérieurs qui feront la visite des postes pendant la nuit, lesquels, après avoir répondu au *qui vive, colonel, mestre-de-camp, lieutenant colonel* ou *major de service*, seront reçus par les postes comme le major de la place à sa première ronde.

32.

Lorsque le commandant du poste aura donné le mot, il rendra compte à l'officier général ou autre commandant qui fera la ronde, et lui. donnera une nouvelle escorte, l'ancienne devant retourner alors à son poste.

33.

Le major de la place, et, à son défaut, un aide-major, fera tous les soirs, après le mot donné, la ronde, observant de ne jamais la faire à la même heure.

34.

Il pourra faire sa ronde à cheval, sans être obligé d'en descendre en aucun cas, et sera accompagné par deux fusiliers et un soldat portant un falot, lesquels se relèveront successivement de poste en poste.

35.

Il vérifiera, en faisant cette ronde, si tous les postes ont le mot qui aura été donné à l'ordre ; il examinera si tout est en règle, s'il n'y manque personne, si les sentinelles sont alertes, si elles sont placées où elles doivent être, et si toute la garde est exacte à remplir ses devoirs ; enfin, il se fera rendre compte de tout ce qui se sera passé depuis la garde montée ; et lorsque sa ronde sera finie, il en ira rendre compte au commandant de la place.

36.

Lorsque le major ou l'aide-major de la place fera sa première ronde, appelée *ronde major*, les commandans des postes lui donneront le mot ; mais ils ne s'avanceront que jusqu'à quatre pas en avant de leur garde, et ne seront accompagnés que de deux fusiliers, sans cependant pouvoir se dispenser de faire sortir leur garde, afin que ledit major ou aide-major puisse vérifier s'il ne manque personne, et si les gardes sont en règle.

37.

Si, après la ronde major, le major ou l'aide-major de la place fait une autre ronde, elle ne sera reçue que comme une simple ronde, et il donnera lui-même le mot au caporal.

38.

Les sergens qui commanderont des postes, y recevront les rondes de la même manière qu'il est prescrit ci-dessus aux officiers.

39.

Quand les inspecteurs jugeront à propos de faire la ronde, les commandans des postes les recevront, ainsi que l'officier général, gouverneur, lieutenant de roi ou autre commandant de la place.

40.

Les postes de cavalerie et de dragons se conformeront, à l'égard des rondes, à tout ce qui vient d'être prescrit pour les postes de l'infanterie.

TITRE XVI.

Du Service des Officiers supérieurs des troupes dans les Places.

ART. 1.er

Le commandant de la place fera, quand il le jugera à propos, commander un ou plusieurs officiers supérieurs des régimens de la garnison, pour faire la visite des postes.

2.

Les officiers supérieurs rouleront ensemble pour ce genre de service ; le major de la place observera de commander les officiers supérieurs d'infanterie, pour faire la visite des postes de l'infanterie, et ceux de cavalerie et de dragons alternativement, pour faire la visite des postes de cavalerie et de dragons.

3.

Les officiers supérieurs entrant de service se trouveront à onze heures chez le commandant de la place, pour prendre ses ordres.

4.

Ils se rendront sur la place d'armes à l'heure où les nouvelles gardes de la garnison s'y rassembleront, pour veiller à ce qu'elles arrivent dans l'ordre convenable, et les faire ensuite manœuvrer et défiler, si le commandant de la place le juge à propos.

5.

Ils feront la visite des postes aux heures indiquées par le commandant de la place.

6.

Lorsque les officiers supérieurs de service se présenteront devant un corps-de-garde, le commandant du poste en fera sortir les soldats, cavaliers ou dragons, pour les former sur un ou plusieurs rangs, selon que la garde devra être disposée, et reposés sur les armes ou sur le mousqueton ; et il se mettra à leur tête pendant que lesdits officiers supérieurs en feront l'inspection.

Les officiers supérieurs de cavalerie pourront demander à voir le poste de cavalerie à cheval, s'ils le jugent à propos.

7.

Les officiers supérieurs examineront si tout est en règle dans le poste, feront faire l'appel, se feront rendre compte du nombre des sentinelles, verront si elles sont postées comme elles doivent l'être ; ils leur feront répéter leur consigne en présence du caporal de pose, ayant eux-mêmes, pour la vérifier, la consigne générale du poste.

8.

Si le commandant de la place ordonne que cette visite soit faite pendant la nuit, les officiers supérieurs qui la feront, prendront le mot de l'officier commandant le poste d'où ils devront la commencer, et seront reçus par tous les postes, comme le major de la place à sa première ronde.

9.

Les officiers supérieurs rendront compte au commandant de la place, de ce qu'ils auront remarqué dans la visite qu'ils auront faite des postes.

10.

Les officiers supérieurs sortant de service, veilleront à ce que les anciennes gardes descendent la garde, et soient ramenées à leur quartier dans l'ordre prescrit.

11.

Les officiers d'artillerie ne pourront faire dans les places aucune manœuvre ou transport d'artillerie, ni aucun reversement de poudre ou de munition d'un magasin à l'autre, sans en prévenir auparavant le commandant de la place, mais sans être cependant tenus de lui faire part de la quantité et de l'espèce d'artillerie ou de munition.

TITRE XVII.

Des Détachemens de guerre et Partis.

ART. 1.er

Les gouverneurs ou commandans des places ne pourront en faire sortir en temps de guerre des détachemens, ni en sortir avec eux, sans la permission des officiers généraux dans le district desquels lesdites places seront comprises, hors les cas urgens et particuliers dont ils seront tenus de leur rendre compte sur-le-champ.

2.

Quand ils en auront obtenu la permission desdits officiers généraux, *ils pourront* faire sortir de leur place les détachemens qu'ils jugeront nécessaires, pourvu qu'ils n'excédent pas le quart de l'infanterie de leur garnison.

3.

Ils conserveront la même autorité sur les troupes détachées de leur garnison que si elles étaient dans la place.

4.

Les officiers généraux et les commandans des places pourront choisir, pour commander les détachemens de guerre, les officiers qu'ils jugeront les plus capables, pourvu que, par leur grade, ils soient en droit de commander les autres officiers qui seront détachés avec eux.

5.

Les commandans de ces détachemens de guerre se conduiront, pendant tout le temps qu'ils seront hors de la place, suivant l'instruction insérée dans l'ordonnance du service de campagne.

6.

(125)

6.

Aucun parti ne sortira des places s'il n'est commandé par un officier, sergent ou maréchal-des-logis qui soit porteur d'un ordre pour aller à la guerre, signé d'un officier général ou du commandant de la place, et cet ordre sera cacheté de leurs armes.

8.

Ils ne pourront réclamer les soldats, cavaliers ou dragons de leur garnison qui auront été pris sans passe-ports et en moindre nombre qu'il n'aura été convenu par les cartels.

9.

Ceux des garnisons ennemies qui seront pris dans ce cas, seront mis en prison, et le commandant de la place en informera sur-le-champ le général de l'armée, pour que, sur la vérification qui sera faite des cartels conclus avec les puissances, il soit prononcé à leur égard.

10.

Le commandant d'un détachement allant à la guerre, aura soin, avant de sortir de la place, de prendre plusieurs passe-ports du commandant de ladite place, afin que, s'il se trouve obligé de diviser son détachement, il en puisse donner un double à celui qui devra commander la troupe qui en sera séparée, et au bas de ce double, il marquera le nombre d'hommes dont le second détachement sera composé.

11.

Les effets qui auront été pris par les partis sortis des places, ne pourront être vendus qu'après qu'il en aura été dressé procès-verbal, et que la prise aura été jugée bonne, et cette vente ne pourra se faire que dans une place de guerre, et, autant qu'il sera possible, dans celle dont ce détachement sera sorti; à cet effet, celui qui aura fait une prise, et qui l'aura conduite dans une autre place pour la mettre à couvert, pourra l'amener dans sa garnison, lorsque les circonstances le lui permettront.

12.

La vente se fera à l'encan par le major de la place, lequel ne pourra faire d'autre retenue sur le produit de ladite vente, que celle du sou pour livre, à la réserve cependant des effets qui seront achetés pour le Roi.

13.

Le produit de la vente de la prise sera partagé entre les officiers et soldats du parti, ainsi qu'il sera prescrit par l'ordonnance du service de campagne.

14.

Ceux qui auront vendu dans le plat-pays (1) les effets prétendus pris sur les ennemis, seront réputés voleurs et punis comme tels; et les particuliers qui auront reçu ou acheté ces effets, seront punis comme recéleurs.

---

(1) *Plat-pays* signifie ici les lieux que ne couvrent aucuns quartiers ou commandans militaires.

I i

TITRE XVIII.

De l'Assemblée des Troupes.

ART. 1.er

Lorsque toute la garnison devra prendre les armes ou monter à cheval, on battra et sonnera d'abord la générale et le boute-selle, ensuite l'assemblée et le boute-charge, le drapeau et à cheval.

S'il n'y a qu'une partie de la garnison qui doive prendre les armes ou monter à cheval, au lieu de la générale et du boute-selle, on battra et on sonnera la marche ou le premier.

2.

Lorsque les troupes devront border la haie pour les honneurs militaires, elles se rangeront dans l'ordre désigné à l'article 5 du titre XXVII.

3.

Lorsque les troupes prendront les armes pour les exercices et manœuvres générales, elles se conformeront à ce qui est prescrit par le titre XXII.

4.

Toute troupe d'infanterie, de cavalerie ou de dragons, sera instruite, le jour de son arrivée dans une place, du poste qu'elle devra occuper en cas d'alarme.

5.

Les commandans des places feront, à cet effet, une disposition générale, d'après laquelle seront dressées les instructions particulières pour tous les régimens, gardes et postes de la garnison.

6.

Cette disposition comprendra les différens événemens qui pourraient occasionner l'alarme, de manière que les instructions particulières indiquent les différences relatives à chacun de ces cas, et que les troupes sachent parfaitement ce qu'elles auront à faire.

7.

L'alarme, de quelque espèce qu'elle soit, sera reconnue par la générale battue à l'improviste ; chaque régiment se rendra alors, sans perte de temps, au lieu qui lui aura été indiqué par son instruction, et y attendra les ordres du commandant de la place.

Les postes exécuteront ce qui leur est prescrit par les articles 104 et suivans du titre II, et ce qui leur sera indiqué plus particulièrement dans les instructions du commandant de la place.

8.

Si toute l'infanterie doit border le rempart, les régimens se rangeront par ancienneté, le premier ayant la droite, le second la gauche, et ainsi des autres.

9.

Dans quelque cas que ce soit, les régimens étrangers ne prendront rang qu'après le plus ancien régiment français de la garnison, quand même ledit régiment serait moins ancien qu'eux.

10.

Les commandans des places feront, quand ils le jugeront à propos, battre la générale à l'improviste, soit de jour ou de nuit, pour juger de l'effet de la disposition générale ordonnée par l'article 5, et de la promptitude des troupes à l'exécuter.

TITRE XIX.

De la Police des Places.

ART. I.ᵉʳ

Qui que ce soit ne pourra faire battre le ban militaire dans une place, sans la permission de celui qui y commandera. Quant aux bans de la police civile, les magistrats pourront les faire publier aussitôt qu'ils en auront fait avertir le commandant de la place.

2.

Hors le cas d'incendie, il ne sera jamais fait dans les places aucune assemblée et publication au son de la cloche, du tambour ou de la trompette, que le commandant de la place n'en ait été averti par les officiers municipaux; mais le commandant n'y pourra former aucun obstacle, à moins que le service de Sa Majesté n'y soit intéressé, auquel cas il en rendra compte sur-le-champ au commandant de la province et au secrétaire d'état ayant le département de la guerre.

3.

Il ne pourra être établi aucun spectacle dans une place, sans que le commandant en soit averti, afin qu'il puisse prendre les précautions nécessaires pour y établir le bon ordre.

Les bourgeois et autres habitans qui troubleront la tranquillité desdits spectacles, ou qui ne s'y comporteront pas avec décence, seront arrêtés par les gardes préposés à cet effet, et remis sur-le-champ aux juges ordinaires pour être punis.

4.

Les consignes des portes tiendront un registre de tous les étrangers qui entreront dans la place, et exigeront de ces étrangers d'écrire eux-mêmes, autant qu'il sera possible, sur une feuille séparée, leur nom, leur qualité, leur grade, leur état, et l'auberge ou maison particulière où ils compteront loger.

5.

Tous aubergistes, cabaretiers et autres habitans des places, de quelque qualité et condition qu'ils soient, seront tenus de faire remettre chaque soir, après la fermeture des portes, chez le commandant de la place, la déclaration des étrangers qui seront arrivés chez eux, et y marqueront le temps qu'ils devront rester, au cas qu'ils y séjournent.

6.

Il y aura à cet effet, à la porte du commandant, près de la sentinelle, une boîte en forme de tronc, fermant à clef, dans laquelle les habitans remettront lesdites déclarations.

7.

Les consignes remettront pareillement dans ladite boîte, chaque soir, après la fermeture des portes, un état des étrangers qui seront entrés pendant le jour, extrait de leur registre et des feuilles séparées sur lesquelles lesdits étrangers auront écrit leur déposition.

8.

Une heure après la retraite, cette boîte sera retirée et ouverte par un officier major de la place, qui confrontera les listes des consignes et les déclarations des particuliers, et en dressera un état qu'il remettra au commandant de la place.

9.

Les bourgeois, marchands, cafetiers ou cabaretiers et artisans qui feront crédit aux bas-officiers, soldats, cavaliers ou dragons, sans un billet du major du régiment, perdront leur dû; indépendamment de quoi il sera mis une sentinelle devant leur porte ou boutique, afin d'en empêcher l'entrée aux bas-officiers, soldats, cavaliers et dragons, pendant autant de jours que le commandant de la place jugera à propos.

Il en sera usé de même pour les cabaretiers qui donneront à boire aux soldats, cavaliers et dragons, après la retraite.

10.

Qui que ce soit n'ira ni n'enverra au-devant des paysans et autres personnes qui apporteront des vivres dans la place, soit pour les prendre en les taxant arbitrairement, soit pour les choisir en les payant de gré à gré, ne pouvant les acheter qu'ils ne soient arrivés sur le marché ; et lorsque le marché sera ouvert, les troupes et les habitans, sans aucune préférence, auront la liberté d'acheter en même temps ce qui leur conviendra.

11.

Les bourgeois qui contreviendront à cette défense, seront punis suivant les ordonnances de police.

Quant aux soldats, cavaliers, dragons et valets d'officiers, qui tomberont dans le même cas, ils seront punis comme il est prescrit par les articles 25 et 26 du titre XX.

12.

Les gardes aux portes prêteront main-forte aux préposés de la police, lorsqu'ils en seront par eux requis, pour l'exécution des deux articles précédens.

13.

Les bourgeois et autres habitans qui seront trouvés dans les rues, une heure après la retraite des bourgeois sonnée, sans feu ou faisant du désordre, seront conduits au corps-de-garde de la place d'armes, où ils resteront jusqu'au lendemain matin, que le commandant de la place les renverra, savoir: ceux qui auront été arrêtés sans feu, chez eux; et ceux faisant du désordre, au pouvoir des juges ordinaires, pour être punis suivant les ordonnances de police.

14.

Si le désordre ou le délit commis par lesdits bourgeois et autres habitans, intéresse

la

la sûreté de la place, ou le service de Sa Majesté, le commandant les retiendra en prison, et en rendra compte au commandant de la province et au secrétaire d'état ayant le département de la guerre,

15.

Les commandans des places veilleront avec la plus grande attention, à ce que les troupes ne jouent aucun jeu de hasard; et ils prendront à cet effet les mesures prescrites par l'article 28 du titre XX.

TITRE XX.

De la Discipline et Police des Troupes dans les Places.

ART. I.er

Les commandans des régimens qui composeront la garnison d'une place, rendront compte de tous les objets relatifs au service, au commandant de la place, à l'officier général qui commandera dans le département; l'officier général au commandant de la province; et le commandant de la province, au secrétaire d'état ayant le département de la guerre.

2.

Cette manière de rendre compte ne sera interrompue que par l'absence de quelqu'un des officiers nommés à l'article ci-dessus, et dans les cas extraordinaires qui demanderont une prompte décision.

7.

Les commandans des troupes d'infanterie, de cavalerie et de dragons, étant en garnison dans les places, ne pourront les assembler, leur faire prendre les armes, ni les faire monter à cheval, en tout ou en partie, et pour quelque objet que ce soit, sans la permission du commandant de la place.

9.

Les ingénieurs et les officiers d'artillerie, dont les fonctions s'étendent hors de la place de leur résidence ordinaire, ne pourront s'en absenter sans en prévenir le commandant de ladite place, lequel ne pourra ni les obliger de s'expliquer sur les motifs de leur absence, ni leur rien prescrire sur le temps de leur retour; mais ils ne pourront s'absenter un seul jour hors du terrain de l'étendue de leurs fonctions, sans en avoir obtenu la permission; savoir, les officiers de l'artillerie, du commandant en chef de l'artillerie, et les ingénieurs, du commandant du génie.

10.

Nul officier de la garnison ne pourra s'en absenter, ne fût-ce que pour une nuit, sans la permission du commandant de la place, qui ne la donnera que sur la demande du commandant du régiment, quand bien même l'officier serait de semestre, ou qu'il aurait obtenu un congé de Sa Majesté.

11.

Le commandant de la place ne pourra, sous quelque prétexte que ce soit, accorder aux officiers qui n'auront pas obtenu de congé de la cour, la permission de s'absenter de la place pour plus de deux nuits.

Recueil.

K k

28.

Les officiers généraux et les commandans des places, conformément à l'article 15 du titre XIX, empêcheront, avec le plus grand soin, que les troupes qui seront sous leurs ordres, ne jouent à aucun jeu de hasard, et ils s'en prendront au commandant des corps, si cela arrive ; ainsi que Sa Majesté s'en prendra à eux, si sa volonté à cet égard n'est pas exactement suivie.

31.

Les soldats, cavaliers ou dragons qui tiendront des jeux défendus, seront condamnés suivant la rigueur des ordonnances.

Ceux qui auront joué seront mis en prison pour quinze jours.

TITRE XXII.
Des Exercices des Troupes.

Art. 4.

Les commandans des régimens demanderont la permission, une fois pour toutes, au commandant de la placé, pour les exercices de détail et de classe qu'ils voudront faire faire dans l'intérieur de la place ; mais jamais les bataillons ou escadrons du régiment ne feront l'exercice en entier, dedans ou dehors de la place, sans une permission particulière.

5.

Lorsque les troupes devront sortir de la place pour les exercices, elles préviendront le commandant de la place, de l'heure et de la porte par laquelle elles devront rentrer, afin que ledit commandant envoie un ordre à la garde de cette porte, de les laisser rentrer sans retard, après les avoir toutefois fait reconnaître avec les précautions ordonnées.

13.

Indépendamment des exercices ordinaires de l'infanterie, il sera fait, chaque année, dans les places de guerre, des exercices simulés, relatifs à l'attaque et à la défense desdites places.

14.

Ces exercices embrasseront quelques-unes des opérations auxquelles l'infanterie est employée dans les siéges, comme attaque et défense de chemins couverts, construction d'épaulemens, traverses, coupures, logemens, passage de fossés dans les places où les fossés seront à sec.

15.

On choisira, à cet effet, les temps de l'année où les herbes des glacis seront coupées et renfermées, et les parties de chemins couverts qui ne seront point revêtues de palissades.

16.

L'officier général ou commandant de la place arrêtera d'avance, avec l'ingénieur en chef de ladite place, les dispositions de l'opération qu'on voudra faire exécuter.

(131)

17.

Les ordres seront donnés aux troupes en conséquence ; on y emploiera toujours les compagnies de grenadiers ; et pour éviter que la quantité de troupes ne nuise au détail d'instruction, il n'y aura jamais à ces exercices plus de quatre bataillons.

18.

Les ingénieurs dirigeront les troupes chargées des différentes opérations de défense et d'attaque, faisant connaître aux unes la meilleure manière d'occuper les ouvrages, l'avantage et les moyens de se procurer des tirs horizontaux, croisés, directs ou de flanc ; aux autres, la direction la moins meurtrière à suivre pour arriver sur les ouvrages ; la partie de ces ouvrages la plus dégarnie de feu et la plus susceptible d'attaque ; et ensuite, quand elles les auront emportées, la manière de s'y loger promptement, la forme et la construction du logement, les précautions à prendre contre les assiégés.

19.

Pour donner aux troupes une notion pratique encore plus exacte, le tracé du logement et des traverses et coupures sera figuré avec des bottes de paille ou fascines, qui seront prises, à cet effet, dans les magasins, et y seront reportées après les exercices.

20.

Ces exercices seront répétés une fois tous les quinze jours pendant l'été, et dans les temps indiqués à l'article 15 du présent titre : les premières se feront sans poudre, afin d'y enseigner uniquement aux troupes les emplacemens qu'elles devront occuper ; mais dans les autres, il sera toujours distribué des munitions.

21.

Dans les places où il y aura des terrains propres à cet usage, il sera établi, pendant huit jours de l'année, une école de construction pour tous les ouvrages de campagne, à l'usage des postes d'infanterie, comme flèches, redans, redoutes, &c.

22.

Ces ouvrages seront dirigés par les ingénieurs ; et toute l'infanterie de la garnison y fournira les travailleurs nécessaires.

23.

Tous les officiers seront tenus de se trouver, soir et matin, sur le terrain de ces travaux, afin de prendre des notions pratiques sur le tracé, la dimension, la construction et l'usage des différens ouvrages de campagne.

TITRE XXIV.

Des Hôpitaux.

ART. 2.

Il sera commandé tous les jours, à l'ordre général, un capitaine, sur toute la garnison, pour faire, soir et matin, la visite d'hôpital : cet officier examinera si les malades sont tenus proprement, et s'ils n'ont aucun sujet de plainte ; auquel cas il en rendra compte au commandant de la place, qui en fera avertir le commissaire des guerres.

3.

Les officiers supérieurs des régimens feront de temps en temps une pareille visite, pour voir, par eux-mêmes, si les malades de leur régiment sont bien de tout point, et rendront compte de leur visite au commandant de la place.

4.

Les commandans des places feront, tous les mois, et plus souvent s'ils le croient nécessaire, la visite de l'hôpital, pour examiner si tout est en ordre : ils ne pourront rien y ordonner ; mais ils rendront compte au secrétaire d'état ayant le département de la guerre, des abus qui pourraient s'y commettre.

TITRE XXXI.

Des Troupes qui passeront dans les Places.

ART. Ier

Les régimens d'infanterie, de cavalerie, de dragons ou autres troupes, qui logeront ou séjourneront dans les places ou quartiers pendant leur route, ou même qui ne feront qu'y passer, observeront, à leur entrée dans lesdites places, les règles établies par le titre III, pour les troupes qui doivent y tenir garnison ; mais elles se rendront ensuite en droiture à leurs quartiers ou logemens, sans être obligées d'aller se mettre en bataille sur la place d'armes.

2.

Le commandant de la place se trouvera sur leur passage pour les voir défiler.

3.

En arrivant à leur quartier, le commissaire des guerres publiera les bans ordonnés ; le major ou l'aide-major de la place qui les aura conduits, y donnera l'ordre, et leur indiquera le lieu où elles devront se porter en cas d'alarme.

4.

Lesdites troupes ne contribueront à la garde de la place que dans les cas de nécessité ; elles établiront seulement des gardes particulières de police à leur logement et à leurs équipages, et elles fourniront une sentinelle à leurs caisses, drapeaux, étendards ou guidons : les petites gardes destinées à fournir ces sentinelles, seront, à cet effet, reçues dans le corps-de-garde le plus voisin.

5.

Lorsque lesdites troupes séjourneront dans la place, elles seront tenues d'envoyer à l'ordre général sur la place d'armes, comme si elles étaient en garnison dans la place.

6.

Lesdites troupes enverront de même leurs tambours ou trompettes sur la place d'armes pour y battre ou sonner la retraite avec ceux de la garnison ; mais le jour de leur arrivée, lesdits tambours ou trompettes battront ou sonneront la retraite, à la même heure, seulement dans leurs quartiers et aux environs.

TITRE

TITRE XXXIV.

Des Citadelles, Forts et Châteaux.

ART. 2.

On donnera aux troupes qui composeront la garnison des citadelles, forts et châteaux, les mêmes fournitures qu'à celles qui tiendront garnison dans les villes, et elles se conformeront, envers les gouverneurs et commandans desdites citadelles, forts et châteaux, à tout ce qui est ordonné à l'égard des gouverneurs et commandans des places.

3.

Les gouverneurs ou commandans des citadelles, forts et châteaux, quand même ils commanderaient dans les villes et places auxquelles lesdites citadelles, forts et châteaux sont attachés, ne pourront en tirer la garnison ou partie d'icelle, sans un ordre exprès de Sa Majesté, hors le seul cas de nécessité urgente pour la sûreté et conservation desdites villes et places; auquel cas elle leur permet de faire ou laisser sortir le tiers de leur garnison, et jamais davantage, sur les ordres ou réquisition par écrit qu'ils en recevront du commandant en chef de la province, de l'officier général commandant dans le district, ou du commandant de la place.

4.

Lesdits gouverneurs ou commandans des citadelles, forts et châteaux, n'y laisseront entrer aucune troupe que celles qui y seront envoyées par l'ordre exprès de Sa Majesté, à moins qu'elle n'en eût donné le pouvoir spécial au commandant de la province.

5.

Les gouverneurs et autres commandans particuliers dans les villes, ne pourront prétendre aucun commandement dans les citadelles, forts et châteaux qui en dépendent, s'ils n'en sont en même temps gouverneurs.

6.

Seront néanmoins obligés les commandans des citadelles, forts, châteaux et réduits, d'envoyer tous les jours un officier major, et, à son défaut, un sergent, prendre le mot de celui, quel qu'il soit, et de quelque grade qu'il se trouve, qui commandera dans la ville; mais ils pourront le changer immédiatement après que les portes de communication desdites citadelles, forts, châteaux et réduits, avec la ville, auront été fermées, quand même le gouverneur serait dans la ville, pourvu toutefois que lesdites citadelles, forts, châteaux et réduits soient séparés de la ville par un fossé ou pont-levis.

7.

Les commandans des citadelles, forts, châteaux et réduits, ne souffriront point qu'aucun étranger y réside sans la permission du Roi ou du commandant de la province.

8.

Ils n'y laisseront entrer aucuns ballots, coffres, ni caisses fermées, à qui que ce soit qu'ils appartiennent, sans les avoir fait ouvrir et visiter.

9.

Ils ne feront jamais ouvrir les portes de secours qu'en leur présence, et dans des cas pressans, dont ils rendront compte au commandant de la province.

10.

A l'égard des portes de communication avec les villes, elles seront fermées au soleil couchant, et ne seront ouvertes le matin qu'après le soleil levé.

11.

Il restera toujours dans les citadelles, forts ou châteaux, un tiers des officiers de la garnison, indépendamment de ceux qui seront de garde.

12.

On ne pourra recevoir ni retenir en prison dans une citadelle, fort ou château, aucun officier d'une autre garnison, ni aucun particulier, quel qu'il soit, sans un ordre exprès de Sa Majesté ou du commandant de la province, lequel ne donnera lesdits ordres que dans des cas urgens, dont il informera sur-le-champ le secrétaire d'état ayant le département de la guerre.

13.

Le service se fera d'ailleurs dans les citadelles, forts et châteaux, comme il est prescrit pour toutes les places de guerre.

TITRE XXXV.

De la Conservation des Fortifications et Bâtimens militaires.

ART. 1.er

Les officiers des états-majors des places et les ingénieurs veilleront à l'exécution des ordonnances concernant la conservation des fortifications, et à ce qu'il ne soit bâti aucunes maisons et clôtures de maçonnerie dans les faubourgs et aux avenues des places plus près de deux cent cinquante toises de la palissade du chemin couvert ; défendant Sa Majesté à toutes personnes de quelque qualité et condition qu'elles soient de contrevenir à ses intentions à cet égard, sous peine de désobéissance et de la démolition et du rasement desdites maisons ou jardins, sans aucun dédommagement.

2.

Ils tiendront pareillement la main à ce qu'il ne soit fait aucun chemin, levée ou chaussée, ni creusé aucun fossé à cinq cents toises près de leur place, sans que l'alignement en ait été auparavant concerté avec l'ingénieur en chef de ladite place, lequel, dans tous les cas, sera tenu de prendre les ordres du directeur des fortifications.

3.

L'ingénieur en chef ne pourra faire construire aucune pièce nouvelle de fortification, ouvrir la place ni en interrompre l'entrée pour des réparations, sans en avoir auparavant informé le commandant de ladite place.

(135)

6.

Un officier de l'état-major de la place et un ingénieur ordinaire, feront ensemble, tous les mois, la visite des bâtimens à l'usage des troupes, des corps-de-garde, guérites et palissades, pour constater l'état des réparations à y faire, en distinguant les dégradations qui auront été faites par les troupes.

7.

Lorsqu'une voiture, passant sur les ponts, aux portes ou aux barrières, y fera quelque dégradation, la garde l'arrêtera et la fera ranger de manière qu'elle n'embarrasse pas le passage; le commandant de la garde en fera avertir aussitôt le major de la place, qui, de son côté, fera aussi avertir l'ingénieur en chef, et la voiture avec les chevaux ne sera pas relâchée que la dégradation n'ait été payée par le voiturier.

8.

Il sera posé trois serrures à chaque porte des magasins à poudre, avec différentes clefs, dont l'une sera gardée par le gouverneur ou commandant de la place, une autre par l'officier principal d'artillerie, et la troisième par le garde-magasin, en sorte qu'aucun d'eux ne puisse y entrer sans la participation des deux autres; et dans les places où il n'y aura point d'officier d'artillerie, il n'y aura audit magasin que deux serrures.

9.

Les jardins et arbres fruitiers qui se trouveront dans l'enceinte des magasins à poudre, seront totalement détruits, et on ne souffrira point qu'il y soit planté ni arbres, ni légumes, ni qu'il y entre aucune personne que celles qui y sont nécessaires pour le service des magasins.

10.

Il n'y aura pareillement aucuns jardins ni arbres fruitiers dans tous les ouvrages extérieurs des places.

EXTRAIT des anciennes Ordonnances sur les Gouverneurs des Places, &c. (a).

GOUVERNEURS DES PLACES.

NUL ne sera pourvu par nous des capitaineries ès places fortes de notre royaume, qu'il ne soit naturel français connu par longs services faits à nous et à nos prédécesseurs Rois.

(HENRI III, ès États de Blois, article CCLXXVI.)
(LOUIS XIII, Janvier 1629, titre CIX, art. 276.)

(a) Décret du 14 décembre 1811, art. 42.

***EXTRAIT** du Réglement concernant le maintien de l'Ordre et de la Propreté dans les Bâtimens militaires à l'usage des Troupes de la République.*

Du 30 Thermidor an II (1) (a).

TITRE I.er

Surveillance, Police et entretien des Bâtimens militaires servant de Casernes et de Pavillons.

ART. 1.er

Surveillance des Casernes et Pavillons, attribuée aux Commandans des Places.

LES commandans des places de guerre et des postes militaires où il se trouve des bâtimens affectés au logement des troupes, et, sous eux, les adjudans de ces places, auront la surveillance de ces bâtimens, pour (conformément au présent réglement) y maintenir, par leur autorité, l'ordre qui doit y régner.

2.

Deux Visites par jour faites dans les casernes par le Lieutenant ou Sous-lieutenant de chaque compagnie.

Ils tiendront la main à ce que le lieutenant ou le sous-lieutenant de chaque compagnie, dans tous les corps de la garnison, fasse régulièrement deux visites par jour dans les chambres, corridors et escaliers occupés par sa compagnie, pour s'assurer qu'ils sont tenus dans la plus grande propreté.

La première visite aura lieu le matin, une heure après le lever de la troupe, et la seconde au soir, vers les quatre heures.

7.

Rapport du Lieutenant ou Sous-lieutenant, fait journellement au Commandant de la Place.

Les officiers remettront sur-le-champ au commandant ou à l'adjudant de la place, le résultat sommaire, et par écrit, de leur visite; et en cas de négligence de leur part, ils seront punis des arrêts.

8.

Visites dans les Casernes et Pavillons, par le Commandant de la Place ou l'Adjudant.

Le commandant d'armes de la place fera lui-même ou fera faire par l'adjudant des visites aussi fréquentes qu'il le jugera convenable, pour s'assurer du bon ordre et de la propreté entretenus dans les logemens, et vérifiera le rapport qui lui en aura été fait par l'officier de visite.

Il sera accompagné dans les visites qu'il fera, sans en prévenir, par un sergent de celle des compagnies dont il voudrait visiter les chambres.

9.

Police des Casernes et Pavillons appartenant aux Commissaires des guerres.

La police du logement dans les casernes et pavillons, appartenant aux commissaires des guerres, ils devront être instruits sur-le-champ, de tous les mouvemens de

---

(1) Journal militaire, an 13, I.re partie, page 93.

(a) Décret du 24 décembre 1811, art. 59.

troupes

troupes qui auront lieu dans leur arrondissement, et aucun mouvement de cette nature ne pourra être ordonné sans qu'ils en soient prévenus par le commandant d'armes de la place.

10.

Renseignemens sur les Logemens militaires donnés par les Commissaires des guerres, à la réquisition des Officiers municipaux et des Généraux des armées.

Les commissaires des guerres donneront aux officiers municipaux et aux généraux des armées, ainsi qu'aux commandans d'armes de places, tous les renseignemens qui pourraient leur être demandés sur les logemens militaires.

Les corps administratifs ou judiciaires ne pourront faire aucune visite dans les bâtimens, sans en prévenir le commissaire des guerres qui devra les y accompagner.

11.

Conférence entre le Commandant d'armes de la Place, le Commissaire des guerres et l'Ingénieur.

Les commissaires des guerres, les commandans et adjudans des places, seront tenus de se concerter sur ce qui concerne l'ordre et la propreté des casernes, ainsi que la conservation des fournitures, et les ingénieurs se concerteront de même avec eux, pour ce qui concerne l'entretien et la réparation des bâtimens.

Lorsque le commandant d'armes de la place, le commissaire des guerres ou l'ingénieur croiront leur présence nécessaire dans les bâtimens militaires, chacun d'eux fera prévenir les autres, et nul ne pourra se dispenser d'y assister pour opérer conjointement.

TITRE IV.

Formalités pour l'Établissement d'une Troupe dans son logement et pour l'évacuation.

SECTION I.ʳᵉ

DES BÂTIMENS, EFFETS ET USTENSILES DE CASERNES.

ART. 5.

Le Commissaire des guerres et l'Ingénieur (Officier du génie), prévenus du départ d'un corps ou d'un détachement.

Aussitôt que l'ordre du départ d'un corps ou détachement sera parvenu au commandant d'armes de la place ou au commandant du corps, il en fera prévenir l'ingénieur (officier du génie) et le commissaire des guerres, afin que l'un et l'autre puissent faire les dispositions nécessaires pour la remise du logement et des effets et ustensiles, tant ceux appartenant à la république, que ceux appartenant à l'entrepreneur, dans la forme et suivant les règles ci-dessus indiquées.

SECTION II.

PROPRETÉ EXTÉRIEURE.

7.

Responsabilité des Commandans des corps, pour l'exécution du présent Réglement.

Les commandans des corps, investis de toute l'autorité nécessaire pour faire exécuter les dispositions du présent réglement, seront toujours personnellement responsables des contraventions qu'ils n'auront pas empêchées ou redressées par la punition. Leur vigilance à cet égard est une partie essentielle des devoirs de leur état, et peut influer beaucoup sur la santé et la conservation de leurs frères d'armes.

EXTRAIT du Réglement concernant la Garde et la Conservation des Places de guerre.

Du 22 Germinal an 4 (a) (1).

ART. 2.

LE commandant de chaque place ou poste militaire sera tenu de faire afficher, par-tout où besoin sera, les articles 13, 14, 15 et jusqu'au 41 inclusivement, du titre I.er de la loi du 10 juillet 1791 (2), concernant la conservation et la police des places fortes, lesquels seront suivis des articles 11, 12, 13, 14, 15, 16, 17 et 18 du présent arrêté, et précédés d'une proclamation des autorités constituées. Les frais de ces affiches seront portés sur les dépenses de la fortification du chef-lieu de chaque direction.

11.

Les commandans des différens postes de garde seront tenus de donner aide et main-forte aux gardes et éclusiers des fortifications, toutes les fois qu'ils en seront requis, pour l'exécution de leur service.

Le présent article fera partie de la consigne affichée dans tous les corps-de-garde à portée des fortifications et établissemens qui en dépendent.

12.

Dans le cas où les troupes en garnison dans une place ne seraient pas suffisantes pour fournir, suivant les besoins, à la garde des fortifications et établissemens militaires, il y sera suppléé, sur la réquisition du commandant de la place, par la garde nationale du lieu, et même, s'il est nécessaire, par celles des communes voisines. Cette garde supplémentaire sera soumise aux lois et réglemens de la discipline des troupes en garnison, et recevra, pour chaque jour de service, la solde attribuée par l'article 35 du titre VIII de la loi du 2 thermidor an 2 (3), et par celle du 1.er pluviôse an 4 (4), aux gardes nationales mises en réquisition. Ladite solde sera acquittée par le payeur de la guerre, sur l'extrait de revue qui sera dressé, à cet effet, par le commissaire des guerres, d'après l'état nominatif qui lui en sera remis par le commandant de la place. La réquisition de cette garde supplémentaire ne pourra néanmoins avoir lieu que suivant l'avis ou la demande motivée du chef du génie, et le commandant de la place en rendra compte sur-le-champ au Ministre de la guerre.

13.

Pour éviter et prévenir toute espèce de dégradation, les gardes et éclusiers veilleront soigneusement à ne laisser paître aucuns bestiaux sur les remparts et

---

(1) Journal militaire an 4, II.e partie, page 577.
(2) Voyez page 58.
(3) Journal militaire, an 2, II.e partie, page 1008 ;

Bulletin des lois, 1.er trimestre, n.° 28, loi n.° 129.
(4) Journal militaire, an 4, I.re partie, page 341.

(a) Décret du 24 décembre 1811, art. 59.

(139)

terrains dépendans de la fortification ; s'ils en trouvent, ils requerront la garde la plus voisine de les arrêter et de les mettre en fourrière. Les propriétaires seront responsables du dommage , conformément à l'article 25 du titre Ier de la loi du 10 juillet 1791 (1).

14.

Tout individu qui causerait des dégradations aux fortifications et bâtimens militaires, ou qui se rendrait coupable de vol ou de dévastation des effets et objets en dépendans, sera arrêté et conduit au corps-de-garde le plus voisin ; il en sera rendu compte à l'instant au commandant de la place et à l'officier du génie en chef, pour qu'ils en poursuivent la punition et la réparation , conformément aux lois.

15.

Si les délits étaient de nature grave et hors du cercle de la police civile ou de la discipline militaire, les commandans de place et directeurs des fortifications en rendraient compte au Ministre de la guerre, qui prendrait les ordres du Directoire exécutif à cet égard.

16.

Il sera toujours remis à l'officier du génie en chef, dans une place ou poste de guerre, une expédition de tout acte de jugement rendu concernant la conservation et la police de la place.

17.

Dans toutes les places, ou postes de guerre , les particuliers qui auraient des décombres ou autres objets à déposer hors des portes et enceintes desdites places, seront tenus d'en prévenir l'officier du génie en chef, et de les conduire dans les lieux qu'il indiquera. En cas de contravention , lesdits décombres ou autres objets seront transportés, aux frais du propriétaire, dans les lieux indiqués par le chef du génie, à moins qu'ils ne l'aient été à plus de cinq cents toises dès glacis de la place, conformément aux articles 29, 30 et 34 du titre Ier de la loi du 10 juillet 1791.

18.

Tous les terrains loués, dépendans des fortifications, ne pourront être labourés par les locataires, à peine de nullité de leur bail et de confiscation de la récolte, à moins d'une autorisation particulière du Ministre de la guerre. Lesdits locataires ne pourront y faire aucun amas de fumiers , fagots, fourrages, rapports de terre ou autres. Les gardes et éclusiers des fortifications veilleront particulièrement à ce que personne n'en dépose aux avenues des portes, barrières, passages, ponts-levis ou dormans, entrées de villes, &c., le tout à peine de confiscation des objets formant lesdits amas ; et de leur vente au profit de la république.

Le présent article sera inséré en entier dans les clauses des différens baux qui seront à faire, afin qu'aucun n'en puisse prétendre cause d'ignorance. Il aura aussi son effet à l'égard des baux courans, s'ils ne sont pas revêtus de l'approbation spéciale du Ministre de la guerre.

---

(1) Voyez page 58.

Extrait du Réglement concernant l'Administration et l'Entretien des Bâtimens militaires.

Du 22 Germinal an 4 (1) (a).

ART. 14.

LES gardes des fortifications, les conservateurs et les concierges, seront tenus, en en prévenant le chef du génie, de donner entrée dans les bâtimens militaires au commandant de la place et au commissaire des guerres, toutes les fois qu'ils se présenteront pour prendre connaissance des établissemens non occupés.

A l'égard de ceux qui le sont, les officiers du génie, leurs préposés et les gardes et concierges y auront toujours un libre accès, soit pour les visiter, soit pour y exécuter les travaux nécessaires.

15.

Les gardes des fortifications, les conservateurs et les concierges, ne sont chargés de maintenir la propreté que dans ceux de ces établissemens non occupés; à l'égard des autres, ce soin appartiendra aux parties occupantes, sous la surveillance des chefs respectifs, lesquels seront tenus de les rendre propres, au départ de ceux qui les occupaient. Ces employés continueront d'exercer leurs fonctions relatives à l'assiette, à la distribution et au logement des troupes, tel qu'il a été réglé pour les conservateurs des bâtimens ; ils remettront, aux époques prescrites, les états aux commandans des places et aux commissaires des guerres.

16.

Les commandans des places, les officiers du génie et les commissaires des guerres sont chargés spécialement, chacun pour ce qui le concerne, de l'exécution du présent réglement, ainsi que de tous ceux antérieurs, en ce qui n'est pas contraire à celui-ci, et ils seront personnellement responsables des désordres qu'ils n'auraient pas cherché à prévenir, et des abus qu'ils laisseraient établir dans cette partie importante du service.

Paris, le 9 Floréal, an 5 de la République française.

LE MINISTRE DE LA GUERRE,

Aux Commandans des Places de guerre et Postes militaires (b).

JE ne cesse, Citoyens, de recevoir des plaintes sur les vols des palissades, bois, fers et autres matériaux employés au service des fortifications, malgré les efforts des officiers du génie et des gardes des fortifications pour la conservation de ces objets. J'ai remarqué dans les divers rapports qui m'ont été adressés à ce sujet, que ces déprédations n'ont eu lieu que parce que la plupart des commandans des places,

(1) Journal militaire, an 4, II.ᵉ partie, page 581.

(a) Décret du 24 décembre 1811, art. 59.
(b) Décret du 24 décembre 1811, art. 59.

ignorant

ignorant les dispositions de la loi du 10 juillet 1791, ne se sont pas assez pénétrés de leurs devoirs sur cette partie du service, qu'ils croient être exclusivement du ressort des officiers du génie.

Mais je dois vous rappeler que, par l'article 11 du réglement du Directoire exécutif, du 22 germinal an 4 (1), concernant la garde et la conservation des places de guerre, le commandant de chaque place ou poste militaire est tenu de faire afficher les articles 13, 14, 15, et inclusivement jusqu'au 41 du titre I.er de la loi susdatée, ainsi que les articles 11, 12, 13, 14, 15, 16, 17 et 18 de ce réglement, et que ces articles doivent être précédés d'une proclamation des autorités constituées. Vous voyez par-là, Citoyens, que la surveillance des effets appartenant à la fortification n'est pas seulement confiée aux officiers du génie, et que vous êtes tenus de concourir avec eux, à l'exécution de toutes les mesures reconnues propres à prévenir les déprédations ou les détériorations qui peuvent en être faites.

J'appelle donc, Citoyens, toute votre sollicitude sur cet objet important ; et je vous recommande d'employer le pouvoir qui vous est confié, pour réprimer des délits aussi préjudiciables aux intérêts de la république.

J'invite, en même temps, le Ministre de la justice à rappeler aux commissaires du Directoire exécutif près les tribunaux criminels, les devoirs que leur impose le réglement précité, afin que l'autorité militaire soit efficacement secondée par l'autorité judiciaire.

Paris, le 25 Vendémiaire an 8.

Le Ministre de la guerre,

Aux Généraux commandant les Divisions territoriales, aux Directeurs des Fortifications et aux Commissaires ordonnateurs (a) (2).

Dans le cas où des parties de bâtimens seraient absolument inhabitables, et où il n'existerait aucun moyen de les réparer, le chef du génie en donnera son certificat au commandant de la place et au commissaire des guerres. Sur ce certificat, visé par le directeur, les troupes seront logées chez l'habitant, les officiers recevront leur logement en argent ; le commandant de la place, le chef du génie et le commissaire des guerres se concerteront afin de pourvoir momentanément aux autres services ; et enfin, le directeur des fortifications me rendra compte de l'état des choses, afin que je prenne les mesures convenables.

L'une des causes principales de toutes les dégradations qui se font aux bâtimens et aux effets militaires, se trouve dans les mouvemens inopinés des troupes : les généraux, les commandans des places et les chefs des corps doivent prévenir, le plutôt possible, les chefs du génie et les commissaires des guerres, de l'arrivée et du départ des troupes, et ne jamais ordonner de mutation d'un bâtiment à l'autre qu'après s'être concertés avec eux ; ils doivent aussi rappeler aux chef des corps, que, dans ces différens cas, il est nécessaire de charger, soit le quartier-maître, soit un autre officier ou sous-officier, de constater l'état des bâtimens et des effets militaires, et de payer les dégradations commises par la troupe.

---

(1) *Voyez* page 138.   (2) Journal militaire, an 8, I.re partie, page 37.

(a) Décret du 24 décembre 1811, art. 59.

Paris, le 1.er Brumaire an 9.

LE MINISTRE DE LÀ GUERRE,

Aux Généraux commandant les Divisions territoriales, aux Directeurs des Fortifications et aux Préfets (a).

LA multiplicité des vols et dégradations qui se commettent journellement sur les ouvrages défensifs des places et postes de guerre, et dans les bâtimens militaires, m'a déterminé, Citoyens, autant pour empêcher la continuité de ces délits, que pour accélérer la puniton des auteurs et complices de ceux qui pourraient encore se commettre, à prescrire de nouveau la mise en vigueur des lois et ordonnances existantes, et à prendre les mesures auxquelles je suis autorisé par les attributions de mon ministère. En conséquence, j'ai cru devoir renouveler et arrêter les dispositions ci-après :

ART. 1.er

Lorsqu'une voiture passant sur les ponts, aux portes ou barrières faisant partie des fortifications, y fera quelque dégradation, la garde l'arrêtera, et la fera ranger de manière qu'elle n'embarrasse point le passage : le chef du poste en rendra compte sur-le-champ au commandant d'armes, qui, de son côté, préviendra le commandant du génie, lequel fera immédiatement évaluer la dépense à faire pour la réparation des dégâts commis ; et la voiture, avec les chevaux, ne sera point relâchée que la dégradation n'ait été payée par le voiturier.

2.

Les sentinelles veilleront à ce qu'aucuns bestiaux ne pâturent sur les remparts, dans les fossés, demi-lunes et autres ouvrages, ni sur les glacis ; les bestiaux que la garde ou les patrouilles y auront saisis, seront conduits en fourrière chez un aubergiste, ou tout autre particulier ayant une écurie publique, qui sera tenu de recevoir lesdits bestiaux. Le commandant de la garde en fera sur-le-champ son rapport au commandant d'armes, qui en préviendra de suite le chef du génie, lequel fera procéder aussitôt à l'estimation des dégradations commises. Les bestiaux ne seront rendus aux propriétaires que lorsqu'ils auront payé une somme égale à deux fois le montant de l'estimation des dégâts. La moitié de cette somme sera appliquée à la réparation des dégradations, ou au dédommagement des fermiers des terrains militaires, dans le cas où il n'y aurait que cette sorte de dommage causé par les bestiaux ; et l'autre moitié sera donnée, dans l'un ou l'autre cas, en gratification à la garde ou patrouille qui aura saisi les bestiaux. Les propriétaires de ces bestiaux seront, en outre, tenus de payer les frais de fourrière.

Il sera dressé un procès-verbal par le garde des fortifications, qui constatera que les réparations ont été faites, et que l'amende à été payée aux parties qui y avaient droit ; et il en sera adressé une expédition au Ministre de la guerre par le directeur des fortifications.

3.

Lorsqu'un terrain militaire sera susceptible d'être pâturé, et qu'il aura été affermé aux conditions de pacage, le chef du génie en donnera connaissance au commandant

---

(a) Décret du 24 décembre 1811, article 59.

d'armes, qui le fera mettre dans la consigne des différens postes, afin que les bestiaux du fermier dudit terrain ne soient pas arrêtés par la garde ou les patrouilles.

4.

La répression des divers délits qui pourraient être commis sur les ouvrages défensifs des places et postes de guerre, et dans les autres établissemens militaires, nécessite la traduction devant les tribunaux, des particuliers qui en sont prévenus.

Tout individu qui causerait des dégradations aux fortifications et bâtimens militaires, ou qui se rendrait coupable de vol ou de dévastation des effets et objets en dépendans, sera arrêté et conduit au corps-de-garde le plus voisin. Dans ce cas, comme dans celui où les auteurs de ces délits seraient parvenus à s'échapper, ou ne seraient point connus, le garde des fortifications, ou, en son absence, le concierge des bâtimens militaires, en dressera un procès-verbal, dont il transmettra de suite une expédition au commandant d'armes, ou, dans les garnisons de l'intérieur, au chef de l'autorité civile, qui requerra sur-le-champ le juge de paix du canton de faire des informations et de traduire les délinquans devant les tribunaux. Si le juge de paix n'agissait point, ou même négligeait d'assurer la répression de ces délits par tous les moyens qui sont en son pouvoir, le commandant d'armes, ou le chef de l'autorité civile, aura recours à l'intervention du commissaire du Gouvernement près le tribunal de l'arrondissement, qui prendra, suivant les circonstances et la nature du délit, les mesures indiquées par la loi pour accélérer la recherche, la poursuite et la punition des coupables.

Je vous recommande de donner la plus grande publicité à ces dispositions, et j'autorise particulièrement les généraux divisionnaires à en faire réimprimer les deux premiers articles, au nombre d'exemplaires suffisans pour être affichés par-tout où besoin sera, et notamment aux portes ou barrières des places et postes de guerre, et dans les corps-de-gardes des postes avancés.

EXTRAIT des Minutes de la Secrétairerie d'état.

Au Palais de Compiègne, le 23 Avril 1810.

NAPOLÉON, EMPEREUR DES FRANÇAIS, ROI D'ITALIE, PROTECTEUR DE LA CONFÉDÉRATION DU RHIN, MÉDIATEUR DE LA CONFÉDÉRATION SUISSE, &c. &c. &c.

NOUS AVONS DÉCRÉTÉ et DÉCRÉTONS ce qui suit :

ARTICLE Ier

Les casernes, hôpitaux, manutentions, corps-de-garde et autres bâtimens militaires portés dans l'état annexé au présent décret, sont donnés en toute propriété aux villes où ils sont situés.

2.

La remise desdits bâtimens et établissemens militaires sera faite en vertu de décrets spéciaux qui seront rendus pour chaque ville, sur le rapport de notre Ministre de la guerre, d'ici au 1.er juin.

3.

Au 1.er juillet prochain, les villes entreront en possession desdits bâtimens ; elles seront chargées de leur entretien, et, à cet effet, elles devront porter dans leur budget une somme au moins pareille à celle qui est indiquée dans l'état pour les réparations.

4.

Les officiers du génie ne seront chargés de la direction des travaux à faire aux établissemens militaires que dans les places de guerre. Les ingénieurs des ponts et chaussées en seront chargés dans les villes de l'intérieur, et les architectes dans les grandes villes.

5.

Les villes ne pourront disposer, sans notre autorisation, d'aucun des bâtimens militaires : toutes les fois qu'elles les emploieront à une autre destination que celle qui leur est affectée, elles seront chargées de pourvoir au logement des troupes qui se trouveront dans leur enceinte.

6.

Nos Ministres de la guerre, de l'administration de la guerre et de l'intérieur, sont chargés de l'exécution du présent décret.

EXTRAIT du Décret impérial qui règle le Mode d'Administration des Bâtimens militaires appartenant aux Communes, dans les places de guerre, et celle des bâtimens appartenant aux Communes ou à l'État, dans les villes non fortifiées, conformément aux bases posées dans le Décret du 23 Avril 1810.

Du 16 Septembre 1811 (a) (1).

TITRE ·II.

§. III.

DE LA CONSERVATION.

1.° *Des Portiers-Consignes.*

ART. 12.

LES portiers-consignes des bâtimens ou établissemens appartenant à la commune, seront payés sur ses fonds; et leur traitement formera un article du budget annuel de la commune.

13.

Les portiers-concierges desdits bâtimens ou établissemens seront choisis à l'avenir par le maire, parmi les militaires en retraite, sachant lire et écrire, conformément à notre décret du 8 mars 1811 (2). Les nominations seront soumises à l'approbation du préfet.

14.

Les portiers-concierges desdits bâtimens et établissemens seront comptables en nature, envers la commune, de tout ce que les bâtimens renferment, conformément

---

(1) Journal militaire, année 1811, II.ᵉ partie, page 74; Bulletin des lois, 4.ᵉ série, n.° 389, loi n.° 7201.

(a) Décret du 24 décembre 1811, art. 59.

(2) Journal militaire, année 1811, I.ʳᵉ partie, page 296; Bulletin des lois, 4.ᵉ série, n.° 355, loi n.° 6568.

aux

aux états des lieux et aux inventaires qui en seront dressés, et dont une expédition leur sera remise.

15.

En cas de vols, dégradations ou autres délits commis par des particuliers, ils en dresseront procès-verbal, et en remettront une copie signée au maire, qui fera poursuivre les délits, s'il y a lieu, et le paiement des dégradations.

Lorsque les dégradations auront été commises par les troupes ou par les employés militaires qui occupent les bâtimens, le maire transmettra le procès-verbal au commandant du génie qui en fera le devis et en poursuivra le paiement dans la forme ordinaire. Il en sera de même des réparations locatives, qui sont à la charge des corps, des militaires, des employés ou autres personnes qui occupent les bâtimens.

Lorsqu'il s'agira d'un délit militaire, le procès-verbal sera renvoyé au commandant d'armes, qui fera exécuter les lois de discipline ou le code pénal.

Il n'est rien changé d'ailleurs aux lois et réglemens sur le mode de réception et de remise des bâtimens ou effets militaires, et des procès-verbaux relatifs.

16.

Le maire s'adressera pareillement, et suivant le cas, au commandant d'armes, au commandant du génie ou au commissaire des guerres, pour faire lever les difficultés relatives à l'assiette du logement des troupes, ou des employés militaires, conformément aux lois et réglemens militaires, et aux instructions de notre ministre de la guerre.

Paris, le 14 Nivôse an 7 (a).

Le Ministre de la guerre,

Aux Généraux commandans les Divisions territoriales, et aux Directeurs des Fortifications.

L'exécution de plusieurs de mes décisions concernant le service du génie, ayant donné lieu, citoyens, à des réclamations de la part de quelques généraux commandans de division, fondés sur ce que les officiers du génie ont exécuté ces mêmes décisions, sans leur participation, je me suis fait représenter les lois et réglemens relatifs à ce service, et j'ai reconnu, 1.° que la loi du 10 juillet 1791 (1), concernant la conservation et le classement des places de guerre, charge spécialement les officiers du génie de toutes les opérations relatives aux fortifications et aux bâtimens militaires, à leur administration et aux travaux à y exécuter ;

2.° Que la loi du 17 pluviôse an 2 (2), l'ordonnance non abrogée du service des places (3) et celle de 1776 (4), qui déterminent les fonctions du génie, excluent, hors aux armées et aux siéges, les officiers généraux et les officiers de l'état-major des places, de l'administration et des opérations relatives au service de ce corps ;

3.° Que l'arrêté du Directoire exécutif, du 22 germinal an 4 (5), porte expressément, article 1.er, que les officiers du génie sont seuls chargés, sous mon autorité

---

(1) *Voyez* page 58.
(2) *Voyez* page 154.
(3) *Voyez* page 79.
(4) *Voyez* page 72.
(5) *Voyez* page 140.

(a) Décret du 24 décembre 1811, art. 59.

immédiate, de la direction, de la surveillance et de l'exécution des travaux relatifs aux bâtimens et établissemens militaires.

Quelque opposées que soient aux dispositions de ces lois et arrêtés les réclamations de plusieurs généraux, j'ai considéré que, bien qu'ils ne pussent s'immiscer dans les détails relatifs aux opérations dont les officiers du génie sont chargés, ils devaient néanmoins, par la nature de leurs fonctions, connaître et surveiller les moyens de défense de la portion de territoire dont le commandement leur est confié.

En conséquence, et dans la vue de maintenir l'harmonie qui doit subsister dans les divers services, et de réunir les efforts particuliers de leurs agens vers un but commun, celui de l'utilité générale, j'ai cru devoir prendre la détermination suivante:

ART. 1.er

« Chaque directeur de fortifications donnera connaissance au général commandant
» la division dont sa direction fait partie, des décisions que je prendrai sur les diverses
» opérations qui pourront intéresser directement la sûreté des places, telles que l'ou-
» verture de la place, son armement ou désarmement, l'interruption des communi-
» cations, la construction de nouveaux ouvrages; le chef du génie dans chaque place,
» préviendra le commandant de la place, du jour où il procédera à l'exécution de
» ces opérations.

2.

» Le général commandant une division territoriale, pourra, lors de sa visite dans
» une place comprise dans sa division, se faire accompagner par le chef du génie de
» la place : cet officier lui fera connaître, sur les lieux, l'exécution des divers travaux
» ordonnés; et sur la demande de ce général, il lui communiquera, mais sans déplacer,
» les papiers concernant les fortifications et les établissemens militaires dépendans de
» son service.

3.

» Les généraux commandant les divisions, ainsi que les commandans des places,
» ne pourront, sous quelque prétexte que ce soit, arrêter, suspendre ou modifier
» l'exécution de mes décisions ».

Vous voudrez bien communiquer ces dispositions aux officiers employés sous vos ordres respectifs, afin que les mesures que j'aurai occasion d'approuver dans la suite, relativement au service du génie, n'éprouvent aucun obstacle dans leur exécution.

EXTRAIT du Réglement sur le Logement et le Casernement des Troupes, présenté à l'Assemblée nationale, en exécution de la Loi du 10 octobre 1791 (1).

Du 23 Mai 1792 (2) (a).

Du Logement chez l'Habitant.

ART. 10.

DANS tous les cas où les troupes devront être logées chez l'habitant, les commissaires

---

(1) Journal militaire, année 1793, II.e partie, page 877.

(2) Journal militaire, année 1793, II.e partie, page 880.

(a) Décret du 24 décembre 1811, art. 60.

des guerres donneront avis aux municipalités du jour de leur arrivée, et du temps de leur séjour, lorsqu'il sera fixé. Le commandant de la troupe préviendra d'ailleurs les commissaires des guerres, et informera les officiers municipaux du moment de leur arrivée, ainsi que de celui de leur départ.

Ces officiers municipaux délivreront ensuite, sur la représentation de la revue de route, les billets de logement, en observant de réunir, autant qu'il sera possible, dans le même quartier tous les hommes d'une même compagnie, afin d'en faciliter le rassemblement.

Les chevaux des troupes à cheval devront être également établis, autant que faire se pourra, dans des écuries à portée du logement de chaque compagnie.

Les officiers municipaux donneront connaissance au commandant de la place et au commissaire des guerres de l'assiette du logement.

EXTRAIT de l'Arrêté des Consuls, concernant les Hôpitaux militaires.

Du 24 Thermidor an 8 (1) (a).

TITRE IV.

SECTION XXXVI.

ART. 427.

LES commandans temporaires de place chargeront chaque jour de visiter l'hôpital un ou plusieurs officiers de la garnison, lesquels seront tenus d'assister à la distribution des alimens, le matin et le soir.

428.

Ces officiers feront la dégustation du bouillon, du vin et des autres alimens, mais en présence de l'économe ou d'un des employés; ils inscriront et signeront sur un registre coté et paraphé par le commissaire des guerres, les observations qu'ils auront à faire sur les diverses fournitures, afin que le commissaire des guerres puisse en prendre connaissance et y faire droit, s'il y a lieu. Ils rendront compte au commandant temporaire de tout ce qu'ils auront remarqué lors de leur visite.

429.

Le commandant temporaire de la place fera lui-même des visites à l'hôpital, soit de jour, soit de nuit, toutes les fois qu'il le jugera convenable. S'il s'aperçoit de quelques abus, il en avertira le commissaire des guerres, pour qu'il les fasse cesser; faute de quoi, il en rendra compte au Ministre de la guerre.

SECTION XXXVII.

De la Police particulière et intérieure des Hôpitaux militaires.

432.

Le commissaire des guerres requerra des commandans militaires le nombre d'hommes nécessaire pour la garde des hôpitaux ou l'escorte des évacuations; cette

---

(1) Journal militaire, an 8, II.ᵉ partie, page 869.

(a) Décret du 24 décembre 1811, art. 60.

garde, dont il indiquera la force, sera à ses ordres, et le commandant recevra de lui la consigne.

442.

Dans les hôpitaux où il n'y a ni jardin ni espace suffisamment aéré, lorsque les officiers de santé jugeront la promenade nécessaire à quelques malades ou convalescens, ils en préviendront le commissaire des guerres, qui, sur l'état nominatif qu'ils lui en remettront, accordera la permission de sortir. Cet état, visé du commissaire des guerres, sera remis au commandant temporaire, qui désignera un nombre suffisant de sous-officiers pour accompagner ces malades pendant la promenade, empêcher qu'ils n'achètent ou ne reçoivent aucune espèce d'alimens, et pour les ramener à l'hôpital.

Paris, le 8 Avril 1808.

LE MINISTRE DE LA GUERRE,

A MM. les Généraux commandant les Divisions territoriales militaires et les Départemens, les Directeurs des fortifications et les Commandans d'armes (a).

Moyens de prévenir les abus auxquels donne lieu l'établissement des cantines dans les forts et citadelles et dans les casernes.

MESSIEURS, je vous préviens que, pour faire cesser les abus auxquels la formation des cantines a donné lieu, non-seulement dans les forts et citadelles, mais même dans les casernes des places où ces établissemens ne peuvent être d'aucune utilité, j'ai arrêté, par une décision du 1.ᵉʳ de ce mois, et comme mesure réglementaire, les dispositions ci-après, qui dérivent de l'article 7, titre XXXIV de l'ordonnance du 1.ᵉʳ mars 1768, sur le service des places (1).

1.° L'établissement des cantines ne sera toléré, d'après les besoins des garnisons, comparativement à leur force, que dans les citadelles, forts, châteaux et autres postes militaires isolés où il n'existe point d'habitations civiles.

2.° Dans ce cas même, la formation d'aucune cantine ne pourra avoir lieu qu'en vertu de mon autorisation préalable, sur la demande motivée de M. le commandant d'armes et d'après l'avis de M. le général commandant la division, et de M. le directeur du génie de l'arrondissement, qui reste chargé de me transmettre les demandes de cette espèce.

3.° M. le commandant d'armes devra toujours relater dans sa demande les nom, prénoms et profession du sujet proposé pour cantinier, ainsi que son état civil, en faisant connaître s'il a des enfans, quel est leur nombre, leur sexe et leur âge.

4.° Le sujet désigné par M. le commandant d'armes, sera tenu de fournir, à l'appui de la proposition faite en sa faveur, un certificat de *bonne vie et mœurs*, délivré par la municipalité du lieu de son domicile, tant pour lui, dans tous les cas, que pour sa femme et ses enfans, s'il y a lieu.

Par la même décision, j'ai arrêté aussi que tous les cantiniers existans seraient assujettis à cette formalité, au moyen des états nominatifs qui en seront dressés, sous le plus bref délai, par les ordres de MM. les directeurs du génie, qui se concerteront avec

---

(1) *Voyez* page 79.

(a) Décret du 24 décembre 1811, art. 60.

MM.

MM. les généraux commandant les divisions militaires, afin d'émettre conjointement leur avis sur les cantines à supprimer, et celles qu'il est indispensable de conserver, d'après l'article 1.er de ma décision, ainsi que sur les cantiniers qui pourront être maintenus.

MM. les directeurs du génie, en m'adressant ces états, auront soin d'y joindre le certificat susénoncé, pour chaque cantinier dont l'établissement sera jugé susceptible d'être conservé.

RÉGLEMENT PROVISOIRE pour fixer un mode de Travail, de Discipline et de Salaire pour les douze bataillons de Sapeurs créés par le décret du 25 Frimaire an 2 de la République (a).

ART. 1.er

LES bataillons de sapeurs étant spécialement créés pour les travaux militaires de la république, aucun sapeur, sous quelque prétexte que ce soit, ne pourra être exempté de travailler à son rang, à moins qu'il ne soit malade ou blessé.

2.

Les généraux commandant les divisions ou les armées, répartiront les sapeurs suivant les demandes que feront les chefs des ingénieurs, en conséquence des travaux qu'ils auront ordre de faire exécuter soit aux armées, soit dans les places.

3.

A l'arrivée d'une troupe de sapeurs dans une place de guerre ou à l'armée, leur commandant fera remettre à celui des ingénieurs, l'état de situation de sa troupe, et chaque décadi il lui fournira également l'état des changemens qui auront pu avoir lieu pendant la décade.

4.

Le commandant des ingénieurs fera, à celui des sapeurs, les demandes d'hommes que le besoin des travaux exigera; et ce dernier ne pourra pas le refuser, lorsque la totalité des sapeurs demandés ne passera pas les cinq sixièmes de la troupe en activité de travail.

5.

Lorsqu'une troupe de sapeurs sera en activité de travail, elle ne fera pas d'autre service; mais elle sera chargée de fournir les postes nécessaires à la police des travaux et de ses casernes, ainsi que l'ordonnance du commandant des ingénieurs et de celui de la troupe. Les sapeurs employés à ces services, seront pris sur le sixième qui se reposera; et, dans aucun cas, ils ne pourront être payés comme les travailleurs.

6.

Les sapeurs seront conduits en ordre aux ateliers par les officiers et sous-officiers de service aux travaux; ils seront ramenés de même à leurs casernes.

7.

Le nombre des officiers et sous-officiers qui devront commander les travailleurs,

---

(a) Décret du 24 décembre 1811, art 62.

sera réglé, sur l'avis du commandant du génie, en conséquence du nombre de ces mêmes travailleurs. Ces commandans resteront de service toute la journée, et ne le quitteront qu'avec leur troupe.

8.

Les officiers et sous-officiers commandant les détachemens de travailleurs, veilleront au bon ordre, ainsi qu'au bon emploi du temps pendant l'exécution des travaux; mais ils ne pourront rien leur commander de contraire aux dispositions ordonnées par les ingénieurs, qui seuls doivent diriger l'exécution des travaux.

9.

Les commandans des détachemens de travailleurs s'aboucheront, à leur arrivée sur l'atelier, avec l'ingénieur, l'adjoint ou le préposé qui dirigera le travail, afin de prendre les renseignemens nécessaires pour concourir, de concert, à l'exécution des dispositions qui auront été réglées, pour la journée, par le commandant des ingénieurs.

10.

Les heures de repos et de travail seront fixées par un réglement particulier établi d'après les localités, les saisons et les climats, par le commandant des ingénieurs. Ce réglement, comprenant tous les détails relatifs aux travaux, sera soumis à l'approbation de la commission des travaux publics.

11.

Avant de commencer le travail et à chacune de ses reprises, le commandant des travailleurs fera faire l'appel des sapeurs, en présence du préposé par l'ingénieur, qui notera sur son carnet les présens ou absens.

12.

Les sapeurs travailleurs qui manqueront à l'appel, seront punis par la perte d'une journée de leur gain : un sapeur qui ne paraîtrait pas de la journée au travail, en outre de la retenue de son gain entier de la journée, sera puni comme militaire manquant à son service et à la loi.

13.

Les amendes serviront à donner des gratifications aux sapeurs qui auront été les plus exacts aux travaux; ces gratifications seront réglées à la fin de chaque mois, par le conseil d'administration de la troupe.

14.

Lorsque les ateliers occuperont un grand espace, ou que le nombre des travailleurs sera d'une certaine étendue, il sera fourni, par les bataillons de sapeurs, des tambours pour battre les momens de repos et de reprise de travail.

15.

Les tambours des bataillons de sapeurs feront ce service chacun à leur tour; ils ne pourront demander aucun supplément de solde pour le temps qu'ils passeront sur les travaux, et seront toujours prêts à exécuter la batterie qui leur sera commandée.

16.

Les tambours ne pourront jamais exécuter, sur les travaux, de batterie quelconque, qu'ils n'en aient reçu l'ordre de l'ingénieur ou de l'adjoint, ou autre préposé conduisant l'ouvrage sous les ordres de cet ingénieur.

17.

Lors des mauvais temps ou des cas imprévus qui devront décider de l'abandon du travail, les sapeurs ne pourront quitter l'atelier qu'autant que la breloque aura été battue ou que l'ordre en aura été donné par l'ingénieur, l'adjoint ou préposé conduisant le travail.

18.

Les sapeurs ne pourront quitter l'atelier pour déjeûner ou goûter, et ne prendront aucun repas hors des heures du repos.

19.

L'eau destinée à étancher la soif des sapeurs pendant le travail, sera mêlée d'une portion de vinaigre; aucun sapeur ne pourra user d'autre boisson sur les travaux, sous peine d'amende de la moitié de son gain du jour. La dépense du vinaigre sera portée sur les fonds affectés aux travaux, et un des piqueurs sera chargé de sa distribution.

20.

Les sapeurs travailleurs seront employés, soit à la journée, soit à la tâche, suivant ce qui sera réglé par le commandant des ingénieurs; et, dans aucun cas, les commandans des détachemens de travailleurs ne pourront changer la disposition faite à cet égard.

21.

Lorsque les sapeurs travailleront à la journée, ils auront, en sus de leur paie, les deux cinquièmes du prix fixé par le *maximum* de l'endroit où se fera le travail, de la journée des manœuvres ou de l'ouvrier de métier, suivant qu'ils seront employés comme manœuvres ou comme ouvriers. Lorsqu'ils travailleront à la tâche, ils recevront, également en sus de leur paie, les deux cinquièmes du prix fixé pour la nature d'ouvrages qu'ils exécuteront, et qui sera le même que celui que recevraient les ouvriers non sapeurs. Les sergens employés sur les travaux, recevront, par journée de travail, un supplément d'un quart de leur paie : à l'armée ces prix seront fixés par le général en chef, sur l'avis du commandant des ingénieurs et du commissaire ordonnateur.

22.

Quand les retenues ordonnées ne suffiront pas aux frais de l'habit de travail que chaque travailleur est tenu de porter sur l'ouvrage, il sera fait, sur le gain de chaque sapeur, une retenue particulière proportionnée à ses besoins en ce genre.

23.

L'époque du travail, appelée ci-devant quinzaine, sera d'une décade, et le décadi sera jour de repos.

24.

Les adjoints ou autres préposés à la conduite des travaux, conjointement avec les entrepreneurs ou leurs préposés, quand le travail se fera par entreprise, toiseront les ateliers dans l'après-midi du nonidi ; dans la matinée du décadi, on réglera le décompte de tous les travailleurs, et on les paiera. Les toisés se feront en présence des commandans des détachemens de travailleurs, et en cas de contestation entre les travailleurs et l'entrepreneur, adjoint ou commis, la vérification faite par l'ingénieur en chef du travail, terminera le différent.

25.

Les sapeurs destinés à travailler à la tâche, seront indiqués dans l'état nominatif des travailleurs de la décade, et le chef des ingénieurs sera prévenu d'avance des mutations qui pourront avoir lieu, ainsi que de leurs motifs.

26.

Les sapeurs travailleurs seront responsables de leurs outils, et la retenue de tous ceux perdus ou cassés par leur faute, sera faite sur le gain. Les chefs d'atelier recevront en compte du préposé à la garde du magasin des outils, ceux qui leur seront nécessaires; ces outils seront inscrits en présence du commandant des travailleurs, dont le décompte portera justification de la remise qu'ils en auront faite.

27.

Les fautes d'insubordination sur le travail, soit envers le commandant des détachemens, soit envers l'ingénieur, adjoint ou autres préposés chargés de la conduite de l'ouvrage, seront punies sur la plainte desdits commandans, ou sur celle des ingénieurs, comme délits militaires.

28.

Outre le registre portant le décompte de chaque sapeur, il en sera tenu un d'émulation, où se trouveront relatés le travail de chacun et les signes de talent et de bonne conduite donnés par chaque sapeur de tout grade, pendant la décade; ce registre, signé des ingénieurs et du commandant de la troupe, sera consulté pour tout avancement ou emploi quelconque à donner aux sapeurs.

29.

Les détachemens ou bataillons de sapeurs en activité de travail, ne prendront les armes que pour passer des revues, ou lorsque la générale battra. Dans le temps où ils ne seront pas occupés aux travaux, ils seront remis, d'après l'avis du chef du génie, aux ordres des généraux, pour concourir, avec les autres troupes, au service militaire.

30.

Les ouvriers non sapeurs employés aux travaux des fortifications, seront soumis, quant à la discipline et à l'ordre du travail, aux mêmes règles que celles établies pour les sapeurs.

31.

Le présent réglement sera affiché dans les chambrées, et les commandans des compagnies veilleront à ce qu'il en soit fait lecture tous les décadis.

Proposé par le Ministre à l'approbation du Comité de salut public, le 4 germinal an 2 de la République une et indivisible. *Signé* J." BOUCHOTTE. Vu et approuvé par le Comité de salut public, le 18 germinal, deuxième année de la République une et indivisible.

Signé COLLOT-D'HERBOIS, CARNOT, COUTHON.

EXTRAIT

EXTRAIT du Décret impérial relatif aux Travaux d'entretien et de réparation des Routes et des Chemins vicinaux à la charge des Communes, qui traversent les fortifications, et des rues qui aboutissent aux remparts, et à l'exécution des Routes qui traversent les frontières.

Du 4 Août 1811 (1) (a).

Art. I.er

A compter du 1.er janvier 1812, les travaux d'entretien et de réparations de routes qui traversent les fortifications, lorsqu'ils ne changeront rien au tracé, aux profils et à la nature de la construction, seront exécutés par les ingénieurs des ponts et chaussées, sur les fonds d'entretien des routes, après qu'ils auront concerté les jours et les heures d'exécution avec le commandant d'armes, sous les rapports généraux de la police militaire, et avec le commandant du génie, relativement à la conservation et à la police spéciale des fortifications.

4.

Les officiers du génie continueront de rédiger et de faire exécuter les projets des constructions neuves et des reconstructions équivalentes, de toutes les parties de routes qui traversent les fortifications ou qui passent à la queue des glacis, dans les limites tracées pour le terrain domanial militaire, par les articles 15, 16, 17, 18, 19, 20 et 21 du titre I.er de la loi du 10 juillet 1791 (2).

Hors de ces limites, au-dehors ou dans l'intérieur des places de guerre, les ingénieurs des ponts et chaussées rédigeront et feront exécuter les projets de routes, après toutefois qu'ils auront été concertés, discutés et approuvés, conformément à nos décrets du 13 fructidor an 13 (3) et du 20 juin 1810 (4).

Seulement, ils seront tenus, pour l'exécution des travaux dans le rayon kilométrique et aux abords des postes, d'en régler les jours et les heures avec le commandant d'armes et le commandant du génie, sous les rapports déterminés en l'article 1.er

8.

Les routes qui traversent les frontières, continueront d'être exécutées par les ingénieurs des ponts et chaussées; mais elles ne pourront être entreprises qu'après que les projets en auront été concertés et arrêtés, aux termes de nos décrets du 13 fructidor an 13 et du 20 juin 1810. Les généraux commandant les divisions militaires et les départemens, et les directeurs des fortifications, seront tenus d'avertir sur-le-champ notre Ministre de la guerre, des travaux de routes nouvelles qui s'ouvriraient sans sa participation.

---

(1) Journal militaire, année 1811, II.e partie, page 114; Bulletin des lois, n.° 384, 4.e série, loi, n.° 7148.

(2) *Voyez* page 58.
(3) *Voyez* page 154.
(4) *Voyez* page 155.

(a) Décret du 24 décembre 1811, art 63.

EXTRAIT du Décret qui met la somme de trente-deux millions à la disposition du Ministre de la guerre, pour les Travaux de fortification qui doivent être exécutés dans le cours de la campagne prochaine.

Du 17 Pluviôse an 2 (1) (a).

ART. 2.

AUCUN ouvrage de fortification ne pourra être ordonné par les généraux, ni exécuté par les officiers du génie dans les places de guerre, ou à moins de cinq cents toises des glacis, sans l'approbation formelle du Ministre de la guerre, excepté dans les cas où cette place aurait été déclarée en état de siége.

EXTRAIT du Décret impérial qui règle la compétence des Ministres de l'intérieur, de la guerre et de la marine, relativement aux travaux à faire aux grandes Routes, aux Ponts, aux Canaux de navigation, aux Rades, &c.

Du 13 Fructidor an 13 (2) (b).

ART. 2.

LES travaux des grandes routes, canaux de navigation, fleuves et rivières navigables, qui traversent les places de guerre ou des portions de leurs fortifications, continueront à faire partie des attributions du Ministre de la guerre, dans l'étendue de ces mêmes fortifications, ainsi qu'à cinq cents toises de la crête des chemins couverts, lorsque, par des décrets spéciaux de Sa Majesté, certaines portions de ces travaux n'auraient pas été, par exception, attribuées au Ministre de l'intérieur.

Sont aussi dans les attributions du même ministre, les écluses d'inondation des places fortes et des lignes de défense.

Ces travaux seront exécutés par les officiers du génie militaire ; les plans en seront communiqués par ceux-ci aux préfets, après avoir été concertés avec les ingénieurs en chef des ponts et chaussées.

3.

En cas de siége d'une place de guerre, et pendant la durée du siége, les officiers du génie militaire seront exclusivement chargés, dans ladite place, du service dévolu aux ingénieurs des ponts et chaussées.

Il en sera de même en ce qui est relatif aux inondations et aux desséchemens des portions du territoire de l'Empire faisant partie des lignes de défense, et ce, dans le cas et pour le temps seulement où la présence des armées ennemies rendra cette mesure nécessaire. Les préfets devront être instruits de toutes les mesures qui auront été ordonnées.

---

(1) Journal militaire, an 2, I.re partie, page 436.   (a) Décret du 24 décembre 1811, art. 72.
(2) *Ibid.*, an 13, II.e partie, page 211.   (b) *Ibid.*

EXTRAIT du Décret impérial relatif aux travaux des Canaux de navigation intérieure (a).

Du 20 Février 1810.

TITRE VII.

DISPOSITIONS GÉNÉRALES.

ART. 19.

Nos Ministres de la guerre et de l'intérieur formeront une commission mixte d'officiers du génie et d'ingénieurs, pour examiner et discuter les projets, devis et détails des travaux compris dans le rayon de nos places fortes. Nous nous réservons de statuer sur l'avis de cette commission, et sur les rapports que nous feront nos deux Ministres.

DÉCRET IMPÉRIAL, concernant la Présentation annuelle à l'approbation de Sa Majesté, des Budgets des Canaux, Routes, &c., et des Travaux maritimes dans le rayon des Places de guerre (b).

Du 20 Juin 1810.

ART. I.er

Le budget des canaux, des rivières navigables, des routes, et en général des grands travaux publics qui traversent les places de guerre, leur rayon, ou la frontière, sera arrêté, tous le ans, dans un conseil d'administration, auquel seront appelés nos Ministres de l'intérieur, de la guerre, le premier inspecteur général du génie et le directeur général des ponts et chaussées.

Le budget des travaux maritimes relatifs à la défense des côtes, ports, rades, mouillages, ou qui traversent les fortifications et le rayon des places de guerre et forts de la côte, sera arrêté dans ce même conseil, auquel assistera notre Ministre de la marine.

2.

La commission mixte créée par notre décret du 20 février 1810 (1), pour l'examen des projets du canal Napoléon et du grand canal du nord, étendra cet examen à tous les projets dont il est question dans l'article précédent, et il y sera adjoint, pour les travaux maritimes, les officiers et ingénieurs que désignera notre Ministre de la marine.

---

(1) C'est le décret ci-dessus.

(a) Décret du 14 décembre 1811, art. 71.
(b) *Ibid.*

Décret impérial qui détermine les Limites dans lesquelles il ne peut être élevé aucune construction autour des Places de guerre et Postes militaires (a).

Au palais des Tuileries, le 9 Décembre 1811.

NAPOLÉON, &c.

Sur le rapport de notre Ministre de la guerre ;

Vu la loi du 10 juillet 1791 (1), le réglement du 22 germinal an 4 (2), et les autres lois et ordonnances relatives au service des places et aux fortifications ;

Vu nos décrets du 13 fructidor an 13 (3), des 20 février (4) et 20 juin 1810 (5), et du 4 août 1811 (6), relatifs aux travaux publics ;

Considérant que ces lois, ordonnances et décrets fixent à un kilomètre [cinq cents toises] la distance à laquelle il ne peut être fait autour des places de guerre ni chemins, ni levées ou chaussées, ni fossés, ni amas de décombres et d'engrais, sans l'intervention de l'autorité militaire, et que nous avons étendu ces dispositions à tous les travaux publics ;

Qu'il n'importe pas moins qu'il ne soit fait dans ce rayon aucun bâtiment et clôture, spécialement autour des places de première ligne et de dépôt, et devant les fronts d'attaque des autres places ;

Notre Conseil d'état entendu,

Nous AVONS DÉCRÉTÉ et DÉCRÉTONS ce qui suit :

ART. 1.er

Il ne pourra être élevé à l'avenir, et sous peine de démolition aux frais des contrevenans, aucun bâtiment, clôture, ou autres constructions de quelque nature qu'elles puissent être, dans le rayon kilométrique,

1.° Des places de guerre et postes militaires en première ligne, sur les frontières et les côtes ;

2.° Des places de premier ordre, et des places de dépôt des frontières et des côtes, qui renferment un arsenal et autres établissemens d'armée, sur quelques lignes qu'elles soient situées ;

3.° Du front d'attaque et des fronts collatéraux des places et postes situés en deuxième et troisième lignes.

2.

Autour des autres fronts des places de deuxième et troisième lignes, et de toute autre place plus reculée des anciennes frontières, les dispositions de la loi du 10 juillet 1791 continueront d'être exécutées suivant ce qui est réglé ci-après :

1.° Il ne sera construit aucun bâtiment en bois dans le rayon de deux cents à cinq

---

(1) *Voyez* page 58.
(2) *Voyez* page 138.
(3) *Voyez* page 154.

(4) *Voyez* page 155.
(5) *Voyez* page 155.
(6) *Voyez* page 153.

(a) Décret du 24 décembre 1811, art. 72.

(157)

cents mètres, sans notre permission, et il ne sera jamais employé dans ces constructions ni terre, ni maçonnerie, ni aucune espèce de matériaux incombustibles.

2.° Il ne sera construit, entre la place et la ligne tracée, à deux cents mètres de
la crête des chemins couverts, aucun bâtiment, clôture, ni fait de constructions d'aucune
espèce, autres que des usines, et seulement avec notre permission, et après qu'il aura
été constaté dans un procès-verbal tenu entre le commandant du génie, l'ingénieur
des ponts et chaussées et le maire, qu'il s'agit d'un moulin ou autre semblable usine ;
qu'elle est d'utilité publique, et que son emplacement dans le rayon de deux cents
mètres, est nécessairement déterminé par quelque circonstance locale qui ne peut se
rencontrer au-delà de cette même limite.

3.° Les dispositions qui précèdent s'appliqueront aux restaurations et réparations
des bâtimens, clôtures et autres constructions existantes ; sauf les modifications que
nous jugerons n'être pas contraires à la défense.

Dans ce cas même, et à compter de la publication du présent décret, les propriétaires des bâtimens, clôtures et autres constructions restaurées ou réparées, ne pourront prétendre à aucune indemnité pour démolition, en cas de siége.

4.° Les généraux commandant les divisions militaires et les départemens, et les
directeurs des fortifications dans leurs tournées, les commandans d'armes, officiers et
employés de l'état-major des places, officiers et gardes du génie, veilleront, par de
fréquentes visites, à l'exécution du présent décret.

En cas de construction dans l'intérieur des bâtimens et enclos, les visites auront lieu
avec le concours des autorités civiles et judiciaires, conformément aux lois et décrets
sur les visites domiciliaires.

5.° Les préfets, les sous-préfets et les maires, les procureurs généraux et impériaux, les commissaires de police, les officiers et sous-officiers de gendarmerie, et tous
autres officiers ou agens de la police civile et judiciaire, rempliront, tant pour l'exécution des dispositions du présent décret, que pour la conservation des fortifications,
bâtimens et terrains militaires, toutes les fonctions que les lois et décrets leur attri-
buent, à l'effet de réprimer, constater et poursuivre les délits contre la conservation
des monumens publics et autres dépendances du domaine de l'État, soit qu'ils aient
lieu d'agir à la réquisition de l'autorité militaire ou d'office, et en se concertant avec
elle, conformément à la loi du 10 juillet 1791 (1), au réglement du 22 germinal
an 4 (2), à nos décrets du 13 fructidor an 13 (3), des 20 février (4) et 20 juin
1810 (5), et du 4 août 1811 (6), et aux anciennes ordonnances sur le service et la
police des places de guerre, lesquelles seront exécutées en tout ce qui n'est pas prévu
par les lois, réglemens et décrets précités, et par le présent décret.

---

(1) *Voyez* page 58.
(2) *Voyez* page 138.
(3) *Voyez* page 154.

(4) *Voyez* page 155.
(5) *Voyez* page 155.
(6) *Voyez* page 153.

Paris, le 20 Décembre 1811.

LE MINISTRE DE LA GUERRE,

A MM. les Généraux commandant les divisions militaires, les Généraux commandant les départemens frontières et les Directeurs des fortifications (a).

MESSIEURS, Sa Majesté l'Empereur et Roi, voulant fixer définitivement le mode d'exécution de la loi du 10 juillet 1791 (1), en ce qui concerne les bâtisses et clôtures dans les limites du terrain des fortifications, a rendu au palais des Tuileries, le 9 de ce mois, un décret qui a pour but de préciser et de coordonner, relativement à l'effet des permissions de bâtir autour des places et postes de guerre, l'application de cette loi, ainsi que des autres dispositions législatives et réglementaires sur cette partie de service, de manière qu'il n'en puisse résulter aucun inconvénient pour la défense des places, et pour la conservation des ouvrages et des établissemens militaires qui en dépendent.

Je vous transmets, ci-inclus, plusieurs exemplaires de ce décret, et je vous invite à prescrire conjointement toutes les mesures de police et de surveillance que vous jugerez les plus propres à en assurer la stricte exécution.

Je vous ferai connaître ultérieurement les résultats du travail général que Sa Majesté aura arrêté sur le classement des places, d'après leur situation topographique, et relativement à leur importance matérielle, ou par rapport à la nature des établissemens qu'elles renferment, suivant la distinction établie par l'article 1.er du décret.

Quant aux demandes en permission de bâtir qui me seront adressées, soit pour des constructions à faire, soit pour la réparation ou la restauration des bâtisses déjà existantes, MM. les directeurs des fortifications continueront de recevoir mes ordres sur les avis qu'ils auront à me donner, et qu'ils auront soin de baser sur les dispositions des articles 1, 2 et 3 du décret, afin que je sois toujours en mesure de ne proposer à Sa Majesté l'adoption de ces demandes, que dans le cas et moyennant les conditions qu'elle a jugé elle-même devoir déterminer.

Je vous recommande, Messieurs, de ne pas perdre de vue toute l'importance que Sa Majesté attache aux dispositions de ce décret, pour l'exécution duquel vous devez constamment exercer la surveillance la plus active. Je vous invite à m'accuser réception de la présente circulaire, et des exemplaires du décret qui y sont annexés.

Paris, le 31 Juillet 1812 (b).

LE COLONEL au Corps impérial du Génie, Chef de la 7.e Division,

A M. le Directeur des Fortifications.

MONSIEUR, je vous transmets plusieurs exemplaires d'une instruction du Ministre de la guerre, qui détermine des règles et un travail relatifs à l'exécution de l'article 3

---

(1) *Voyez* page 58.

(a) Décret du 24 décembre 1811, art. 7a.
(b) *Ibid,*

du décret du 9 décembre 1811 (1), sur les restaurations et réparations des bâtimens, clôtures et autres constructions qui existent dans le rayon kilométrique des places de guerre.

Je vous invite à adresser à son Excellence, successivement et dans le plus court délai possible, les mémoires, plans et autres documens qu'elle demande,

1.º Pour préciser et compléter, relativement aux places de votre direction, la nomenclature des grosses réparations et les règles relatives à la nature des bâtisses, conformément au § 1.ᵉʳ de l'instruction;

2.º Pour fixer, entre le *maximum* et le *minimum* déterminés par l'instruction, les limites des esplanades et les autres règles relatives à la situation des bâtisses.

En attendant que son Excellence ait pu, d'après ce travail, déterminer l'application particulière du décret et de l'instruction aux places dont la direction vous est confiée, elle vous recommande d'en suivre les dispositions, et de vous pénétrer de son intention, qui est,

1.º D'arriver, dans le moindre délai possible, et par une application sévère de toutes les règles, à ce qu'il y ait autour des places, citadelles et autres fortifications, au moins une esplanade ou terrain du *minimum* de 200 mètres, dégagé de tous bâtimens et clôtures et constructions quelconques;

2.º D'étendre successivement cet espace jusqu'au *maximum* déterminé par le décret et l'instruction, en conciliant, autant qu'il est possible, les règles générales de la défense et celles de la voirie, l'intérêt de l'État et celui des particuliers.

INSTRUCTION du Ministre de la guerre, sur l'application de l'article 3 du Décret impérial du 9 décembre 1811, concernant les Bâtisses et les Clôtures autour des Places de guerre (a).

Du 31 Juillet 1812.

L'EMPEREUR a ordonné, par l'article 3 du décret du 9 décembre 1811 (2), d'appliquer aux *restaurations* et *réparations* des bâtimens, clôtures et autres constructions existant dans le rayon kilométrique des places de guerre, les dispositions des articles 1 et 2 du même décret sur les constructions nouvelles, sauf les *modifications que Sa Majesté jugerait n'être pas contraires à la défense.*

Quoique chacun des cas particuliers doive être, comme par le passé, l'objet d'une pétition et d'une *décision spéciale*, néanmoins, d'après les questions et les demandes adressées par plusieurs directeurs des fortifications, il devient nécessaire de poser, pour les cas de même nature et qui se reproduisent le plus fréquemment, les *règles générales* qui pourraient leur être applicables, suivant *la nature* ou *la situation* des constructions, et d'après lesquelles MM. les directeurs puissent émettre leur avis.

---

(1) *Voyez* page 156.
(2) *Ibid.*

(a) Décret du 14 décembre 1811, art. 71.
(b) *Ibid.*

CHAPITRE I.er

Des Règles qui dérivent de la nature des Constructions.

§. I.er

DES BÂTIMENS.

Il faut distinguer, dans les bâtimens, les *grosses réparations* et les *réparations ordinaires*.

Les grosses réparations sont celles des ouvrages en maçonnerie, en bois ou en fer, qui sont essentiels à la stabilité du bâtiment et qui tendent à en prolonger indéfiniment la durée : telles sont les reconstructions totales ou partielles, et les réparations équivalentes, qui consistent dans les ouvrages ci-après désignés ; savoir :

1.° Dans les ouvrages de maçonnerie, les gros murs de face, de pignon et de refend, les voûtes de caves ou autres, les piles, piliers, pieds-droits, et généralement tout ce qui est qualifié grosse maçonnerie ; les redressemens des murs qui surplombent, les rempiétemens avec étais ou chevalement, &c. ;

2.° Dans les ouvrages de charpente, les poteaux corniers et autres servant de piliers, les grosses poutres qui empêchent l'écartement des murs, et supportent en partie le poids des étages supérieurs ; les gros pans de bois en charpente solide, destinés à tenir lieu de murs ou pieds-droits, et dont la démolition ou la combustion est très-difficile, &c. ;

3.° Dans les ouvrages en fer, les barres ou piliers qui remplacent les poteaux et les poutres, qui servent de nervures aux voûtes, ou qui tiennent lieu, en général, des pièces de grosse charpente dont il est fait mention ci-dessus.

On doit regarder comme réparations ordinaires, tous les ouvrages qui ne sont pas nécessaires à la stabilité du bâtiment, qui n'ajoutent pas essentiellement à sa solidité, et qui ne tendent point à rendre sa durée indéfinie.

§. II.

DES CLÔTURES.

Dans les clôtures, il faut distinguer celles en maçonnerie, celles en pans de bois, en crépissage, en palissades, en haies vives ou sèches.

Il convient de ranger dans les grosses réparations,

1.° Les reconstructions totales et partielles des murs de clôture en mâçonnerie de terre ou de mortier, en pans de bois de charpente, avec ou sans crépissage ;

2.° Les plantations destinées à boucher les grandes trouées des grosses haies, surtout quand elles sont sur levées en terre, comme dans les pays de bocage ;

3.° Généralement toutes les clôtures, levées et autres constructions d'enclos, dont la destruction est longue et pénible à l'instant d'une attaque, et dont l'occupation abrège les cheminemens de l'ennemi.

En général, la destruction des clôtures est moins onéreuse pour les particuliers que celle des bâtimens ; et l'on doit, à cet égard, user d'autant moins de ménagemens, qu'il reste aux propriétaires la faculté de clorre leur terrain en planches, en haies sèches ou en palissades.

On doit ranger dans les réparations ordinaires ces dernières clôtures, et généralement toutes celles qu'on peut brûler complétement et avec facilité à l'instant du siége.

Il est entendu, dans les deux paragraphes qui précèdent, qu'il ne s'agit toutefois que de refaire ou de réparer les constructions telles qu'elles sont, et sans additions ni changemens qui ajoutent à l'étendue des couverts qu'elles forment contre la place, ou à la difficulté de les détruire, en cas de siége. Les reconstructions avec additions ou changemens, rentrent dans le cas des constructions nouvelles, objets des articles 1 et 2 du décret, et ne peuvent plus être envisagées comme grosses réparations.

Il serait difficile, au surplus, de donner des grosses réparations une nomenclature complète, attendu qu'elles varient suivant la nature des matériaux et des constructions locales ; c'est à MM. les directeurs des fortifications à proposer et à me soumettre cette nomenclature pour leurs directions respectives, et pour chaque place, quand les constructions diffèrent. Il restera même, après l'approbation de ce travail, des cas imprévus et douteux sur lesquels ils demanderont des décisions particulières, avant de laisser exécuter, comme réparations ordinaires, des ouvrages qui pourraient rentrer dans les classes des grosses réparations.

CHAPITRE II.
Des Règles qui dérivent de la situation des Bâtimens et Clôtures.

§. I.er

DE L'INTÉRIEUR DES VILLES.

Quelques directeurs ont présenté des demandes relatives à des ouvertures de portes ou issues sur le terre-plein du rempart, lorsqu'il s'agit de vues ou d'issues nouvelles, ou de changemens ou d'agrandissemens à faire à celles qui existent ; ces cas rentrent dans celui des constructions neuves mentionnées aux articles 1 et 2 du décret.

Lorsqu'il s'agit simplement de reconstruire ou de réparer, sans addition ni changement, les pieds-droits, seuils, linteaux, arceaux et autres parties des portes et baies donnant sur le rempart, MM. les directeurs doivent provoquer une décision spéciale, en ayant soin de joindre à l'appui de leur demande,

1.° Les titres produits par les propriétaires ;

2.° Leur avis motivé sur l'inconvénient des issues et des vues, pour la circulation de l'artillerie et des troupes ou pour la police militaire.

Si les particuliers n'ont aucun titre, et s'il reste constant qu'ils ont établi ces servitudes sur le terrain militaire, sans permission, ou avec soumission de les supprimer, l'abolition doit en être proposée toutes les fois qu'elles sont dangereuses ou sujettes à de graves inconvéniens.

Dans les cas contraires, ces mêmes ouvrages doivent être tolérés comme réparations ordinaires.

Lorsque le classement des places aura été définitivement arrêté par Sa Majesté, MM. les directeurs des fortifications devront saisir l'occasion des demandes de cette nature, pour proposer successivement l'entière application des articles 15, 16 et 17 de la loi du 10 juillet 1791 (1), notamment dans les places de première ligne ou de premier ordre, à celles des maisons et clôtures qui occupent en partie ou en totalité l'emplacement de la rue du rempart, et dont l'état de vétusté exigerait des ouvrages de grosses réparations qui équivaudraient à une reconstruction totale.

---

(1) *Voyez* page 58.

Esplanades.

Les dimensions des esplanades doivent varier suivant l'importance des citadelles, châteaux ou réduits destinés à maîtriser l'intérieur des villes fortifiées.

Dans les grandes places, lorsque la ville ne cerne pas déjà de très-près les fronts dé la citadelle, il serait à desirer qu'on pût porter la limite de l'esplanade au *maximum*, que les anciennes ordonnances fixent à cinq cents mètres; et, dans ce cas, il faudrait ne tolérer que les réparations ordinaires aux bâtimens et clôtures isolées qui se trouvent en-deçà de cette limite.

Dans les citadelles de moindre importance, on peut réduire cette limite jusqu'à deux cents mètres, qui est le *minimum* de largeur qu'une esplanade doit avoir pour obliger l'ennemi à quelques cheminemens; en-deçà de ce *minimum*, on ne doit tolérer que les réparations ordinaires.

Entre ces limites, on peut, suivant l'importance des places et des citadelles, permettre les grosses réparations ou les réparations ordinaires.

Comme il n'existe au dépôt des fortifications que des plans anciens, ou qui offrent trop peu de détails, sous le rapport des constructions particulières, pour qu'il soit possible de déterminer l'application de ces règles aux diverses citadelles, MM. les directeurs auront à me proposer la règle qu'il convient de suivre pour chaque citadelle, fort ou réduit, d'après son importance, celle de la place, le nombre et la nature des constructions particulières qui cernent ou couvrent les esplanades.

Il conviendra que leur mémoire de proposition soit accompagné d'un plan détaillé au simple trait, copié ou calqué sur le plan directeur de la place, et qui fasse connaître toutes les bâtisses et clôtures existantes.

§. II.

DES FAUBOURGS ET AUTRES CONSTRUCTIONS EXTÉRIEURES.

1.° *Des Faubourgs fortifiés ou situés dans les inondations.*

On doit regarder comme faubourgs fortifiés,

1.° Ceux qui sont enveloppés par des enceintes revêtues, ou même par des enceintes en terre, si, dans ce dernier cas, elles ont un fossé plein d'eau, ou un profil permanent et défensif, qu'une palissade sur berme ou dans le fossé peut mettre hors d'insulte;

2.° Ceux dont la tête seulement est fortifiée, lorsqu'ils ont les flancs couverts par les inondations, par les criques ou d'autres obstacles naturels qui n'exigent que des coupures et quelques travaux du moment pour être susceptibles de défense.

Dans ce cas, il faut appliquer à ces faubourgs, du côté de la place, les règles déterminées ci-dessus pour les esplanades.

On peut assimiler aux faubourgs fortifiés, ceux qui sont noyés ou enveloppés de tout côté par des inondations défensives : mais on ne doit pas considérer comme tels, ceux autour desquels il ne reste que des retranchemens de campagne et d'autres ouvrages qui n'exigent point une attaque en règle.

2.° *Des Villes ouvertes, des Faubourgs non fortifiés et des Villages.*

Il faut distinguer,

1.° Les villes, faubourgs et villages situés dans une même plaine avec la place, ou sur un terrain éclairé par sa mousqueterie et son canon;

2.° Les villes, faubourgs et villages situés sur un terrain qui n'est point battu par la mousqueterie ni par le canon de la place, et qui ne peut être atteint que par les bombes et autres feux verticaux.

Dans le premier cas, les grosses réparations en général doivent être interdites, conformément à l'article 3 du décret du 9 décembre 1811 (1), sauf les modifications spéciales qui seront jugées n'être pas contraires à la défense.

Les seules modifications qui puissent être l'objet de quelques règles générales, sont celles qui dérivent tout ensemble de la masse considérable des constructions, de leur nature et de l'importance des places.

Ainsi, les grosses réparations peuvent n'être défendues que dans un rayon de cinq cents mètres (au lieu d'un kilomètre) dans les villes, faubourgs, villages ou hameaux qui offrent des îles de maisons et des masses d'habitations continues et considérables, lorsque ces îles ou ces masses sont situées,

1.° Sous les fronts des grandes places, que des circonstances invariables de terrain et de localité rendent manifestement inattaquables;

2.° Sur les fronts d'attaque des petites places et des postes, forts ou fortins qui n'obligent pas l'ennemi à un grand développement d'attaques.

Dans le cas où les villes, faubourgs et villages ne sont soumis à la mousqueterie ni au canon de la place, il faut distinguer,

1.° Les bâtimens et clôtures qui touchent la place et qui sont favorables aux surprises, à l'escalade, aux attaques de vive force : on ne doit, sous aucun prétexte, y tolérer les grosses réparations de quelque nature qu'elles soient;

2.° Les bâtimens et clôtures qui ne touchent point la place, mais qui sont à la portée des grenades, des pierriers et artifices : on ne doit y permettre aucune espèce de grosses réparations aux toitures, et ne tolérer les reconstructions qu'en charpentes très-légères et très-faciles à incendier, telles que les charpentes à la Philibert-Delorme, &c.;

3.° Les bâtimens et clôtures qui sont hors de la portée des grenades, pierriers et artifices : on ne doit y permettre aucune grosse réparation aux toitures, et n'en tolérer les reconstructions qu'en charpente légère, qu'un obus ou une bombe puisse percer et incendier.

Dans les cas qui précèdent, il faut aussi interdire les voûtes et les constructions, à l'aide desquelles l'ennemi se blinderait facilement.

Le reste des grosses réparations est susceptible d'être toléré.

Le défaut de plans sur lesquels les constructions des faubourgs et autres masses d'habitations extérieures soient suffisamment détaillées, ne permettant point d'indiquer les forteresses auxquelles on peut appliquer les règles générales qui viennent d'être établies, MM. les directeurs auront à adresser, comme pour les bâtisses des esplanades, leurs propositions sur chaque place, avec une notice et un plan ou fragment de plan à l'appui, au trait et copié sur le plan directeur de la place; et, en attendant que le travail qui dérive de la présente instruction, puisse être rédigé pour chaque direction et soumis à mon approbation, ils devront, dans les avis particuliers qu'ils auront à motiver, concernant les demandes en permission de bâtir, avoir égard aux considérations qui viennent d'être développées.

_____

(1) *Voyez* page 156.

*INSTRUCTION approuvée par Son Exc. le Ministre de la guerre,
sur l'application du Décret du 9 décembre 1811, aux Bâtisses et
Clôtures qui avoisinent, 1.° les Fortins, Redoutes et autres Ouvrages
dans le rayon des Places de guerre, ou liés à leur défense; 2.° les
Fortins, Redoutes et Batteries de côtes* (a).

Du 4 Décembre 1812.

LE décret du 9 décembre 1811 (1) a prescrit les règles à suivre relativement à la
construction et à la réparation des bâtisses et clôtures:

I. Dans le rayon kilométrique,

1.° Des places de guerre, postes militaires en première ligne,

2.° Des places de premier ordre et de dépôt,

3.° Des fronts d'attaque et des fronts collatéraux des places de deuxième et troisième lignes ;

II. Dans le rayon de 200 à 500 mètres des places de deuxième et troisième lignes,
et de toute autre place plus reculée des anciennes frontières;

III. Dans le rayon de 200 mètres de toutes les places et postes.

L'instruction du 31 juillet dernier (2) a posé des bases pour l'application de l'art. 3
de ce décret.

Mais Sa Majesté n'a rien statué à l'égard des bâtisses et clôtures qui avoisinent,

1.° Les ouvrages détachés dans le rayon des places ou dans leur système de
défense ;

2.° Les fortins, batteries ou autres ouvrages situés sur les côtes.

Cependant ces ouvrages, établis d'après des considérations militaires, se rattachent
au système de défense des places ou des frontières maritimes. Les bâtisses et clôtures qui les avoisinent, paralysent leur résistance, favorisent les surprises, les
attaques imprévues et les premières approches des sièges réguliers.

Il devient donc nécessaire d'appliquer à ces divers ouvrages les dispositions du
décret du 9 décembre, et d'établir, d'après leur importance relative, l'étendue de
leur rayon et la nature des constructions et réparations qui peuvent être autorisées.

CHAPITRE I.er

*Fortins, Redoutes et Ouvrages détachés dans le rayon des Places de guerre,
ou qui se rattachent à leur système de défense.*

Lorsque les ouvrages, fortins ou redoutes situés dans le rayon des places de
guerre, sont revêtus ou fermés de murs crénelés à l'abri d'insulte, et ne peuvent
être enlevés qu'avec du canon, ils doivent être considérés comme des postes militaires permanens, auxquels il convient d'appliquer au moins le rayon de 200 mètres,

---

(1) *Voyez* page 156.　　　　　　　　(2) *Voyez* page 159.

(a) Décret du 24 décembre 1811, art. 72.

fixé

fixé par l'article 32 de la loi du 10 juillet 1791 (1), et les dispositions de l'instruction du 31 juillet (2) dernier, relatives aux bâtisses et clôtures situées dans ce rayon.

La même règle doit avoir lieu à l'égard des ouvrages en terre détachés, mais fraisés sur berme, palissadés au fond du fossé, et qui ont un profil de fortification permanente.

Si ces ouvrages ont plus de consistance qu'une redoute ordinaire, ou sont d'une grande importance pour la défense de la place, le rayon peut varier de 200 à 500 mètres.

Il faut interdire toute bâtisse entre les ouvrages et la place.

Lorsque les ouvrages détachés ont la consistance de forts, on peut les assimiler aux citadelles, châteaux et réduits, et il convient d'étendre à 500 mètres au moins leur rayon d'activité, sauf les exceptions qui pourraient résulter de la situation respective des ouvrages et des accidens du terrain.

À l'égard des ouvrages qui font système entre eux, il faut remarquer que, quoique ces ouvrages aient une défense propre, une partie de leur résistance se tire des feux protecteurs des ouvrages latéraux.

Il importe, sous ce rapport, que le terrain qui sépare deux forts soit dégagé de tout ce qui pourrait nuire à l'action des feux.

Au reste, le rayon particulier de ces ouvrages peut varier suivant l'importance de la place et le degré de résistance que présente chacun d'eux.

Il pourra suffire, dans certains cas, que les esplanades des forts extérieurs et de la place équivalent ensemble au rayon kilométrique.

Lorsque, par leur tracé, les ouvrages ont une défense combinée de gorge, et sont situés sur une courbe telle que l'ennemi qui les tournerait se trouverait dans un rentrant vu des ouvrages latéraux, la probabilité d'une attaque, par la gorge, diminue; et la limite, dans laquelle il doit être défendu de bâtir du côté de la gorge, peut être restreinte en conséquence.

Elle peut encore être restreinte de front et sur tout le pourtour de l'ouvrage, s'il est précédé de ravins profonds, et s'il n'a que des vues imparfaites sur le terrain, au pied du plateau dont il occupe la crête.

Si les forts, quoique placés hors du rayon kilométrique d'une place de guerre, sont liés au système de la place par une ou plusieurs redoutes et autres ouvrages permanens, il faut,

1.° Établir le rayon de ces forts, d'après leur importance relative;

2.° Ne permettre, entre ces forts et la place, aucune bâtisse ou clôture sur toute l'étendue nécessaire à l'action des feux.

Lorsqu'un fort, lié à une place de guerre, est situé à une grande distance de cette place : si le canon des ouvrages peut prendre des revers sur les attaques ou rendre la circonvallation difficile, on peut, suivant l'importance de la place et du fort, interdire dans leur intervalle toute bâtisse et clôture, ou tolérer des constructions faciles à incendier ou à détruire.

On se borne à indiquer quelques-uns des cas les plus ordinaires. La variété du terrain et des ouvrages, dans les combinaisons défensives de cette nature, exige une application spéciale des règles à chaque place.

MM. les directeurs doivent, à cet égard, présenter un travail complet de dis-

---

(1) *Voyez* page 58.   (2) *Voyez* page 159.

cussion, afin que Son Exc. le Ministre de la guerre puisse arrêter, pour chaque cas particulier,

   1.º Le rayon général de la place et des ouvrages;

   2.º Les exceptions locales qui pourraient n'être pas contraires à la défense.

CHAPITRE II.

Des Batteries de côte, Redoutes, Fortins et autres petits ouvrages détachés.

Il faut distinguer,

   1.º Les ouvrages, tels que les redoutes, les fortins et autres, qui, sur tout leur pourtour, sont revêtus ou fermés de murs crénélés à l'abri d'insultes, et ne peuvent être forcés qu'avec du canon;

   2.º Les batteries et autres ouvrages défendus par des tours ou des corps-de-gardes crénelés.

Les premiers doivent être considérés comme des petits postes permanens, auxquels il faut, suivant leur importance, appliquer le rayon de deux cents à cinq cents mètres, en suivant d'ailleurs les dispositions relatives aux ouvrages de même espèce indiqués dans le chapitre I.ᵉʳ de la présente instruction.

Quant aux batteries et autres ouvrages qui ne sont protégés que par des tours ou corps-de-gardes défensifs, il paraîtra, le plus souvent, suffisant d'étendre leur rayon à deux cents mètres.

Il faut encore, à l'égard de ces derniers ouvrages, distinguer les constructions neuves d'avec celles qui existent. Celles-ci méritent toute espèce de faveur. On peut établir des règles un peu plus sévères pour celles qui sont à faire, puisque les règles, à leur égard, n'auront point d'effet rétroactif.

Du reste, il convient que MM. les directeurs déterminent plus particulièrement, à l'égard des batteries et ouvrages situés sur la côte,

   1.º D'après l'importance relative des ouvrages et leur situation respective, les modifications qui peuvent avoir lieu à l'égard du rayon de ces ouvrages;

   2.º D'après la situation des bâtisses et clôtures, par rapport aux batteries, l'application des règles générales relatives aux constructions et réparations, et les modifications spéciales qui ne seraient pas contraires à la défense.

EXTRAIT de la Loi portant que le Beurre salé et le Fromage, employés précédemment comme Munitions de bouche, dans les magasins des Villes et Places fortes assiégées ou en état de siége, cesseront de faire à l'avenir partie des Approvisionnemens.

Du 9 Germinal an 2 (1) (a).

ART. 1.ᵉʳ

LE beurre salé et le fromage, employés précédemment comme munitions de bouche, dans les magasins des villes et places fortes, et assiégées ou déclarées être en état de siége, cesseront de faire à l'avenir partie des approvisionnemens. En conséquence, les administrateurs des subsistances sont dès-à-présent autorisés à les retrancher des approvisionnemens futurs, et à vendre la partie déjà emmagasinée, qui est avariée ou menacée de l'être prochainement.

---

(1) Journal militaire, an 2, II.ᵉ partie, pag. 551.   (a) Décret du 24 décembre 1811, art. 84.

Copie d'une Lettre du Ministre de la guerre aux Commissaires ordonnateurs en chef aux Armées et dans les Divisions.

Paris, le 21 Ventôse an 5 (a).

Je suis informé, Citoyen, que plusieurs préposés des subsistances militaires refusent de communiquer aux commandans temporaires les états de situation des denrées existant dans leurs magasins.

La connaissance de la situation des approvisionnemens étant essentiellement liée à la défense des places, j'ai pensé que ce refus, qui d'ailleurs ne peut être appuyé sur aucun motif plausible, pouvait, dans quelques circonstances, être sujet à bien des inconvéniens.

J'ai, en conséquence, recommandé aux entrepreneurs généraux, tant du service des subsistances militaires que de celui des approvisionnemens extraordinaires, de donner sur-le-champ ordre à tous leurs préposés, garde-magasins dans les places, de remettre exactement, chaque décade, aux commandans temporaires de ces places, l'état de situation des approvisionnemens confiés à leur surveillance.

Je vous invite, Citoyen, à vouloir bien surveiller, dans votre arrondissement, l'exécution de cette mesure, et à m'instruire de ce que vous aurez fait à cet égard.

Copie de la Lettre circulaire du Ministre de la guerre aux Ordonnateurs des 5.ᵉ, 8.ᵉ, 12.ᵉ (1.ʳᵉ et 2.ᵉ subdivisions), 13.ᵉ, 14.ᵉ, 23.ᵉ, 24.ᵉ et 25.ᵉ divisions des Armées de Mayence et d'Helvétie, et aux Compagnies Rochefort, Lonnay, Pluche, Podesta, Bailly, en date du 14 ventôse, an 7 de la République française (b).

J'AI remarqué, Citoyens, que les dispositions des traités relatifs aux fournitures de liquides, de salaisons et du bois de chauffage pour l'approvisionnement extraordinaire des places de guerre, n'étant point assez précises et suffisamment développées, il en était résulté plusieurs abus très-préjudiciables au bien du service.

Mon intention est de les prévenir, et d'établir, pour la livraison de ces objets, un mode constant et régulier qui puisse écarter la possibilité de la fraude et des malversations.

En conséquence, j'ai arrêté les dispositions suivantes :

1.º *Salaisons.* Il ne sera plus admis pour approvisionnemens de siége aucune viande salée, soit de bœuf, soit de porc, qui n'ait été constatée et reconnue être neuve, faite avec du sel marin, et nette de saumure, de tarre de baril, &c.

La simple déclaration que les salaisons sont loyales et marchandes et d'un an de garde, ne suffira plus, attendu qu'il est certain que, quand elles sont neuves, elles doivent se conserver beaucoup plus de temps. Néanmoins il sera toujours convenable de faire constater, dans le procès-verbal de réception, la durée du temps de leur conservation présumée.

(a) Décret du 24 décembre 1811, art. 84.
(b) *Ibid.*

2.° *Liquides.* Les vins présentés pour être admis dans les magasins, soit d'approvisionnement de siége, soit du service courant, devront être reconnus naturels et point mixtionnés. Les procès-verbaux de réception devront, en outre, indiquer le cru d'où ils proviennent.

Quant à l'eau-de-vie particulièrement, les esprits coupés auxquels on donne ce nom, sont absolument interdits. L'eau-de-vie ne pourra être que de vin, de marc de raisin ou de génièvre; mais pour que cette dernière soit admise, il sera besoin de mon autorisation spéciale et particulière.

Il est entendu néanmoins que l'eau-de-vie sera recevable quand elle aura le degré courant du commerce, pour être ensuite portée à celui fixé par le traité, au moyen du mélange de l'esprit provenant de semblable liqueur.

Il sera appelé pour la réception, tant de l'eau-de-vie que du vin, non-seulement des experts, ainsi qu'il est d'usage, mais encore un chimiste, qui, comme eux, fera la dégustation des liquides, et, s'il est nécessaire, procédera à leur décomposition et rendra compte du résultat de leur analyse.

A l'avenir, tous les barils contenant des salaisons ou liquides, indépendamment du numéro d'ordre fait à la rouanne, porteront une étiquette indiquant, en caractères facilement lisibles et durables,

    1.° La contenance des barils ou tonneaux ;

    2.° La date du versement;

    3.° Le nom de l'entrepreneur qui aura fourni.

Ces étiquettes seront paraphées par les commissaires des guerres et revêtues de leur cachet.

Il sera fait mention, dans le procès-verbal de réception, du numérotage des vaisseaux et de l'apposition des étiquettes, lesquels seront également mentionnés dans tous procès-verbaux successifs auxquels ces fournitures pourront donner lieu.

3.° *Bois de chauffage.* Dans le bois qui sera dorénavant livré, il ne pourra entrer que moitié au plus de bois blanc ; le reste sera nécessairement d'essence de bois durs, tels que chêne, charme, hêtre, orme, &c., à moins que, d'après la connaissance des localités, je ne le décide autrement.

Telles sont, Citoyens, les précautions que j'ai jugé devoir être prises à l'avenir, pour régulariser les livraisons des objets ci-dessus détaillés.

Je vous recommande, Citoyens, de vous conformer exactement à ces dispositions, d'en surveiller l'exécution, et de donner, en ce qui vous concerne, les ordres y relatifs, en sorte qu'elles deviennent la règle invariable qui sera désormais suivie pour la réception desdits objets.

COPIE de la Lettre circulaire du Ministre de la guerre aux Commissaires ordonnateurs et autres susdésignés, en date du 21 Germinal an 7 (a).

LA circulaire que je vous ai adressée le 14 ventôse dernier, Citoyens, relativement aux précautions que j'ai jugé devoir être prises à l'avenir pour régulariser la fourniture des denrées et objets destinés à l'approvisionnement, en cas de siége, des places de guerre, porte, à l'article 3, *Bois de chauffage :*

« Dans le bois qui sera dorénavant livré, il ne pourra entrer que moitié au plus de

____

(a) Décret du 24 décembre 1811, art. 84.

» bois

» bois blanc ; le reste sera nécessairement de bois durs, tels que chêne, charme, hêtre ,
» orme, &c., à moins que je ne le décide autrement, d'après la connaissance des loca-
» lités. »

Cet article m'a paru avoir besoin d'interprétation, et je m'empresse de vous la transmettre, afin de prévenir les abus qui pourraient résulter, si elle était plus long-temps
différée.

Mon intention est donc,

1.º Que, dans tous les endroits où il y a abondance de bois durs, l'approvisionnement des places de guerre soit fait au moins les trois quarts en bois de cette même
essence, s'il ne l'est en totalité, et le quart seulement en bois blanc ;

2.º Que, dans les lieux où le bois dur n'est pas aussi abondant, et où l'approvisionnement des places pourrait éprouver un retard préjudiciable, si la fourniture de bois
dur était rigoureusement exigée aux trois quarts, vous puissiez autoriser les entrepreneurs à livrer moitié de bois blanc ;

3.º Que, dans aucun cas, il ne puisse être fourni plus de moitié de bois blanc sans
mon autorisation formelle et positive.

Vous voudrez bien, Citoyens, vous conformer à cette disposition, et m'accuser
réception de la présente.

Paris, le 24 Floréal an 7 (a).

LE MINISTRE DE LA GUERRE,

Aux Commissaires ordonnateurs.

PAR mes circulaires des 14 ventôse et 21 germinal derniers, dont je crois devoir
vous transmettre de nouveau copie, je vous ai tracé, Citoyens, la marche régulière
et constante qui devoit être suivie pour écarter les abus qui s'étaient glissés dans la
fourniture et dans la réception des denrées et objets qui composent les approvisionnemens de siége des places de guerre.

Je vous recommande de nouveau l'exécution des précautions qui y sont prescrites,
et vous invite à y fixer votre attention d'une manière particulière.

Pour assurer encore de plus en plus les intérêts de la république dans cette circonstance, j'ai pensé qu'indépendamment des experts nommés contradictoirement
pour constater les réceptions, du chimiste qui doit assister à celles des liquides, et des
dispositions subsidiaires que j'ai ordonnées, il était convenable que le commandant
de la place, ou un officier délégué par lui, assistât à chaque livraison des denrées
dont il s'agit ; que sa présence fût constatée dans le procès-verbal, qui sera signé de
lui ; et que, sans cette formalité, le procès-verbal fût regardé comme nul et non
avenu.

Je viens de donner à tous les commandans des places de guerre qui sont approvisionnées pour cas de siége, connaissance de cette nouvelle disposition ; et afin qu'ils
puissent s'y conformer, vous voudrez bien les prévenir de toutes les livraisons qui
doivent s'opérer à partir de cette époque.

(a) Décret du 24 décembre 1811, art. 84.

Paris, le 27 Floréal an 7 (a).

LE MINISTRE DE LA GUERRE,

Aux Commandans des Places de guerre.

JE vous adresse, Citoyens, la copie des circulaires que j'ai écrites les 14 ventôse et 21 germinal derniers, aux ordonnateurs et aux différentes entreprises de la guerre, pour leur tracer la marche régulière et constante qui doit être suivie, afin d'écarter tous moyens de fraude et de malversation dans la réception des denrées, objets et liquides qui seront fournis pour l'approvisionnement, en cas de siége, des places de guerre.

Pour assurer de plus en plus les intérêts de la république dans cette circonstance, j'ai pensé qu'il était convenable que les commandans de place, ou un officier délégué par eux, assistassent à chaque livraison des denrées, et que leur présence fût constatée dans le procès-verbal, lequel sera signé d'eux, et déclaré nul sans l'exécution de cette formalité.

En conséquence, Citoyens, je vous invite à bien vous pénétrer des dispositions que contiennent les circulaires précitées, et à mettre la plus grande surveillance dans toutes les réceptions dont il s'agit, pour répondre pleinement à mes intentions.

Du 29 Floréal an 7 (b).

CIRCULAIRE du Ministre de la guerre aux Généraux en chef et de division, aux Commissaires ordonnateurs en chef et de division, et Commissaires des guerres, aux Commandans des Places de guerre.

L'INSTRUCTION du 1.er ventôse an 5 (1), qui détermine, titre IV, art. 5, les quantités de salaisons et de liquides à rassembler dans les places de guerre pour leur approvisionnement, en cas de siége, m'a paru, Citoyens, susceptible, sous ce rapport, de quelques modifications, commandées également par la santé des défenseurs de la patrie et par l'économie du trésor public.

D'ailleurs, cette instruction ne parle point des autres denrées qui font partie essentielle et nécessaire de cet approvisionnement; et les données qui ont été suivies jusqu'à ce jour pour établir et calculer les quantités de ces dernières denrées, ne sont point fixées par un réglement définitif.

J'ai, en conséquence, jugé convenable de m'occuper d'un travail général qui traitât à-la-fois et des modifications que l'instruction du 1.er ventôse m'a paru exiger sous ce rapport, et des bases que j'ai cru devoir servir de règle, à l'avenir, dans le calcul de toutes les denrées destinées à l'approvisionnement, en cas de siége, des places de guerre.

Je vous en transmets le résultat dans le tableau joint à la présente.

(1) Journal militaire, 5.e année, I.re partie, page 373.
(a) Décret du 24 décembre 1811, art. 84.
(b) Ibid.

Quoique les motifs d'après lesquels les bases dont il s'agit ont été arrêtées, s'aperçoivent facilement, j'ai cru, Citoyens, qu'il pouvait n'être pas inutile de vous les développer succinctement.

Froment et seigle. Chaque homme consomme, tous les trois mois, quatre-vingt-dix rations de pain, du poids de vingt-quatre onces. Un quintal de grain en produit ordinairement soixante-quinze ; en y ajoutant un cinquième, on a les quatre-vingt-dix rations nécessaires. L'approvisionnement en grains doit donc se faire à raison d'un quintal par homme pour trois mois, dans la proportion des trois quarts froment et un quart seigle, conformément aux réglemens.

Biscuit. Le biscuit n'entre point essentiellement et nécessairement dans l'approvisionnement des places. Quelquefois, néanmoins, les circonstances peuvent l'exiger. Je me suis réservé, en conséquence, de déterminer qu'elles sont les places qui sont dans le cas de recevoir cette espèce d'approvisionnement, et dans quelle quantité.

Riz et légumes secs. Le riz se distribue à raison d'une once ; les légumes secs, à raison de deux. D'ailleurs ils se distribuent en remplacement l'un de l'autre, et alternativement. Leur approvisionnement doit donc être calculé à raison d'une once de riz et de deux onces de légumes secs, par homme et par jour, pour la moitié de la durée présumée du siége.

Viande fraîche, bœuf salé, lard salé, riz en remplacement de salaisons. J'ai arrêté que l'approvisionnement en viande fraîche serait calculé à raison de huit onces par homme et par jour, pour le tiers de la durée présumée du siége ; celui en bœuf salé, à raison de quatre onces par homme et par jour pour les deux neuvièmes ; enfin celui en riz, devant servir à remplacer les salaisons, à raison de deux onces, pour les deux tiers de la durée présumée du siége.

Vous ne manquerez pas de remarquer, Citoyens, que ces bases, au moins quant aux salaisons, sont bien différentes de celles qui ont été suivies jusqu'à ce jour, puisque l'approvisionnement en bœuf salé se faisait à raison de huit onces par homme et par jour, pour le tiers du siége, et le lard salé, à raison de six onces pour le même temps.

Les raisons de ce changement ne vous échapperont pas.

Les dépenses relatives à l'achat des salaisons étaient considérables, leur emmagasinement dispendieux, leur consommation, leur entretien difficiles, et très-souvent leur avarie était suivie de leur perte totale.

J'ai pensé qu'il était possible et même convenable, 1.° de réduire de moitié l'approvisionnement en salaisons, et de remplacer cette moitié par un approvisionnement en riz, calculé à raison de deux onces pour trois onces de lard ou quatre onces de bœuf salé ; 2.° de doubler la proportion du lard au bœuf, attendu que le premier est dans le cas de procurer plus d'assaisonnement au riz et aux légumes, avec lesquels les salaisons doivent être mélangées.

Au reste, si cette modification n'eût été qu'économique et eût présenté d'ailleurs quelque inconvénient, je me serais bien gardé de l'adopter ; mais le conseil de santé, que je me suis fait un devoir de consulter sur ces changemens, a trouvé que non-seulement ils ne seraient point préjudiciables à la santé des défenseurs de la patrie, mais qu'ils lui seraient encore avantageux.

Je finirai cet article en vous observant que mon intention n'est pas de faire fournir à l'avance, dans les places approvisionnées pour cas de siége, les bœufs et les moutons vivans nécessaires à l'approvisionnement en viande fraîche. J'ai été à portée de remarquer qu'un pareil rassemblement avait de grands désavantages, soit par la consommation extraordinaire de fourrage à laquelle il donnerait lieu, soit par le dépérissement naturel des bestiaux, soit enfin par le danger de l'épizootie.

J'ai jugé qu'il était plus à propos de charger les généraux et commandans de places, ainsi que les ordonnateurs et les commissaires des guerres, de se concerter ensemble, à l'effet de faire aux administrations départementales environnantes un appel de bœufs et de moutons suffisant, afin que, dans le cas de l'approche de l'ennemi et d'un blocus prochain, ils puissent entrer, sans aucun délai, dans la place menacée : mais, en me reposant sur eux de ce soin important, je ne puis trop leur recommander, à cet égard, la plus active surveillance et le zèle le plus actif.

Foin, paille, avoine pour les chevaux. Les bases de cet approvisionnement sont établies d'après le taux moyen des distributions ordinaires, c'est-à-dire, à raison de quinze livres de foin, dix livres de paille et deux tiers de boisseau d'avoine par cheval, par jour, pour toute la durée du siége.

Foin pour les bestiaux. Un bœuf pèse communément cinq cents livres à la raie, et consomme journellement vingt livres de foin. Comme les bestiaux doivent être abattus successivement, l'approvisionnement en foin, destiné à leur nourriture, ne doit être fait que pour la moitié de la durée présumée du siége. Ce sont là les bases déterminées dans le tableau.

Paille de couchage. Dans les places et dans les garnisons ordinaires, la paille se renouvelle tous les six mois, et se fournit à raison de trente-cinq livres par lit, c'est-à-dire, pour deux hommes. J'ai cru devoir augmenter cette portion de moitié environ, en calculant cet approvisionnement à raison de cinq livres par homme, par mois, afin de mettre à portée de subvenir aux besoins, dans le cas où les troupes seraient casematées.

Vin, eau-de-vie, vinaigre. J'ai établi l'approvisionnement en vin à raison d'un quart de pinte par homme et par jour, pour la moitié de la durée présumée du siége; en eau-de-vie, à raison d'un seizième, pour la totalité; et le vinaigre, à raison d'un vingtième, pour le tiers. J'observe, au reste, que ces bases ne sont qu'approximatives des besoins; que les calculs d'approvisionnement ne doivent point servir de règle pour les distributions; que c'est aux généraux, chargés de la défense des places, à les prescrire d'après les circonstances et les fatigues; et qu'enfin ils peuvent ordonner une double distribution par jour, si les besoins l'exigent, quoique les approvisionnemens ne soient calculés qu'à raison d'une ration simple; comme ils sont libres de n'en point faire pendant une décade, s'il n'est pas nécessaire.

Les mêmes motifs qui m'ont déterminé à réduire les salaisons de moitié, m'ont engagé à opérer la même réduction sur le vin.

Bois pour le chauffage, chandelle pour l'éclairage. Les bases de cet approvisionnement sont arrêtées à raison d'un six-centième de corde par homme et par jour, et de trois chandelles, des huit, pour seize hommes, également par jour. Je n'ignore pas que les distributions ne doivent se faire, dans une proportion aussi forte, que pendant l'hiver; je n'ignore pas non plus que les siéges se font moins ordinairement pendant l'hiver que pendant l'été. J'ai cru néanmoins devoir adopter cette fixation,

afin

afin de donner la latitude nécessaire pour subvenir aux besoins du chauffage et de l'éclairage des corps-de-garde qui n'ont point été calculés.

Nota. Deux livres d'huile peuvent remplacer une livre de chandelle.

Bois pour la cuisson du pain. On a toujours calculé qu'il fallait cinq cordes de bois pour cuire cent sacs de farine du poids de deux quintaux. Il en résulte qu'il faut une corde de bois pour cuire quarante quintaux de farine ou quarante-cinq quintaux de grains environ. C'est la fixation déterminée dans le tableau.

Il ne me reste plus, Citoyens, qu'une observation à vous faire ; elle est relative aux places de guerre dont l'approvisionnement a été calculé et prescrit, depuis long-temps, d'après les anciennes bases. Il n'y sera rien changé jusqu'à l'époque où il faudra y verser de nouvelles denrées, en remplacement de celles qui y existent, et qui doivent y être fournies par suite des marchés maintenant en activité.

Telles sont les modifications que m'a paru exiger l'instruction du 1.er ventôse, sous le rapport des approvisionnemens extraordinaires en cas de siége. Telles sont les bases générales que j'ai cru devoir arrêter sur cet objet important. Je vous invite, Citoyens, à vous y conformer, en ce qui vous concerne, &c.

X x

ÉTAT des Denrées et objets qui entrent dans l'approvisionnement extraordinaire pour cas de siége des Places de guerre, avec indication des bases d'après lesquelles chacune desdites denrées et objets doit être calculée.

DÉSIGNATION DES DENRÉES ET OBJETS.	BASES d'après lesquelles chacun desdits doit être calculé.	OBSERVATIONS.
FROMENT. . . . . SEIGLE	Un quintal de grains, trois-quarts froment, un quart seigle par trois mois, pour chaque homme ; on ajoute un cinquième pour le blutage.	
BISCUIT	. . . .	Le biscuit n'entre point ordinairement dans l'approvisionnement des places. Le Ministre décide particulièrement quelles sont celles où il doit en être rassemblé, et dans quelle quantité.
RIZ.. { pour distribution ordinaire.	Une once par chaque homme, par jour, pour la moitié de la durée présumée du siége.	
{ pour remplacem.t de salaison.	Deux onces par homme, par jour, pour les deux-tiers de la durée présumée du siége.	
LÉGUMES SECS	Deux onces par homme, par jour, pour les deux-tiers de la durée présumée du siége.	
SEL.	Un trentième de livre par homme, par jour.	
VIANDE FRAÎCHE.	Huit onces par homme, par jour, pour le tiers de la durée présumée du siége.	L'approvisionnem.t en viande fraîche ne doit se faire qu'au moment où une place est sur le point d'être assiégée ; c'est alors aux généraux commandant les places, ordonnateurs ou commissaires des guerres, à aviser aux moyens d'avoir la quantité de bestiaux nécessaire. Chaque bœuf est calculé à raison de 500 livres à la raie.
BŒUF SALÉ.	Quatre onces par homme, par jour, pour les 2/9.es idem	
LARD idem.	Trois onces par homme, par jour, pour les 4/9.es idem	
FOIN. { pour les chevaux.	Quinze livres par cheval, par jour, pour toute la durée du siége.	
{ pour les bestiaux.	Vingt livres par bœuf, par jour, pour la moitié du siége.	
PAILLE { pour les chevaux.	Dix liv. par cheval, par jour, pour toute la durée du siége.	La paille de couchage ne se distribue ordinairement dans les places ou garnisons qu'à raison de 35 livres par lit, tous les six mois ; cette proportion a été augmentée pour le cas de siége, afin qu'on fût à portée de pourvoir aux besoins, si les troupes venaient à être casematées.
{ de couchage.	Cinq livres par homme, par mois.	
AVOINE	Deux tiers de boisseau par cheval, par jour.	
VIN..	Un quart de pinte par homme et par jour, pour la durée présumée du siége.	
EAU-DE-VIE	Un seizième de pinte par homme, par jour, pour tout le siége.	
VINAIGRE.	Un vingtième de pinte par homme, pour un mois sur 3.	
BOIS. { de chauffage.	Un six-centième de corde par homme, et par jour.	
{ pour la cuisson du pain. . .	Une corde pour 40 quint. de farine, ou 45 quint. de grain.	Il peut être fourni de l'huile en remplacement de chandelles ; dans ce cas, la quantité d'huile doit être double de la quantité de chandelles fixée et déterminée.
CHANDELLES.	Trois chandelles des 8 à la livre pour 16 hommes, par jour.	

Paris, le 25 Thermidor an 7 (a).

LE MINISTRE DE LA GUERRE,

Aux Généraux en chef des armées d'Italie, des Alpes, du Danube et du Rhin; aux Généraux commandant les Divisions territoriales; aux Commissaires ordonnateurs en chef des Armées et des Divisions; aux Commandans des Places.

VOUS trouverez ci-joint, Citoyens, une instruction que j'ai arrêtée, le 24 thermidor courant, pour la formation du comité chargé de surveiller, dans chaque place de guerre, les approvisionnemens extraordinaires en cas de siége.

Je vous invite à vous bien pénétrer des dispositions contenues dans cette instruction, à en assurer l'exécution en ce qui vous concerne, et à m'accuser la réception de la présente.

INSTRUCTION pour la formation, dans chacune des Places de guerre, d'un Comité chargé de surveiller les approvisionnemens extraordinaires en cas de siége.

Du 24 Thermidor an 7 (b).

LE Ministre de la guerre, considérant que la défense et la sûreté des frontières de la république dépendent essentiellement de l'approvisionnement des places de guerre;

Considérant qu'il ne peut être pris trop de précautions, soit pour s'assurer de la quantité, nature et qualité des denrées qui y sont rassemblées à cet effet, que pour les utiliser avant qu'elles se détériorent, et pour en opérer le plus prompt remplacement;

Voulant ajouter des mesures salutaires à celles déjà prises,

A ARRÊTÉ ce qui suit;

ART. I.er

Dans chacune des places de la République, dont l'approvisionnement, pour cas de siége, est ou sera ordonné, ainsi que dans celles occupées par les troupes françaises en pays alliés ou ennemis, il sera formé, cinq jours après la réception de la présente instruction, un comité pour surveiller lesdits approvisionnemens.

2.

Ce comité sera composé du commandant de la place, des deux officiers de la garnison les plus élevés en grade, et pris, l'un dans le corps du génie, l'autre dans les troupes de toutes armes; du commissaire des guerres chargé de la police des magasins d'approvisionnemens extraordinaires pour cas de siége, ou de celui qui en fait les fonctions; d'un des membres de l'administration municipale du canton, désigné par elle, et d'un officier de santé.

(a) Décret du 24 décembre 1811, art. 84.
(b) *Ibid.*

3.

Dans les places de guerre occupées en pays ennemi, ce comité ne sera formé que de cinq membres, faute d'officier municipal.

4.

Le comité commencera par s'assurer de la situation actuelle des approvisionnemens, de leur nature, quantité et qualité, ainsi que du temps pendant lequel chacune des denrées peut encore se conserver.

5.

Il assistera à la réception de toutes les denrées et objets qui seront livrés pour lesdits approvisionnemens de siége : il veillera à ce qu'il n'en soit reçu que de bonne qualité, et à ce que toutes les précautions et formalités prescrites par les réglemens, et notamment par les circulaires des 14 ventôse, 21 germinal et 24 floréal an 7 (1), soient remplies avec la plus scrupuleuse exactitude.

Dans le cas où le comité trouverait que les experts appelés pour prononcer sur la qualité des denrées, en auraient déclaré admissibles qui ne lui paraîtraient plus telles, il aura le droit de provoquer la nomination d'autres experts.

Tous les procès-verbaux d'expertise et de réception de denrées seront signés de chacun des membres du comité : ceux qui ne seraient pas revêtus de cette formalité, seront regardés comme nuls et non avenus.

6.

Le comité veillera à ce qu'il ne soit point fait d'extraction des denrées des magasins d'approvisionnemens extraordinaires de siége, contrairement à l'arrêté du Directoire exécutif, en date du 14 messidor an 4 (2), et dans d'autres cas que ceux déterminés par ledit arrêté. Les commissaires des guerres et autres agens seront responsables de l'exécution de cet article, chacun en ce qui le concerne.

Il provoquera, par tous les moyens possibles, la prompte réintégration de celles qui auraient été tirées des magasins, et il ne cessera ses démarches à cet égard que quand le remplacement sera effectué.

7.

Afin de prévenir la perte des denrées qui seraient dans le cas de s'avarier, et d'éviter par-là des pertes considérables à la république, le comité, six mois avant l'époque fixée par les procès-verbaux, soit d'inventaire, soit d'expertise et de réception pour la durée de la conservation desdites denrées, sera tenu d'en rendre compte au Ministre, et lui proposera les moyens qu'il croira les plus avantageux pour les utiliser.

8.

Le comité visitera très-fréquemment les magasins ; il examinera s'ils sont bien tenus, et si les denrées sont manutentionnées avec tous les soins nécessaires à leur conservation : il examinera également si les approvisionnemens sont placés dans un local convenable à chaque espèce de denrées ; s'il ne serait pas possible de faire dans les magasins quelques changemens qui présenteraient des avantages réels, sans s'exposer à beaucoup de dépenses, et il proposera au Ministre toutes les améliorations qu'il croira nécessaires et utiles.

---

(1) *Voyez* le Journal militaire, an 7, II.ᵉ partie, pages 514, 515, 516.
(2) *Voyez*, page 179, la lettre du Ministre, où cet arrêté se trouve rapporté.

Tous

Tous déplacemens occasionnant non-seulement des frais considérables de transport et d'évacuation, mais encore des déchets et avaries de denrées, le comité s'opposera à tous ceux qu'on voudrait faire, à moins qu'il n'y ait autorisation formelle et positive du Ministre, ou qu'il ne s'agisse d'un cas extraordinaire et imprévu, dont l'urgence n'admet aucun délai.

9.

Le comité s'assurera du civisme, de la probité, du zèle et des connaissances des garde-magasins; il en rendra compte au Ministre.

Dans les renseignemens qu'il prendra et qu'il transmettra au Ministre à cet égard, il ne perdra pas de vue que les fonctions de ces préposés importent infiniment à la sûreté et à la défense des places de guerre, et qu'il est essentiel qu'elles ne soient confiées qu'à des citoyens intelligens, pleins d'activité, et connus par leur dévouement à la république.

10.

Le comité sera tenu, sous sa responsabilité, d'adresser au Ministre, le 1.er de chaque décade, conformément au modèle ci-joint, l'état de situation des magasins d'approvisionnemens extraordinaires pour cas de siége de la place.

A cet effet, il aura un registre, sur lequel seront inscrites toutes les opérations, et particulièrement tous les mouvemens desdits magasins, c'est-à-dire, la nature et qualité des denrées existantes lors de la formation du comité, de celles entrées et de celles sorties depuis cette époque. Ce registre indiquera également par qui ces denrées auront été fournies.

11.

La présente instruction sera adressée aux généraux en chef et de division, aux commissaires ordonnateurs en chef et de division, et aux commandans des places, qui demeurent chargés, chacun en ce qui le concerne, de la communiquer aux officiers et agens militaires qui leur sont subordonnés, ainsi que d'en assurer et surveiller l'exécution.

ÉTAT de situation des Denrées et Objets pour l'approvisionnement, en cas de siége, de la Place de   au 30 Thermidor an 7.

MODÈLE prescrit par le Ministre de la guerre.

Approvisionnemens, en cas de siége, des places de guerre.   Nombre { d'hommes. / de chevaux. / de jours.

(Dix colonnes disposées comme il suit :)

1.° Désignation des denrées ;

(Quantité des denrées.)

2.° Fixées pour l'approvisionnement ;
3.° Existantes au 20 thermidor ;
4.° Entrées pendant la dernière décade ;
5.° Sorties pendant la dernière décade ;
6.° Existantes au 30 thermidor ;
7.° Manquant au complet ;
8.° Excédant le complet ;
9.° Notes particulières sur la qualité de chaque denrée, et sur le temps pendant lequel elle peut se conserver ;
10.° Observations générales.

Paris, le 16 Mai 1811 (a).

Copie d'une Lettre du Ministre-Directeur de l'Administration de la guerre, Ministre d'état, à MM. les Commissaires ordonnateurs des divisions militaires.

Avis de la décision qui ordonne une vérification générale de tous les emplacemens affectés au service des approvisionnemens de siége et de réserve, à l'effet de connaître, d'une manière précise et exacte, l'état dans lequel ils se trouvent, et le temps que chaque denrée peut s'y conserver.

MESSIEURS, il m'a été représenté que, dans quelques places où il existe des approvisionnemens de siége et de réserve, les locaux servant à l'emmagasinement de ces approvisionnemens étaient insuffisans, ou peu propres à la conservation des denrées.

Pour connaître, d'une manière positive, l'état des choses à cet égard, remédier, autant que possible, aux inconvéniens qu'on m'a signalés, et savoir toujours, avec précision, le temps pendant lequel chaque espèce de denrée peut se conserver dans le magasin où elle est déposée, j'ai décidé qu'il serait procédé à une vérification générale de tous les emplacemens servant à l'emmagasinement des approvisionnemens dont il s'agit, et que les procès-verbaux qui seront dressés à cet effet, devront résoudre les questions ci-après :

1.° Quelle est la composition et l'étendue des magasins !

2.° Ces magasins appartiennent-ils au Gouvernement, ou ont-ils été pris à loyer; et, dans ce dernier cas, quel est le nom du propriétaire, le prix de la location, et l'époque à laquelle cette location a commencé !

3.° Ces magasins sont-ils suffisans pour contenir la totalité des approvisionnemens fixés, et quelles sont les espèces et quantités de denrées, de liquides et combustibles déterminés pour cet approvisionnement !

4.° Les magasins actuels pourraient-ils contenir un supplément d'approvisionnement, dans le cas où l'approvisionnement devrait être augmenté, et quel pourrait être ce supplément !

5.° Les magasins sont-ils insuffisans pour contenir la totalité de l'approvisionnement; et, dans ce cas, existe-t-il dans la place d'autres locaux dont on pourrait disposer pour ce service ! Appartiennent-ils au Gouvernement ou à des particuliers! Quelle est l'étendue de ces magasins supplémentaires!

6.° Ces magasins sont-ils, ou non, propres à la conservation des denrées ! quelles sont les causes qui les empêchent de l'être! quels sont les moyens d'y remédier!

7.° Pendant quel temps chaque espèce de denrées, de liquides et combustibles peuvent-ils se conserver en bon état dans les magasins où ils se trouvent actuellement?

8.° Enfin, les magasins sont-ils convenablement situés, sous le rapport des opérations militaires; et, en cas de siége, seraient-ils à l'abri du feu de l'ennemi!

Vous voudrez bien faire dresser ces procès-verbaux, et me les transmettre avant le 1.er juillet prochain, pour tout délai.

Ils devront être signés par les comités de surveillance, ou, à défaut, par les

---

(a) Décret du 24 décembre 1811 , art. 84.

commandans d'armes. Il importe essentiellement que l'officier du génie concoure à leur rédaction. Dans le cas où il n'y aurait pas d'officier du génie, le procès-verbal devra être envoyé au directeur des fortifications de l'arrondissement, pour qu'il y mette son *vu* et y inscrive les observations qu'il jugerait convenables au bien du service.

Je vous fais observer, Monsieur, que tous les procès-verbaux de votre division devront me parvenir dans un seul et même envoi. Vous aurez soin d'exiger une nouvelle rédaction de ceux qui ne répondraient pas à chacune des questions posées, ou qui n'y satisferaient pas d'une manière claire et précise.

Je donne tout le temps nécessaire pour que cette opération soit faite avec soin; c'est un motif de plus pour espérer que mes intentions seront remplies.

Paris, le 26 Messidor an 4 (a).

Le Ministre de la guerre,

Aux Généraux et aux Commissaires ordonnateurs en chef.

» Le Directoire exécutif, considérant que la facilité avec laquelle on puise
» dans les magasins des places de guerre contenant les approvisionnemens de siége,
» pour fournir à la subsistance journalière des troupes, peut compromettre le sort de
» ces places et entraîner les suites les plus funestes.

» A arrêté, le 14 messidor an 4, qu'il ne pourra être touché, sous aucun prétexte,
» aux approvisionnemens de siége, dans les places de guerre, si ce n'est en vertu
» de l'autorisation expresse des commissaires du Gouvernement près les armées, ou
» des généraux en chef desdites armées.

» Le Ministre de la guerre est chargé de la prompte notification et de l'exécution
» du présent arrêté. »

Je vous prie, Citoyens, de vous bien pénétrer des dispositions de l'arrêté dont il s'agit, et qui a été dicté par le besoin de ménager avec le plus grand soin ces sortes d'approvisionnemens.

Je vous prie aussi de veiller, en ce qui vous concerne, à ce qu'elles soient fidèlement exécutées, et de m'accuser réception de la présente.

Réglement du Ministre-Directeur de l'Administration de la guerre, sur la Distribution des Approvisionnemens de siége et de réserve des Iles et Forts en mer.

Du 24 Mars 1809 (b).

Le Ministre-directeur de l'administration de la guerre, comte de l'Empire; vu la nécessité,

1.° De déterminer les circonstances où les approvisionnemens de siége et de réserve formés et entretenus dans les îles et forts en mer, peuvent être distribués aux troupes y tenant garnison;

(a) Décret du 24 décembre 1811, art. 97.
(b) *Ibid.*

2.° De régler le mode de comptabilité suivant lequel ces sortes de distributions seront constatées ;

3.° De fixer le montant et l'emploi des retenues auxquelles les distributions peuvent donner lieu,

ARRÊTE les dispositions suivantes :

ART. I.er

Les denrées composant les approvisionnemens de siége et de réserve, formés ét entretenus dans les îles et forts en mer, ne pourront, sous aucun prétexte, être distribuées que dans le cas où la communication avec le continent sera interrompue par les mauvais temps ou par la présence de l'ennemi, et que, par suite de l'une ou de l'autre de ces circonstances, les corps ou détachemens de troupes tenant garnison dans lesdites îles et forts, seront dans l'impossibilité, soit de recevoir des établissemens ordinaires les vivres qui leur seront fournis gratuitement, soit de se procurer les autres objets de subsistance qu'ils sont obligés d'acheter eux-mêmes.

2.

Cette impossibilité sera constatée, toutes les fois qu'elle aura lieu, par des procès-verbaux que les commandans des îles et forts dresseront à cet effet ; lesdits procès-verbaux énonçant d'une manière claire et précise,

1.° La cause de l'impossibilité de la communication avec le continent ;

2.° La nature et l'espèce de denrées qui devront être distribuées ;

3.° Les troupes qui devront participer aux distributions.

Aussitôt que la communication avec le continent sera rétablie, les commandans devront le constater à la suite de leur procès-verbal, et indiquer, d'une manière précise, à compter de quel jour les troupes ont cessé de recevoir les distributions des magasins de siége et de réserve.

Ce procès-verbal sera conforme au modèle ci-joint, n.° 1.er

3.

Les commandans des îles et forts, après la clôture définitive des procès-verbaux mentionnés dans l'article 2 ci-dessus, en transmettront de suite une expédition aux commissaires ordonnateurs des divisions, par l'intermédiaire des commissaires des guerres de l'arrondissement. Les commissaires ordonnateurs, aussitôt qu'ils auront reçu ces procès-verbaux, en adresseront sur-le-champ une ampliation au Ministre-directeur.

Les commandans remettront également une expédition desdits procès-verbaux aux garde-magasins qui auront fait les distributions, pour être rapportée par eux à l'appui de leur comptabilité.

4.

Chaque denrée n'étant destinée à suppléer que celle de même espèce qui pourrait manquer, les commandans des îles et forts auront soin de n'ordonner la distribution que de la denrée correspondante à la denrée manquante ;

SAVOIR :

Du biscuit, à défaut de pain ;

Du lard ou bœuf salé, à défaut de viande fraîche ;

Du riz ou légumes secs, à défaut de légumes frais, &c.

5.

Les communications pouvant devenir libres d'un moment à l'autre, les distributions ne seront prescrites par les commandans des îles et forts, et effectuées par les garde-magasins des approvisionnemens de siége et de réserve, que pour un seul jour.

6.

Dans les îles et forts où il se trouvera du bœuf et du lard salés, il ne pourra être distribué, pour le même jour, que l'une ou l'autre de ces denrées, et jamais les deux ensemble.

Il en sera de même pour le riz et les légumes secs.

7.

Les officiers auront la faculté de participer aux distributions prescrites, jusqu'à la concurrence du nombre de rations attribué à leurs grades respectifs.

8.

Les rations de chaque espèce de denrée dont la distribution sera autorisée, seront fournies dans la proportion déterminée par les réglemens; c'est-à-dire,

La ration de biscuit, à raison de cinq hectogrammes et demi;

La ration de lard salé, à raison de deux hectogrammes;

La ration de bœuf salé, à raison de deux hectogrammes et demi;

La ration de riz, à raison de trois décagrammes;

La ration de légumes secs, à raison de six décagrammes;

·La ration de sel, à raison d'un soixantième de kilogramme;

·La ration de bois, à raison d'un cent-cinquantième de stère par homme, pour chaque jour d'hiver,

Et d'un trois-centième de stère par homme, pour chaque jour d'été.

9.

Si les troupes stationnées dans les îles et forts en mer sont traitées sur le pied de guerre, et qu'à ce titre elles doivent jouir des vivres de campagne, les distributions qui leur seront faites des magasins de siége et de réserve, auront lieu gratuitement, tant pour les officiers que pour les sous-officiers et soldats.

Si, au contraire, lesdites troupes sont sur le pied de paix, et n'ont par conséquent point droit à la fourniture des vivres de campagne, il leur sera fait des retenues pour raison des distributions; savoir:

Aux sous-officiers et soldats, pour toutes les denrées mentionnées dans l'article 8 ci-dessus, autres que le biscuit, qui leur sera fourni gratuitement, en remplacement de la ration de pain, qui leur est due dans toutes les positions;

Et aux officiers qui auront participé aux distributions, pour toutes les denrées indistinctement, même pour le biscuit.

Ces retenues demeurent fixées ainsi qu'il suit;

SAVOIR:

Par ration de biscuit, quinze centimes, ci.................. 15ᶜ
Idem de lard salé, dix centimes, ci..................·...... 10.
Idem de bœuf salé, dix centimes, ci...... .... 10.

(182)

Par ration de riz un centime et demi, ci................ 1ᶜ ½

Idem de légumes secs, un centime et demi, ci............ 1. ½

Idem de sel, un demi-centime, ci................ .... 0. ½

Idem de bois . { Ration d'hiver, cinq centimes, ci........... 5.
{ *Idem* d'été, deux centimes et demi, ci...... 2. ½

10.

Les distributions qui seront faites gratuitement dans les cas expliqués en l'article 9 précédent, seront régularisées conformément au réglement du 25 germinal an 13 (1), et à l'instruction arrêtée par le Ministre-directeur le 12 fructidor même année (2).

En conséquence, 1.° les commissaires des guerres, aussitôt après la réception des ordres des commandans des îles et forts, prescriront des distributions, feront connaître aux sous-inspecteurs aux revues les jours où les distributions auront eu lieu, la nature des denrées distribuées, et les corps qui auront participé aux distributions.

Les sous-inspecteurs aux revues formeront par trimestre, pour chaque corps et chaque espèce de denrée distribuée, des extraits de revues constatant le nombre de rations de chaque denrée revenant à chaque corps ou détachement pendant le trimestre.

2.° Les décomptes de chaque espèce de fournitures seront réglés, dans les délais prescrits, entre les préposés des vivres et les conseils d'administration, s'ils existent dans les lieux où les distributions auront été faites, ou, dans le cas contraire, par les comandans des détachemens.

3.° Enfin les commissaires ordonnateurs arrêteront, dans les délais prescrits, d'après les décomptes ci-dessus et par chaque espèce de denrée, des bordereaux généraux des fournitures dont il s'agit.

11.

A l'égard des fournitures susceptibles de retenue dans les circonstances expliquées ci-dessus, à l'article 9, elles n'auront pas besoin d'être régularisées par revue, attendu que tout ce qui aura été distribué, étant à la charge des parties prenantes, il serait inutile de connaître les excédans de fournitures, puisque ces excédans seront remboursés aux mêmes prix que les fournitures justifiées par revues.

Afin toutefois de prévenir de trop forts excédans, les commandans des îles et forts en mer qui auront prescrit les distributions, seront tenus de viser tous les bons de fournitures, en certifiant qu'ils sont conformes à l'effectif de la troupe.

Ces bons seront distincts par nature de denrées.

A l'expiration de chaque trimestre, ou aussitôt après le départ des troupes et autres parties prenantes, s'il a lieu dans le cours du trimestre, le préposé établira un décompte distinct et particulier pour chaque corps ou partie prenante isolée, et pour chaque espèce de denrée, des fournitures qu'il leur aura faites pendant les jours où la communication aura été interrompue.

Ce décompte sera conforme au modèle ci-joint, n.° 2.

Il sera établi en triple expédition, s'il concerne un corps jouissant de la masse d'ordinaire, ou de pain de soupe, avec celle de chauffage ; et, dans le cas contraire, il serait fait seulement en double expédition.

---

(1) Journal militaire, an 13, II.ᵉ partie, page 25.
(2) *idem* an 14, page 97, I.ʳᵉ partie.

Dans tous les cas, chaque expédition devra être vérifiée et arrêtée par le commis-saire des guerres, qui en conservera une, et rendra la seconde au préposé, avec les bons à l'appui.

Lorsque les décomptes auront dû être établis en triple expédition, la troisième expédition sera remise par le commissaire des guerres au sous-inspecteur, en échange d'un récépissé portant promesse d'imputation sur les décomptes de la masse d'ordi-naire, s'il s'agit de fournitures de vivres, et sur celle de chauffage, s'il s'agit de fournitures de bois. Ce récépissé sera remis au préposé, pour être joint à l'expédition du décompte restée entre ses mains. Il sera conforme au modèle ci-joint, n.° 3.

Le montant des fournitures que les officiers des corps auront reçues en même temps que leurs troupes, se trouvant ainsi imputé sur les masses destinées seulement aux officiers et soldats, les conseils d'administration auront soin de se faire rembourser par lesdits officiers, de la somme pour laquelle ils sont compris dans l'imputation.

12.

Le chef de service réunira, dans le commencement de chaque trimestre, tous les décomptes constatant les distributions des denrées de l'approvisionnement de siége et de réserve, faites pendant le trimestre précédent, et en formera, pour chaque espèce de denrée, un bordereau général, conforme au modèle ci-joint, n.° 4.

Ces bordereaux généraux, appuyés des bons, des décomptes, des procès-verbaux des commandans, et du récépissé des sous-inspecteurs, lorsqu'il y aura lieu, seront arrêtés en trois expéditions par le commissaire ordonnateur de la division, qui en adressera une au Ministre-directeur, avec les pièces à l'appui, et remettra la seconde à l'agent en chef; la troisième lui demeurera.

Le commissaire ordonnateur joindra à l'envoi qu'il devra faire au Ministre, un état général des retenues à exercer, pour remboursement des fournitures, sur la solde des officiers sans troupe et autres parties prenantes qui, comme ceux-là, ne jouissent point des masses.

Ces retenues seront opérées d'après les ordres qui seront donnés à cet effet par le Ministre-directeur.

13.

Les retenues prescrites par l'article 9, ainsi que le mode d'exécution de ces rete-nues, déterminé par l'article 11, seront applicables aux denrées d'approvisionne-ment de siége et de réserve des îles et forts en mer, mises en consommation, et dis-tribuées aux troupes en vertu des décisions spéciales du Ministre-directeur.

14.

Le présent réglement sera mis à exécution, à compter du 1.er avril 1809.

[MODÈLE n.° 1.er]

DIVISIONS MILITAIRES.

PLACE d ·

L'AN   le   du mois d

nous   , commandant d   , sur le

rapport à nous fait que la communication avec le continent n'était point praticable
cejourd'hui, à cause de la présence de l'ennemi qui croisait incessamment sur la
côte, et ne permettait le passage d'aucune embarcation,

(ou)

à cause du gros temps, de la force des vents contraires et de la mer houleuse ,
qui ne permet pas aux embarcations légères de hasarder le passage , nous sommes
transportés sur la côte, où nous avons reconnu qu'il était en effet impossible de
se rendre sur le continent et d'en rien recevoir, à cause de l'état des choses
susdit ;

Considérant que le pain s'apporte ordinairement du continent , qu'il n'y a point
de manutention dans   , ni de moyen d'en établir une
assez promptement ; que les localités n'offrent d'ailleurs aucune ressource , soit
pour procurer du pain aux troupes, soit pour en fabriquer ; qu'il n'y a point de
farines dans l'approvisionnement de siége et de réserve de la place ;

Que les troupes sont obligées de tirer du continent la viande , les légumes ,
le sel et le bois nécessaires à leur subsistance , ce qu'elles ne peuvent faire par
l'empêchement susdit, ou s'en procurer sur les lieux ; nous avons en conséquence
ordonné qu'il serait distribué , sur les approvisionnemens de siége et de réserve de
la place, aux troupes désignées ci-après, les denrées suivantes ;

SAVOIR :

Au détachement de   composé de
hommes sous-officiers et soldats ;

Au détachement de   composé
de

En tout   hommes.

La distribution se fera, pour un jour seulement , et sera pour chaque homme :

Biscuit en remplacement de pain, une ration de cinq hectogrammes et demi ;

Lard salé , deux hectogrammes, { Une seule de ces denrées pourra être distribuée le même jour.

Bœuf salé, deux hectogr.es et demi ; { Lard ou bœuf salé seulement : elle sera
spécifiée dans le bon.

Riz , trois décagrammes ;

Légumes secs , six décagrammes.

La

La distribution du riz exclut celle des légumes, et réciproquement : elles se succéderont d'un jour à l'autre.

Sel , un soixantième de kilogramme ;

Bois. { Ration d'hiver , un cent-cinquantième de stère; { Ration d'été , un trois-centième de stère.

Les troupes fourniront des bons séparés pour chaque espèce de denrée, lesquels seront présentés à notre *visa*. Le préposé à la garde de l'approvisionnement de siége et de réserve est autorisé à refuser de distribuer sur tout bon que nous n'aurions pas visé.

MM. les officiers ont la faculté de participer à ces distributions, jusqu'à la concurrence du nombre de rations attribué à leurs grades. Ils fourniront, dans ce cas , leurs bons personnels, par espèce de denrée, lesquels seront également visés par nous.

Toute distribution cessera quand la communication avec le continent sera rétablie , ce que nous nous réservons de constater à la suite du présent.

Extrait de l'ordre ci-dessus a été remis par nous au préposé à la garde de l'approvisionnement de siége et de réserve , afin qu'il s'y conforme.

FAIT et arrêté , les jour , mois et an que dessus.

ET cejourd'hui le   du mois d

nous, commandant susdit , ayant reconnu que l'éloignement de l'ennemi *(ou)* que l'état des vents et de la mer avaient rendu la liberté de communiquer avec le continent , nous avons ordonné que toute distribution de denrées de l'approvisionnement de siége et de réserve cesserait , à compter d

et qu'il serait pourvu à la subsistance des troupes par les moyens ordinaires et accoutumés.

En conséquence, nous avons clos et arrêté définitivement le présent procès-verbal , dont une expédition sera adressée au commissaire ordonnateur de la division , par l'intermédiaire du commissaire des guerres , et l'autre a été remise au S.ʳ   , garde-magasin de l'approvisionnement de siége et de réserve , pour être rapportée à l'appui de sa comptabilité.

FAIT triple , à

Le   susdit.

14.º DIVISION
MILITAIRE.

PLACES
DES ÎLES S.ᵗ-MARCOUF.

2.ᵉ Trimestre 1809.

Denrées d'approvisionnem.ᵗ de siége et de réserve distribuées, sauf paiement par les troupes.

LARD SALÉ.

[MODÈLE n.º 2.]

12.ᵉ RÉGIMENT D'INFANTERIE DE LIGNE.

DÉCOMPTE des Fournitures Lard salé *faites au 12.ᵉ Régim.ᵗ d'inf.ᵉ de ligne, stationné aux îles Saint-Marcouf, 14.ᵉ Division militaire, pendant le 2.ᵉ trimestre 1809, aux époques où la communication avec le continent a été interrompue, suivant quatre procès-verbaux du Commandant desdites îles, en date des*

DATES DES PROCÈS-VERBAUX du commandant.	N.ᵒˢ des bons.	DATES des BONS.	JOURS pour lesquels les fournit.ᵉ ont été faites.	NOMBRE de rations.	TOTAL des rations fournies.	MONTANT DES SOMMES qui ont été ou qui seront retenues par imputation sur les décomptes des masses des corps.	SOMMES EN RÉSULTANT.	OBSERVATIONS.
4 avril............	1.	5 avril.	6 avril.	600.				
	2.	6 id.	7 id.	600.	1,800.	10ᶜ	180ᶠ	
	3.	7 id.	8 id.	600.				
7 mai............	4.	8 mai.	9 mai.	450.				
	5.	9 id.	10 id.	450.	1,350.	10.	135.	
	6.	10 id.	11 id.	450.				
15 mai............	7.	16 mai.	17 mai.	500.				
	8.	17 id.	18 id.	500.				
	9.	18 id.	19 id.	500.	2,000.	10.	200.	
	10.	19 id.	20 id.	500.				
19 juin............	11.	20 juin.	21 juin.	480.				
	12.	21 id.	22 id.	480.	1,440.	10.	144.	
	13.	22 id.	23 id.	480.				
					6,590.		659.	

ARRÊTÉ par moi, Garde-magasin des approvisionnemens de siége et de réserve des îles Saint-Marcouf, le présent décompte à la quantité de six mille cinq cent quatre-vingt-dix rations de lard salé, et à la somme de six cent cinquante-neuf francs.

A   le

VÉRIFIÉ et ARRÊTÉ par nous, Commissaire des guerres, le présent décompte à la quantité de six mille cinq cent quatre-vingt-dix rations de lard salé, fournies au 12.ᵉ Régiment d'infanterie de ligne, en station aux îles Saint-Marcouf, pendant le 2.ᵉ trimestre 1809, en vertu de quatre procès-verbaux du Commandant desdites îles, ci-dessus rappelés, et conformément à treize bons dudit corps, à l'appui du présent, sur lesquels nous avons apposé notre cachet d'annullation ; et à la somme de six cent cinquante-neuf francs pour le montant de la retenue à exercer par imputation sur les décomptes dudit Corps, pour raison des fournitures susdites, en exécution du réglement de Son Excellence le Comte de l'Empire, Ministre de l'Administration de la guerre, en date du 24 mars 1809.

A   le

°. DIVISION
MILITAIRE.

PLACE

d

Trimestre 1809.

Denrées d'approvisionnement de siége et de réserve distribuées, sauf paiement par les troupes.

[MODÈLE n.° 3.]

JE soussigné,   sous-inspecteur aux revues, chargé de la revue et de l'inspection des troupes en garnison à   reconnais que M.   commissaire des guerres en résidence à   m'a remis le décompte des fournitures de faites à   faisant partie de ladite garnison d   pendant le trimestre 1809, aux époques où la communication avec le continent a été interrompue ; ledit décompte montant à la quantité de   rations d et à la somme de

Laquelle somme je promets d'imputer sur le décompte de la masse d   dudit corps, conformément au réglement arrêté par Son Excellence le Ministre-Directeur de l'administration de la guerre.

A   le

DIRECTION
GÉNÉRALE
des
VIVRES DE LA GUERRE.

2.e Trimestre 1809.

Denrées d'approvisionnem.t
de siége et de réserve distribuées, sauf paiement par les
troupes.

LARD SALÉ.

[MODÈLE n.° 4.]

SERVICE DES TROUPES
STATIONNÉES.

14.e DIVISION MILITAIRE.

BORDEREAU GÉNÉRAL, par Corps, des fournitures de lard salé, faites, sauf paiement par les troupes, dans l'étendue de la 14.e Division militaire, aux Corps y stationnés, pendant le 2.e trimestre 1809.

DÉSIGNATION de L'ARME.	NUMÉROS DES			PLACES où les distributions ont été faites.	NOMBRE DES DÉCOMPTES.	ÉPOQUES des FOURNITURES.	NOMBRE DE RATIONS distribuées par époques.	TOTAL		MONTANT DES SOMMES qui ont été ou qui seront retenues par imputation sur les décomptes des masses des corps.	OBSERVAT.s
	Régimens.	Bataillons ou Escadrons.	Compagnies.					par décompte.	par corps.		
Infanterie de ligne..	12.e	1	1	îles S.t-Marcouf.	1.	6 au 8 mai.	1,800.	6,590.	11,390.	1,139.	
					1.	9 au 11 mai.	1,350.				
					1.	17 au 20 mai.	2,000.				
					1.	21 au 23 juin.	1,440.				
				Port Impérial..	1.	4 au 11 mai.	2,700.	4,800.			
					1	7 au 13 juin.	2,100.				

RÉSUMÉ

RÉSUMÉ, par Place, des Fournitures détaillées au présent Bordereau.

NOMS DES		NOMBRE DE RATIONS de lard salé fournies dans chaque place.	MONTANT des RETENUES.	OBSERVATIONS.
PLACES.	PRÉPOSÉS.			
Ile Saint-Marcouf......	Baillio..............	6,590.	659.	
Fort Impérial.........	Marchant............	4,800.	480.	
		11,390.	1,139.	

JE soussigné, *Agent en chef du service des vivres dans la 14.e division militaire, certifie le présent bordereau montant à la quantité de   rations de lard salé fournies aux corps et détachemens stationnés dans ladite division, pendant le 2.e trimestre 1809, et à la somme de   laquelle somme a été ou sera retenue, par imputation, sur les décomptes des masses du corps, conformément au réglement arrêté par Son Excellence le Ministre-directeur de l'Administration de la guerre, le 24 mars 1809.*

> *Fait triple, à Caen, le*

Vu, vérifié et arrêté par nous, commissaire ordonnateur de la 14.e division militaire, le présent bordereau général à la quantité de   rations de lard salé, du poids de deux hectogrammes, fournies aux corps et détachemens stationnés dans ladite division, pendant le 2.e trimestre 1809, conformément au réglement ci-dessus énoncé.

> A Caen, le

EXTRAIT du Décret impérial relatif à l'Organisation des Gardes nationales.

Au Quartier impérial de Berlin, le 12 Novembre 1806 (1) (a).

NAPOLÉON, &c.

Sur le rapport de notre Ministre de l'intérieur;

Notre Conseil d'état entendu,

Nous AVONS DÉCRÉTÉ et DÉCRÉTONS ce qui suit :

CHAPITRE II.

Du Service de la Garde nationale.

ART. 16.

LA garde nationale est destinée à faire ou un service intérieur, ou un service d'activité militaire.

17.

Le service intérieur aura lieu, pour les habitans de toutes communes, lorsque, sur la réquisition du préfet, des sous-préfets ou des maires, dans les communes au-dessus de cinq mille ames, les chefs de légion ordonneront la mise en activité d'une portion quelconque des gardes nationaux sous leurs ordres, pour un service habituel ou momentané, qui sera déterminé de concert avec les maires.

Le service d'activité militaire aura lieu, lorsque le général commandant en chef les gardes nationales aura ordonné leur réunion dans un lieu déterminé, ou leur mise en activité pour le service d'une place.

18.

Le service d'activité militaire, requis selon l'article ci-dessus, que fait la garde nationale, l'assimile à la troupe de ligne, pour le traitement, les honneurs et les récompenses, ainsi que pour la discipline.

19.

Les officiers, sous-officiers et gardes nationaux requis ou commandés, soit pour un service intérieur, soit pour un service d'activité militaire, sont assujettis à la discipline militaire, depuis l'instant qu'ils sont requis ou commandés, jusqu'à la cessation de ce service.

Pour le service intérieur, les peines de discipline seront les arrêts ou la prison pour un mois au plus, suivant l'exigence des cas. Ces punitions seront appliquées par le conseil de discipline qui sera établi dans chaque cohorte.

20.

En service militaire actif, les punitions, pour les fautes de discipline ou de service, seront toutes appliquées comme dans la ligne.

---

(1) Journal militaire de 1806, II.ᵉ partie, page 305.

(a) Décret du 24 décembre 1811, art. 104.

21.

Les peines contre ceux des officiers, sous-officiers et gardes nationaux qui n'auront pas obtempéré à la réquisition qui leur aura été faite, seront l'exclusion des colléges électoraux et des assemblées de canton, l'inhabilité à toutes fonctions ou emplois publics; la privation de l'exercice du droit de port d'armes, le tout pendant quatre années; et enfin la condamnation à un emprisonnement qui ne pourra excéder une année. Cette punition sera prononcée par un conseil de guerre formé d'après la loi du 13 brumaire an 5 (1), et selon les réglemens existans, et dont les membres seront pris dans les troupes de ligne et la garde nationale indistinctement.

La condamnation à l'emprisonnement emportera l'application des peines ci-dessus détaillées. Il y aura lieu à révision, dans les cas et de la manière réglés pour les troupes de ligne.

22.

Toutes les fois qu'une partie seulement de la garde nationale sera requise pour un service d'activité militaire, les détachemens seront fournis par des escouades ou pelotons dans chaque compagnie appelée. La réquisition indiquera la durée du service de chaque détachement, et l'époque à laquelle il sera relevé.

CHAPITRE III.

Ordre du Service.

ART. 23.

Les légions conserveront le rang qui leur a été fixé par le sort, et qui est déterminé par le chapitre I.ᵉʳ du présent réglement.

24.

Le rang des cohortes sera tiré au sort, une fois pour toutes, dans chaque légion, par le chef de légion, en présence des commandans de cohorte.

25.

Le rang des compagnies de chaque cohorte le sera de même par le chef de cohorte, en présence des capitaines des compagnies; la compagnie des grenadiers étant toujours la première, et celle des chasseurs, la seconde.

Le rang des pelotons, des sections et des escouades, sera déterminé et fixé par le capitaine.

L'ordre du service sera déterminé sur cette base, qui servira pendant un an, toutes les fois qu'il faudra rassembler et mettre en marche des cohortes.

26.

Le tour, pour tout service, commence toujours par la première escouade de la première compagnie de la première cohorte, et continue par la première escouade de la deuxième compagnie, jusqu'à la première escouade de la dernière compagnie de la dernière cohorte.

Dans les communes dont la garde nationale ne forme pas une cohorte, le tour

____

(1) Journal militaire, an 5, 1.ʳᵉ partie, page 82.

pour tout service sera réglé de même, depuis la première escouade de la première jusqu'à la première escouade de la dernière compagnie, et reprendra à la deuxième escouade de la première compagnie, de manière que chaque compagnie fournisse concurremment un nombre égal d'escouades ou demi-escouades.

Dans les communes rurales, le service sera réglé sur le même ordre, et suivant le rang des escouades, s'il n'y a qu'une compagnie.

Il y aura pour le service particulier aux officiers de chaque grade, un tour de service réglé par grade et par numéro de compagnie, comme pour les compagnies.

CHAPITRE IV.

Des Ordres de service de la Garde nationale, du Service personnel, et des Cas où le Remplacement est permis.

ART. 27.

Les gardes nationaux sont commandés pour le service, par le sergent-major de la compagnie.

L'ordre doit relater le numéro de l'escouade désignée en tour de service par le capitaine.

28.

. Nul citoyen ne peut faire le service de la garde nationale, ni en porter l'uniforme, s'il n'est inscrit sur les contrôles de la garde nationale.

29.

Les gardes nationaux, lorsqu'ils seront commandés pour un service intérieur et pour le service d'activité militaire, pourront, en cas d'empêchement légitime, se faire remplacer, pour le service intérieur, par un garde national de la même compagnie, et, pour le service d'activité militaire, par un garde national de la même cohorte, pourvu que le remplaçant soit reconnu, par les officiers, propre à entrer dans les compagnies d'élite.

30.

Le garde national appelé pour tout service, qui ne se présente pas en personne, ou dont le remplaçant n'est pas présent à l'appel et accepté nominativement par le capitaine, sera puni conformément aux dispositions pénales déterminées par l'article 19, chapitre II du présent, et suivant la nature du service auquel il aura été appelé.

31.

Le général commandant pourra déterminer les circonstances et les lieux où le service devra être fait par le garde national en personne.

CHAPITRE V.

Discipline pour le Service intérieur.

ART. 32.

Il y a un conseil de discipline par cohorte, composé du chef de cohorte, qui le préside, d'un capitaine, d'un lieutenant, d'un sous-lieutenant, d'un sergent, d'un caporal et d'un garde national.

Ces

Ces membres sont choisis et désignés par le chef de légion.

33.

Le conseil s'assemblera par ordre du chef de cohorte, chaque fois qu'il le jugera nécessaire.

Il ne délibérera que sur l'application des punitions portées en l'article 19, chapitre II, contre le refus de service, et fautes de discipline, pour ce qui concerne le service intérieur, et sur les fautes énoncées ci-après.

34.

Ceux des gardes nationaux, tant qu'ils sont en état de service intérieur, qui manqueraient, soit à l'obéissance, soit au respect dû à la personne des chefs, soit aux règles du service, seront punis des peines de discipline, comme il est dit art. 19, chapitre II du présent.

35.

Les décisions du conseil de discipline seront, en cas de besoin, exécutées par l'intervention de l'autorité administrative.

CHAPITRE VIII.

De l'Instruction.

43.

La garde nationale se rassemble toutes les fois qu'elle en est requise par le chef de légion, pour s'exercer aux marches et évolutions militaires.

44.

Le chef de légion la réunit, à cet effet, une fois au moins par mois, pendant les mois de mai, juin, juillet, septembre et octobre ; il choisira de préférence les jours de dimanche.

45.

Tous les premiers dimanches du mois, les officiers de la garde nationale des villes de guerre sont tenus de se présenter à la parade à la garde montante.

Décision du Conseil exécutif provisoire, contenant des mesures générales de défense pour les Places (a).

Du 1.ᵉʳ Septembre 1792.

On ne laissera dans les places couvertes par les armées, que les hommes de guerre incapables de marcher en campagne.

Les généraux feront d'avance les dispositions nécessaires pour jeter dans ces places des garnisons suffisantes, dès le moment où les armées, par leurs mouvemens, cesseront de les couvrir.

On retranchera, en maçonnerie, toutes les gorges des bastions, de manière qu'elles

---

(a) Décret du 24 décembre 1811, art. 108.

ne puissent être forcées qu'en faisant un logement propre à recevoir du canon : on suivra, pour cet ouvrage une méthode simple, et qui n'exigera pas plus de huit jours pour son exécution.

Les commandans des armées défendront, sous peine de mort, de se rendre avant que le bastion soit pris, et le canon placé pour battre le mur de retranchement.

S'il manque de matériaux dans les places pour construire lesdits retranchemens, et qu'on ne puisse pas en tirer du dehors, on s'en procurera en démolissant quelques maisons.

Toutes maisons démolies pour la défense ou par l'attaque de l'ennemi, ou par incendie et bombardement, seront payées par la nation, au prix de la plus forte estimation.

On fera blinder, dans toutes les places, l'hôpital, et un espace suffisant pour abriter les deux tiers de la garnison. Par garnison on entend également tout citoyen ou habitant qui sera dévoué à la défense de la ville.

Si les bois manquent, on fera pour les bois ce qui est dit ci-dessus pour les matériaux.

On permettra, dans tous les cas et dans tous les temps, aux femmes, aux enfans, aux infirmes et aux vieillards de sortir des places.

On fera exécuter rigoureusement, et sur-le-champ, le décret de l'Assemblée nationale, qui punit de mort toute personne qui parlera de se rendre avant que la défense indiquée ci-dessus ait été exécutée dans sa totalité.

Les commandans des places donneront communication de la présente instruction aux corps administratifs et municipaux, auxquels l'envoi en sera néanmoins fait par le Ministre de l'intérieur.

EXTRAIT du *Réglement provisoire pour le service des Troupes en campagne.*

Imprimé pour l'armée d'Allemagne, par ordre de Sa Majesté l'Empereur et Roi. A Paris, chez *Maginel*, libraire pour l'art militaire, les sciences et arts, rue de Thionville, n.° 9. — An 1810.

TITRE XV.

INSTRUCTION particulière pour tout Officier commandant dans un poste ou lieu fermé.

TOUT officier, en arrivant dans le poste qu'il doit occuper, s'y retranchera et emploiera tous les moyens possibles pour le mettre en état de défense.

Il déterminera la force et l'espèce de son retranchement, relativement à la nature du terrain, à la force de son détachement et à l'objet de son poste.

Si son poste est en avant de l'armée et à portée d'être attaqué, il se retranchera par une redoute ; les redans, flèches ou autres sortes de retranchemens pouvant être tournés par leur gorge, et ne devant être employés que quand ils seront soutenus et appuyés par un corps de troupes.

S'il est dans un village ou autre endroit fermé dont il ne puisse défendre l'enceinte entière, il se placera dans une maison isolée, qu'il fera créneler, dans un cimetière, masure de pierre ou réduit avantageux, d'où il puisse à-la-fois couvrir le chemin par où il devra se retirer, et celui par où l'ennemi pourra venir à lui.

Lorsque l'ennemi paraîtra en force, il fera rentrer ses postes et sentinelles avancés dans son retranchement, et en fera fermer toutes les barrières et avenues.

Il enverra sur-le-champ informer le général de l'armée, et avertir le corps de troupes le plus à portée de son poste.

Si le poste n'était susceptible d'aucune défense, l'officier qui y commandera pourra se retirer lorsque l'ennemi menacera de l'attaquer avec des forces très-supérieures.

Tout poste retranché à portée de l'armée ou d'un corps de troupes, devant s'attendre à être secouru, l'officier qui le commandera fera en conséquence ses dispositions de défense, ne prenant conseil que de lui seul, parlant aux troupes d'un ton ferme, et n'écoutant à aucune sommation de la part de l'ennemi, en quelque nombre qu'il arrive.

Il aura attention sur-tout de ne point confondre les attaques volantes avec les attaques véritables, afin de ne pas consommer ses munitions mal-à-propos.

Il ne garnira le parapet de son poste que de quelques fusiliers; gardant le gros de sa troupe ensemble, laissant arriver l'ennemi au pied du retranchement, et s'avançant alors en force sur la banquette pour le repousser.

Il n'abandonnera le poste qu'après avoir épuisé tous les moyens possibles de défense, et après avoir perdu, par la supériorité de l'ennemi, toute espérance de s'y soutenir.

Si l'ennemi lui a coupé le chemin de la retraite, et qu'il ne puisse plus se l'ouvrir, ni compter sur aucun secours, il ne capitulera qu'à l'une des extrémités suivantes :

De n'avoir plus de munition, après les avoir ménagées avec soin ; de manquer de vivres, après avoir réduit la nourriture du soldat, et avoir souffert quelque temps la faim ou la soif ;

Et enfin d'avoir perdu la plus grande partie de son monde, et, avec le reste, d'avoir fait son possible pour traverser l'ennemi en fonçant sur lui avec la baïonnette.

Il observera toutefois, en se rendant, qu'il n'y a que deux formes de capitulation dont on ne peut s'écarter; l'une, d'obtenir les honneurs de la guerre ; et la seconde de se rendre prisonnier de guerre , dernière condition qu'il n'acceptera qu'à toute extrémité, toute autre capitulation, comme de ne pas servir de la guerre, ou dans un pays déterminé, ou contre la puissance avec laquelle on est en guerre, ne pouvant jamais être admise dans sa justification.

Aucun officier ne pourra de même capituler par la considération de ménager le lieu et les habitans, ou de conserver les troupes qui lui sont confiées : ce n'est point à lui à calculer ces motifs; son premier et unique objet doit être de se défendre jusqu'à l'extrémité, et de saisir l'occasion de se signaler.

Du 6 Avril 1705 (a).

CIRCULAIRE DE LOUIS XIV.

MONSIEUR,

Quelque satisfaction que j'aie de la belle et vigoureuse défense qui a été faite dans celles de mes places fortes qui ont été assiégées depuis cette guerre, et bien que ceux qui y commandaient se soient distingués, en soutenant pendant plus de deux mois leurs dehors, ce que n'ont point fait les commandans des places ennemies, lesquelles ont été assiégées par mes armes ; cependant, comme j'estime que les corps de places peuvent être défendus aussi long-temps que les dehors, et que ç'est sur ce principe que, dès le règne du feu roi, mon très-honoré seigneur et père, il a été enjoint à tous gouverneurs de places de guerre, par une clause expresse, qui s'est toujours depuis insérée dans leurs provisions, de ne point se rendre à moins qu'il n'y ait brèche considérable au corps de la place, et qu'après y avoir soutenu plusieurs assauts, j'ai jugé à propos de renouveler les mêmes ordres à tous les commandans de mes places.

C'est pourquoi je vous écris cette lettre, pour vous dire qu'au cas que la place que vous commandez vienne à être assiégée par les ennemis, mon intention est que vous ne la rendiez point, à moins qu'il n'y ait brèche considérable au corps d'icelle, et qu'après y avoir soutenu au moins un assaut ; et ne doutant pas que vous ne vous conformiez avec tout le zèle que vous avez fait paraître en toutes occasions pour mon service, à ce que je vous prescris par la présente, je ne vous la ferai plus expresse, ni plus longue, que pour prier Dieu qu'il vous, ait, Monsieur, en sa sainte et digne garde.

EXTRAIT du Décret relatif aux moyens de conserver les Places fortes.

Du 26 Juillet 1792 (b) (1).

ART. 1.er

« TOUT commandant de place forte ou bastionnée, qui la rendra à l'ennemi avant
» qu'il y ait brèche accessible et praticable au corps de ladite place, et avant que le
» corps de place ait soutenu au moins un assaut, si toutefois il y a un retranche-
» ment intérieur derrière la brèche, sera puni de mort, à moins qu'il ne manque
» de munitions ou de vivres.

2.

» Les places de guerre étant la propriété de tout l'Empire, dans aucun cas, les
» habitans, ni corps administratifs ne pourront requérir un commandant de la
» rendre, sous peine d'être traités comme des révoltés et des traîtres à la patrie. »

---

(1) Journal militaire, 1792, IIe partie, page 404.

(a) Décret du 24 décembre 1811, art. 111 ; décret du 1.er mai 1812, art. 4.
(b) *Ibid.*

EXTRAIT

Éxtrait du Code des Délits et des Peines pour les troupes de là République.

Du 21 Brumaire an 5 (a) (1).

TITRE III.

De la Trahison.

Art. 1.er

« Tout militaire ou autre individu attaché à l'armée ou à sa suite, convaincu
» de trahison, sera puni de mort.

2.

» Sont réputés coupables de trahison ,

» 1.° Tout individu qui , en présence de l'ennemi , sera convaincu de s'être
» permis des clameurs tendant à jeter l'épouvante et le désordre dans les rangs ;

» 2.° Tout commandant d'un poste , toute sentinelle ou vedette qui , en pré-
» sence de l'ennemi , soit à l'armée , soit dans une place assiégée , aura donné
» de fausses consignes , lorsque par suite de cette faute , la sûreté aura été com-
» promise ;

» 3.° Tout commandant d'une patrouille , à l'armée ou dans une place assiégée ,
» qui , envoyé en présence de l'ennemi pour faire quelque découverte ou recon-
» naissance locale , aura négligé d'en rendre compte , ou bien n'aura pas exécuté
» ponctuellement l'ordre qui lui était donné , lorsque , par suite de sa négligence
» ou de sa désobéissance , le succès de quelque opération militaire se sera trouvé
» compromis ;

» 4.° Tout commandant d'un poste à l'armée , en présence de l'ennemi , ou dans
» une place assiégée , qui n'aurait pas rendu compte à celui qui le relève , des décou-
» vertes qu'il aurait faites , soit par lui-même , soit par ses patrouilles , lorsque , par
» suite de son silence , la sûreté du poste se sera trouvée compromise.

» 5.° Tout militaire convaincu d'avoir communiqué le secret du poste , ou le
» mot d'ordre à l'ennemi ;

» 6.° Tout militaire ou autre individu attaché à l'armée ou à sa suite , qui entre-
» tiendrait une correspondance dans l'armée ennemie , sans la permission de son
» supérieur ;

» 7.° Tout militaire ou autre individu attaché à l'armée ou à sa suite , qui , sans
» ordre de son supérieur , ou sans motif légitime , aurait encloué ou mis hors de
» service un canon , mortier , obusier ou affût ; ainsi que tout charretier ou
» conducteur qui , dans une affaire de déroute ou retraite , en présence de l'ennemi ,
» aurait , sans ordre de son supérieur , coupé les traits des chevaux , brisé ou mis
» hors de service aucune pièce de train ou équipage confié à sa conduite ;

» 8.° Tout commandant d'une place assiégée , qui , sans avoir pris l'avis , ou
» contre le vœu de la majorité du conseil militaire de la place (auquel devront

---

(1) Journal militaire, an 5, Ire partie, page 89 ; Bulletin des lois, 2.e série, n.° 89, loi n.° 848.

(a) Décret du 24 décembre 1811 , art. 111.

» toujours être appelés les officiers en chef de l'artillerie et du génie) , aura con-
» senti à la reddition de la place avant que l'ennemi y ait fait brèche praticable, ou
» qu'elle ait soutenu un assaut ;

   » 9.° Tout commissaire ordonnateur, ou autre en faisant les fonctions, qui n'au-
» rait pas pourvu aux distributions des vivres et fourrages ordonnées pour toutes les
» parties du service confié à sa surveillance, lorsqu'il en avait les moyens, ou qui
» aurait négligé ou refusé d'instruire le général en chef de l'armée, ou d'une divi-
» sion détachée de l'armée, du besoin en ce genre de ladite armée ou division, si,
» par suite de cette prévarication, le salut de l'armée, ou le succès de ses opé-
» rations a été compromis. »

EXTRAIT de l'Arrêté du Directoire exécutif, concernant la défense des Places.

Du 16 Messidor an 7 (1) (a).

ART. 1.er

TOUT commandant de place forte qui , à dater de l'ouverture de cette campagne,
aurait capitulé avec l'ennemi pour rendre une place qui lui était confiée, sans avoir
forcé les attaquans de passer par les travaux lents et successifs des siéges, et avant
d'avoir repoussé au moins un assaut au corps de place sur les brèches praticables
sera traduit à un conseil de guerre pour être jugé conformément aux lois.

2.

Les membres du conseil de guerre qui auront signé ces honteuses capitulations,
et ceux qui, ayant droit d'y assister, n'auraient pas protesté contre, seront également traduits au conseil de guerre , pour y être jugés conformément aux lois.

INSTRUCTION donnée par le Ministre de la guerre, pour les Officiers généraux, les États-majors, &c., sur la Correspondance à entretenir avec lui.

Du 18 Août 1793.

L'A correspondance des agens de la république avec le Ministre de la guerre,
est si importante au bien du service, qu'elle ne peut être entretenue avec trop d'exactitude et de soins; en conséquence, le Ministre recommande particulièrement aux
généraux cet objet essentiel.

Il ordonne aussi de nouveau aux chefs d'états-majors des armées et des places fortes,
de lui faire connaître avec exactitude le mouvement des troupes et leur état de situation. Il est persuadé que des officiers républicains sont trop jaloux de remplir leurs
devoirs envers la patrie, pour ne pas redoubler de zèle et d'exactitude, au moment
où l'énergie nationale va être déployée toute entière.

---

(1) Journal militaire, an 7, II.e partie, p. 629 , Bulletin des lois, n.° 293 , 2.e semestre, an 7, loi n.° 3113.

(a) Décret du 24 décembre 1811 , art. 111 ; décret du 1.er mai 1812 , art. 4.

(199)

Indépendamment de la correspondance intime et journalière de chaque général d'armée avec le Ministre de la guerre, il lui sera envoyé, par les chefs des états-majors généraux, tous les quinze jours, le 1.er et le 16 de chaque mois,

1.º L'état général de situation et de mouvement de tous les corps composant l'armée active et les garnisons de tout l'arrondissement aux ordres de chaque général en chef;

2.º La carte des cantonnemens, avec la légende qui indique le nombre et le nom des régimens et des bataillons qui ont occupé chaque lieu et le séjour qu'ils y ont fait;

3.º Le plan des camps et du terrain sur lequel ils sont établis, les abattis, les fortifications qui ont été ou qui y seront à l'avenir élevées pour leur défense, y seront exprimées, ainsi que les grandes gardes qui y sont posées, et les redans faits pour leur sûreté;

4.º La carte de l'ouverture des marches et du nombre des colonnes par où l'armée a dû ou devra marcher; on y distinguera celle de la cavalerie, de l'artillerie et des charrois, d'avec celle de l'infanterie;

Si des causes puissantes empêchent de faire le plan des marches et d'en figurer le terrain, l'on dressera néanmoins un itinéraire des lieux de passage de chaque colonne;

5.º Le plan de chaque combat, bataille, avec les alentours, les débouchés et les passages que le général, avant ou pendant l'action, aura donné ordre de reconnaître, garnir ou garder, pour prévenir, surprendre ou tourner l'ennemi. Ce croquis figuratif du terrain présentera, autant que possible, les mouvemens successifs des différens corps, les évolutions qu'opposent les ennemis, les batteries, tant de la république que celles contre qui elle combat, leurs directions, leurs déplacemens, l'heure à laquelle chacune d'elles commencera à tirer, celle où elles finiront.

Toutes les cartes et plans qui ont été ou qui seront levés ou figurés à l'armée, seront remis au chef de l'état-major, qui aussitôt en fera faire une copie sur papier huilé, pour être ensuite envoyée au Ministre de la guerre, en y joignant les notes descriptives, avec l'attention d'écrire en tête ou à l'émargement de ces envois, *Dépôt de la guerre.*

Paris, le 15 Mars 1808.

LE MINISTRE DE LA GUERRE,

A MM. les Généraux commandant les Divisions territoriales militaires et les Départemens, les Préfets de Département, les Commissaires ordonnateurs et ordinaires des guerres, les Directeurs des fortifications et Chefs du génie et les Commandans d'armes.

MESSIEURS, je vous préviens que Sa Majesté l'Empereur et Roi, pour faire cesser les difficultés que l'instruction des troupes a éprouvées dans plusieurs endroits, a pris, le 2 mars 1808, une décision portant que, par-tout où il y a garnison, la ville doit fournir un champ de manœuvres.

Je dois vous faire observer,

1.º Que l'obligation qui résulte, pour l'avenir, de la décision de Sa Majesté, ne concerne point celles des villes de guerre où il existe des esplanades et des champs de manœuvres suffisans, qui font partie du terrain militaire ;

2.º Que cette même décision n'est point de nature à recevoir une application permanente.

Il suffira donc, pour remplir les intentions de Sa Majesté, qu'à l'approche des saisons pendant lesquelles se font les manœuvres et exercices, M. le général commandant la division se concerte avec M. le préfet du département, pour la désignation d'un terrain compris dans l'arrondissement communal du lieu de la garnison, et dont l'étendue superficielle devra toujours être proportionnée au nombre effectif des troupes qu'il s'agira de faire manœuvrer.

Ce nombre sera déterminé de concert avec MM. les chefs de corps, et M. le commandant d'armes, ou, à défaut, par M. le général commandant le département. Quant aux frais de location accidentelle, s'il y a lieu, ou d'indemnités à payer aux propriétaires des emplacemens désignés, il devient indispensable qu'il y soit éventuellement pourvu, soit au moyen d'une somme qui fera partie de l'article des dépenses imprévues dans le budget des communes, soit par tout autre moyen que pourra désigner Son Exc. le Ministre de l'intérieur.

Il ne me reste plus qu'à vous faire connaître qu'en cas de discord sur le choix de l'emplacement, le commandant du génie devra être appelé pour donner son avis : s'il n'était point adopté, il sera dressé, par le commissaire des guerres, procès-verbal des motifs déduits de part et d'autre : deux expéditions de ce procès-verbal seront, sans délai, transmises à M. le commissaire ordonnateur de la division et à M. le directeur des fortifications de l'arrondissement, afin qu'ils se concertent pour émettre conjointement un avis motivé, que M. le directeur du génie m'adressera avec le procès-verbal, pour être statué ce qu'il appartiendra.

EXTRAIT du Décret impérial du 27 Octobre 1806. (1).

ART. 2.

NOTRE Ministre-directeur prescrira à chaque commandant d'armes de faire tenir un registre-journal, dans lequel on inscrira, chaque jour,

1.º La totalité des officiers, sous-officiers et soldats qui seront chaque jour de service ;

2.º La répartition de ces officiers, sous-officiers et soldats entre les divers postes, et le corps par lequel chaque poste sera gardé.

Ce registre sera coté et paraphé par le commissaire ordonnateur de la division. Lorsqu'il devra être renouvelé, l'ancien sera déposé aux archives de la place, et y sera conservé. Le service journalier sera certifié par le commandant de la place.

3.

Les commissaires des guerres, avant d'établir leurs revues des corps-de-garde, se feront représenter le registre-journal du service de la place, et le viseront.

---

(1) Journal militaire, année 1806, II.e partie, page 346.

Ils seront responsables, non-seulement des dépenses des corps-de-garde qui n'auraient pas existé, mais même de celles des corps-de-garde qui auraient été établis sans autorisation suffisante, ou qui auraient été portés dans une classe plus élevée qu'ils ne devaient l'être.

Paris, le 17 Mars 1807.

LE *MINISTRE-DIRECTEUR de l'Administration de la guerre,*

A MM. les Généraux commandant les Divisions militaires, à MM. les Préfets des Départemens et à MM. les Commissaires ordonnateurs des Divisions.

(On prescrit aux commandans d'armes des places où il n'y a pas de commissaire des guerres, de leur envoyer copie de leur registre, certifiée par les maires.)

IL m'a été fait des observations, Messieurs, sur les inconvéniens qui résulteraient pour le service en général, si, comme le prescrit l'art. 2 du décret impérial du 27 octobre dernier (1), les commissaires des guerres étaient tenus de se rendre, au commencement de chaque mois, dans chacune des places de leur arrondissement, pour y vérifier le registre tenu par les commandans d'armes, à l'effet de constater le service journalier des corps-de-garde. Ces observations m'ont paru fondées ; et, pour concilier les besoins du service avec l'exécution des dispositions prescrites par Sa Majesté, j'ai pris les décisions suivantes, que je m'empresse de vous communiquer :

1.º Les commissaires des guerres se rendront, dans chacune des places de leur arrondissement, aussi fréquemment que le permettra le bien du service ; et, dans ces tournées, ils exécuteront littéralement les dispositions du décret du 27 octobre 1806.

2.º Lorsqu'à l'expiration d'un mois, le commissaire des guerres ne pourra pas se rendre dans l'une des places de son arrondissement, il en préviendra le commandant d'armes.

A la réception de cet avis, le commandant d'armes fera faire, pour le mois expiré, copie du registre dont la tenue est prescrite par l'article 2 du décret du 27 octobre, et l'enverra avec le registre au maire de la commune.

Le maire de la commune visera le registre, s'assurera que la copie est exacte, la certifiera, et renverra le tout au commandant d'armes, qui fera parvenir la copie ainsi certifiée au commissaire des guerres.

3.º Cette copie du registre servira de base à la revue des corps-de-garde de la place, et restera entre les mains du commissaire des guerres pour sa responsabilité.

LOI relative à la Formation des Conseils de guerre et de révision dans les Places de guerre investies et assiégées.

Du 11 Frimaire an 6.

LE conseil des Cinq-cents, considérant que la loi du 13 brumaire de l'an 5, qui règle la manière de procéder au jugement des délits militaires, et celle du 18 de ce

---

(1) *Voyez* page 200.

Recueil.

E e e

mois, portant établissement des conseils de révision, n'ont pas prévu le cas où une place de guerre serait investie et assiégée, et qu'il est instant de réparer cette omission, déclare qu'il y a urgence ;

Le conseil, après avoir déclaré l'urgence, prend la résolution suivante :

ART. 1.er

Dans toute place de guerre investie et assiégée, il sera formé des conseils de guerre et de révision, dont les membres seront pris, sur la désignation du commandant en chef de la place, parmi les officiers et sous-officiers de la garnison.

2.

La durée de leurs fonctions ne pourra excéder celle de l'état de siége.

3.

Les présidens de ces conseils adresseront au Ministre de la guerre, aussitôt qu'il leur sera possible, copie certifiée des jugemens rendus.

4.

Les lois relatives aux conseils de guerre et de révision permanens, sont communes à ceux établis par la présente, en tout ce qui n'y est pas contraire.

DÉCRET IMPÉRIAL relatif à la Désertion.

Au palais de Saint-Cloud, le 23 Novembre 1811.

NAPOLÉON, &c.;

Sur le rapport de notre ministre de la guerre,

Nous AVONS DÉCRÉTÉ et DÉCRÉTONS ce qui suit :

ART. 1.er

Tout sous-officier ou soldat qui, après avoir obtenu grâce pour crime de désertion, ne se rendra pas au corps qui lui aura été assigné, ou qui en désertera après s'y être rendu, sera puni de mort.

2.

Tout sous-officier ou soldat qui, en vertu du pardon que nous avons accordé par notre ordre du 5 mars 1811, aurait été conduit, comme déserteur ou réfractaire, à l'un de nos régimens de Walcheren, de la Méditerranée, de l'Ile-de-Ré, ou de Belle-Ile, ou à l'un des dépôts généraux de réfractaires, et qui ne se rendra pas au nouveau corps qui lui aura été assigné, ou qui en désertera dans les six premiers mois de son incorporation, sera puni de mort.

3.

La condamnation à mort prononcée d'après les articles ci-dessus, sera exécutée dans les vingt-quatre heures, à moins d'un ordre contraire émané de nous, ou à moins que le commandant d'armes, ou le général de brigade qui aura convoqué le conseil de guerre, n'ordonne un sursis à l'exécution, en raison des circonstances qui pourraient atténuer le crime du condamné.

4.

Dans ce dernier cas, ledit général ou commandant adressera à la direction générale des revues et de la conscription militaire, une copie du jugément de condamnation, au bas de laquelle il inscrira les motifs qui l'ont déterminé à prononcer le sursis.

5.

Notre Ministre de la guerre est chargé de l'exécution du présent décret, qui sera inséré au Bulletin des lois.

EXTRAIT des Minutes de la Secrétairerie d'état.

Au palais des Tuileries, le 19 Janvier 1812.

NAPOLÉON, &c.;

Sur le rapport de notre Ministre de la guerre,

Nous AVONS DÉCRÉTÉ et DÉCRÉTONS ce qui suit :

ART. 1.er

Tout insoumis, retardataire, réfractaire ou déserteur, qui, ayant été placé dans un de nos régimens de Walcheren, de la Méditerranée, de l'Ile-de-Ré, de Belle-Ile, ou dans un dépôt de réfractaires, aura, dans le courant de la présente année, déserté du régiment de ligne dans lequel il aurait été incorporé, sera puni de mort.

2.

Les dispositions des articles 3 et 4 de notre décret du 23 novembre dernier (1), sont applicables aux condamnations à mort, qui seront prononcées en exécution du présent décret.

3.

Notre Ministre de la guerre est chargé de l'exécution du présent décret.

Paris, le 28 Janvier 1812.

LE CONSEILLER D'ÉTAT Directeur général des Revues et de la Conscription militaire,

A MM. les Généraux commandant les Divisions militaires et les Départemens, les Généraux de brigade, les Commandans d'armes, les Chefs de Corps et de Détachemens militaires de toutes armes.

(Envoi d'un décret qui condamne certains déserteurs à la peine de mort).

MESSIEURS,

Je vous adresse ci-joint un décret impérial, en date du 19 janvier (2), portant que tout insoumis, retardataire, réfractaire ou déserteur, qui, ayant été placé dans l'un

---

(1) C'est le décret qui précède.
(2) C'est le décret qui précède.

des régimens de Walcheren, de la Méditerranée, de l'Ile-de-Ré, de Belle-Ile, ou dans un dépôt de réfractaires, aura déserté, dans le courant de la présente année 1812, du régiment de ligne dans lequel il aurait été incorporé, sera puni de mort.

Vous remarquerez que, d'après ce décret, la peine de mort devra être infligée à tous ceux de ces hommes qui auront déserté en 1812, soit qu'ils eussent été placés aux régimens ou dépôt de réfractaires, comme déserteurs ou réfractaires, soit qu'ils ne fussent que retardataires ou insoumis, soit qu'ils aient reçu cette destination en exe-cution du pardon accordé par Sa Majesté, le 5 mars 1811, soit qu'ils y aient été dirigés de toute autre manière. Vous remarquerez aussi que ces coupables auront en-couru la peine capitale, lors même qu'ils auront six mois et plus de service dans un corps de ligne ou ailleurs.

Quant à ceux de ces hommes qui ont déserté avant le 1.er janvier 1812, ils conti-nuent à être jugés et punis d'après les décrets impériaux des 14 octobre (1), 23 (2) et 30 novembre 1811 (3), et l'on suivra, à cet égard, les dispositions des articles 45, 46, 47 et 48 de mon instruction du 10 décembre dernier (4).

Mais, attendu que les articles 3 et 4 du décret précité du 23 novembre 1811, ont été maintenus par celui dont je vous transmets copie, MM. les généraux ou com-mandans d'armes qui auront convoqué le conseil de guerre spécial chargé de juger ces déserteurs, devront toujours, en cas de condamnation, examiner si le bien du service exige qu'il soit fait promptement un exemple, ou bien si des circonstances atténuantes, ou le nombre des condamnés, ou quelqu'autre cause importante, doivent les déterminer à suspendre l'exécution et à m'en référer, ainsi qu'il est dit à l'article 52 de l'instruction du 10 décembre précitée.

Je vous invite, Messieurs, à prescrire d'indiquer dans les signalemens des hommes qui auront déserté en 1812, s'ils sont ou non dans le cas du décret du 19 janvier, c'est-à-dire, s'ils avaient fait partie d'un régiment ou dépôt de réfractaires, et à faire faire de temps en temps, et sur-tout au moment où les troupes se mettent en marche, la lecture, non-seulement de ce décret, mais encore de ceux des 14 octobre, 23 et 30 novembre derniers.

Paris, 24 Nivôse an 13.

LE MINISTRE DE LA GUERRE,
Aux Commandans d'armes.

Harmonie entre les autorités civiles et militaires pour la police.

JE vous préviens, Messieurs, que, pour assurer l'harmonie qui doit régner entre l'autorité civile et l'autorité militaire, dans l'exécution des différentes mesures de police qui exigent le concours de l'une et de l'autre, j'ai pris, de concert avec son excel-lence le Ministre de la police générale, une décision qui règle la manière dont ces autorités doivent se communiquer les renseignemens relatifs à l'entrée et à la sortie des étrangers dans les différentes places de guerre.

Il est arrêté par cette décision, qu'à l'entrée de chaque voyageur ou étranger dans

---

(1) Journal militaire, année 1811, II.e partie, page 201.
(2) *Voyez* page 202.

(3) Journal militaire, année 1811, II.e partie, page 202.
(4) *Ibid.* page 257.

une

une place, le commandant d'armes, aussitôt qu'il en aura reçu avis, fera parvenir directement et de suite le même avis à l'autorité civile, avec les noms et qualités des individus arrivans, par l'intermédiaire des portiers-consignes placés à l'entrée de la ville.

Ce mode de communication remplacera à l'avenir celui qui était prescrit par l'arrêté du Directoire exécutif du 20 pluviôse an 4 (1), qui chargeait les commandans amovibles des places de se rendre chaque jour, à une heure réglée, chez les commissaires du pouvoir exécutif, pour leur faire part des renseignemens qu'ils avaient reçus.

Je vous prie de vous conformer, Messieurs, aux présentes dispositions.

EXTRAIT du Réglement concernant le Chauffage des Troupes et les Bois et Lumière des Corps-de-garde.

Du 1.er Fructidor an 8 (2).

ART. 29.

LES distributions du chauffage et de la lumière aux corps-de-garde, se feront chaque jour, dans les magasins destinés à cet effet, immédiatement après la garde relevée, mais jamais plus tard que quatre heures.

Pour que ces distributions se fassent dans les proportions prescrites par le présent réglement, il sera donné aux troupes connaissance de ces proportions, par des affiches placées dans chaque corps-de-garde et dans les magasins du chauffage, par ordre des commandans des places.

Et pour que, d'un autre côté, les fournitures soient constamment relatives à la force armée de chaque corps-de-garde, le secrétaire de la place remettra à un caporal de chaque poste, un marron de cuivre ou de fer-blanc, sur lequel sera marquée la classe du corps-de-garde : ce caporal, après la prise de possession du poste, remettra le marron à deux hommes, qui, munis du panier ou du brancard, iront recevoir au magasin le chauffage et la lumière pour le poste.

Le garde-magasin renverra le marron au secrétaire de la place, immédiatement après la distribution.

31.

Le nombre effectif des corps-de-garde occupés dans chaque lieu, sera constaté par les commissaires des guerres, au moyen des revues qu'ils dresseront de ces corps-de-garde à la fin de chaque mois.

Ces revues contiendront, conformément au modèle ci-annexé, n.° 2, la désignation des places, celle des corps-de-garde occupés, leur nombre et leur classe, les journées d'occupation, la nature et les quantités des fournitures qui y auront été faites.

Les commandans des places certifieront ces revues, et seront responsables de leur exactitude, conjointement avec les commissaires des guerres.

Ces commandans seront d'ailleurs particulièrement responsables des fournitures faites à des corps-de-garde qu'ils conserveraient ou établiraient sans une nécessité absolue. Ils doivent continuellement se rappeler que, conformément aux réglemens, le service

---

(1) Journal militaire, an 4, I.re partie, page 413.
(2) *Ibid.* an 8, II.e partie, page 763.

F ff

de la garde des places doit, à moins de cas extraordinaires, être toujours combiné et réglé de manière que le soldat ait autant de nuits de repos qu'il soit possible, et jamais moins de cinq nuits : en conséquence, le nombre des sentinelles doit constamment être réduit à celui indispensable, et doit se limiter, en général, aux établissemens militaires, aux généraux et officiers commandans la division, l'arrondissement ou la place, sauf à rendre aux autres généraux les honneurs militaires qui leur sont dus.

37.

Les bâtimens des corps-de-garde réputés militaires, leurs lits-de-camp, bancs, tables, rateliers d'armes, planches à pain et guérites, seront entretenus, réparés et conservés par les soins des officiers du génie, et, à leur défaut, par ceux des commissaires des guerres. Ces derniers seront particulièrement chargés de l'entretien et conservation de tous les autres effets et ustensiles : ils feront de plus fournir, 1.° dans les corps-de-garde, les plumes, l'encre et le papier nécessaires aux rapports, les livrets, boîtes et marrons de ronde et de chauffage; 2.° dans le bureau du secrétaire de la place, les registres de garde, de consignes et d'ordres, les états imprimés de garde, ainsi que les papiers, plumes, encre et autres objets nécessaires.

Cependant la police et la surveillance des postes et corps-de-garde appartiennent au commandant de la place ; les commandans des places, les officiers du génie et les commissaires des guerres, devront continuellement se concerter sur tous les besoins.

38.

Les remplacemens et réparations qu'exigeront les effets et ustensiles des corps-de-garde, se feront chaque année, principalement avant l'hiver.

En conséquence, dans les premiers jours de vendémiaire ou même dans le courant de fructidor, le commandant de la place, le commissaire des guerres et l'officier du génie, feront une visite de tous les corps-de-garde qui seront dans le cas d'être occupés; ils reconnaîtront les réparations à faire aux bâtimens, ainsi que les effets, ustensiles et capotes de sentinelle à remplacer ou à réparer; et il sera dressé procès-verbal de cette visite par le commissaire des guerres.

Ce procès-verbal contiendra l'inventaire de tous les objets à l'usage des corps-de-garde de la place; il indiquera ensuite, 1.° les réparations et remplacemens des articles qui doivent être entretenus par les soins de l'officier du génie; 2.° les réparations de ceux dont la fourniture et l'entretien appartiennent aux commissaires des guerres.

Dès que tout sera constaté, les officiers du génie feront l'évaluation des remplacemens et réparations qui les concernent, et y feront pourvoir ainsi qu'il en est usé pour les ustensiles de caserne de même espèce.

Les commissaires des guerres, de leur côté, feront évaluer les remplacemens et réparations des articles dont l'entretien rentre dans leur attribution ; ils en adresseront le procès-verbal et l'état estimatif au commissaire ordonnateur : celui-ci pourra sur-le-champ en autoriser la dépense jusqu'à concurrence de 300 francs pour les grandes garnisons, et 100 francs pour les petites; et il prendra les ordres du Ministre pour le surplus.

39.

Comme les effets et ustensiles de corps-de-garde de toute espèce ne doivent être renouvelés au compte de la république que lorsque, par vétusté, ils ne pourront plus servir à l'usage auquel ils sont destinés ; et comme d'ailleurs chaque garde est responsable de ceux qui sont mis à son usage, il sera affiché dans chaque corps-de-garde, par les ordres du commandant de la place, à la diligence du commissaire des guerres, un inventaire signé de l'adjudant de la place, des effets et ustensiles qui s'y trouveront établis. Cet inventaire se renouvellera au commencement des mois d'hiver et des mois d'été. Le caporal de la garde montante vérifiera avec celui de la garde descendante, si tous les effets énoncés à l'inventaire sont réellement existans et en bon état, de même que les vitres, portes et fenêtres.

En cas d'effets manquans ou de dégradations, le commandant de la garde montante en rendra compte à l'adjudant de la place, et les effets et ustensiles seront remplacés sur-le-champ, ou réparés aux frais du caporal de la garde descendante, sauf son recours envers ceux qui auraient distrait les articles manquans ou fait les dégradations.

Et à défaut par le caporal de la garde montante de n'avoir pas informé le commandant du poste des effets manquans ou dégradés, il en restera seul responsable.

45.

S'il manquait, dans une place, de terrains et de bâtimens qui pussent être affectés au service du chauffage, il en serait pris à loyer ; mais préalablement la nécessité de cette mesure serait constatée par les commandans, officiers du génie et commissaires des guerres, après une visite qu'ils feraient conjointement de tous les terrains et établissemens militaires ; il serait dressé procès-verbal de cette visite.

EXTRAIT de l'Arrêté relatif à la Masse de Chauffage pour l'an 12.

Saint-Cloud, le 7 Floréal an 11 (1).

ART. 9.

LA fourniture des bois et lumière des corps-de-garde sera faite en nature et au moyen des adjudications qui en seront faites par département ou par division.

Elle aura lieu d'après les bases fixées par le réglement du 1.er fructidor an 8 (2).

L'existence des corps-de-garde et leur classement seront constatés tous les mois par des revues signées du commandant d'armes et du commissaire des guerres.

EXTRAIT du Réglement concernant les services des Convois militares et des Transports directs du ressort de l'Administration de la guerre.

Du 18 Frimaire an 14 [19 Décembre 1805] (3).

SECTION II.

ART. 19.

HORS les cas désignés dans les articles précédens, les fournitures en convois militaires ne seront faites, soit aux corps de troupes, soit aux militaires isolés, que sur les mandats des commissaires des guerres, visés successivement par les maires des communes dans lesquelles ces fournitures devront être exécutées.

---

(1) Journal militaire, an 11, II.e partie, page 403.
(2) Voyez page 205.
(3) Journal militaire, an 14, I.re partie, page 245.

En cas d'absence ou à défaut des commissaires des guerres, ils pourront être remplacés par les sous-préfets. Dans les places de garnison, ainsi que dans les communes frontières de la France où il ne résiderait ni commissaire des guerres ni sous-préfet, les fournitures de convois militaires pourront être faites en vertu des ordres des commandans d'armes , et , à défaut de ceux-ci , en vertu des ordres des maires, mais seulement aux parties prenantes appartenant à la garnison, ou à celles qui entreraient sur le territoire de l'Empire.

Les mandats pour fournitures de convois militaires aux corps entiers et détachemens, seront conformes au modèle n.° 1 ; ceux relatifs aux militaires isolés seront conformes aux modèle n.° 2. Les fonctionnaires qui délivreront ces mandats , devront en remplir les blancs avec exactitude, et biffer les articles dont, suivant la composition des corps et détachemens, ou la nature des infirmités des militaires, il ne devra pas être fait usage. La moindre négligence à cet égard entraînera la retenue du montant des fournitures reconnues illégales, sur le traitement du fonctionnaire qui les aura ordonnées.

20.

En conséquence, le commissaire des guerres ou le fonctionnaire ayant droit de le remplacer, délivrera à chaque partie prenante porteur d'une feuille de route, autant de mandats que la partie prenante aura de stations ou gîtes à parcourir jusqu'au lieu de résidence du premier commissaire des guerres sur la route : celui-ci délivrera de nouveaux mandats , et ainsi de suite jusqu'à destination ; de manière que les sous-préfets (les commandans d'armes ou les maires, dans les cas prévus par l'article précédent) n'auront de mandats à délivrer qu'aux parties prenantes, et auxquelles ils expédieront en même temps des feuilles de route.

Ces mandats seront également individuels pour les militaires conduits par la gendarmerie , lorsqu'il sera constaté qu'ils ne pourront faire route à pied : ils seront collectifs lorsque ces militaires seront au nombre de dix au moins, pour deux hommes d'escorte. Si, dans ce cas, parmi les individus conduits par la gendarmerie, il s'en trouve qui appartiennent à la marine, les commissaires des guerres, ou, à leur défaut, les sous-préfets, délivreront pour ceux-ci un mandat séparé de celui affecté aux individus ressortissant au département de la guerre : l'un et l'autre de ces mandats indiqueront le nombre des militaires conduits, et celui des gendarmes chargés de les escorter.

A l'égard des militaires évacués d'un hôpital sur un autre, il leur sera délivré des mandats nominatifs et individuels, toutes les fois qu'ils ne seront pas au nombre de six. Lorsque leur nombre excédera cette proportion , il ne sera délivré qu'un seul mandat pour tous; mais le fonctionnaire chargé de délivrer ce mandat, se fera remettre par le directeur de l'hôpital, un état des militaires qui y seront compris : cet état devra contenir tous les renseignemens exigés par les registres de route pour les militaires isolés; et ces renseignemens y seront portés avec exactitude.

Si ces militaires sont accompagnés d'un officier de santé, il lui sera délivré des mandats particuliers pour la fourniture d'un cheval de selle.

Hors les deux cas précités , le même mandat ne pourra comprendre plusieurs parties prenantes marchant en vertu de feuilles de route particulières , quand même elles auraient la même destination.

SECTION

SECTION ·III.

Dispositions de Police pour le service des Convois.

ART. 30.

Il est expressément défendu à tous officiers, sous-officiers et soldats, de surcharger les voitures, d'y laisser monter les vivandiers, femmes et enfans, d'excéder ou surmener les chevaux, de maltraiter les conducteurs, de menacer, d'injurier ou maltraiter les fonctionnaires publics, non plus que les préposés au service.

Il est également défendu de s'emparer, pour ajouter aux voitures ou pour tout autre usage, d'aucun cheval travaillant ou passant dans la campagne ou sur la route.

Les commandans des corps ou détachemens sont chargés, sous leur responsabilité, de réprimer tous les excès et abus qui pourraient se commettre, et d'en punir ou faire punir les auteurs.

Ce soin est également recommandé à MM. les officiers généraux, commandans d'armes et commissaires des guerres.

Ces derniers fonctionnaires sont particulièrement chargés de surveiller la conduite des militaires voyageant isolément : ils rendront compte à son Ex. le Ministre-directeur de l'administration de la guerre, des abus qui seraient parvenus à leur connaissance, et des mesures prises pour leur répression.

SECTION IV.

Comptabilité du service des Convois militaires.

CHAPITRE I.er

ART. 48.

Le premier de chaque mois, les sous-préfets transcriront, à la suite de leurs états, les détails des feuilles de route et mandats que les maires des communes de leur arrondissement auront été dans le cas de délivrer pendant le cours du mois précédent ; ils auront soin d'indiquer, en tête de chaque article, le nom et la résidence de chacun desdits maires. Cette opération terminée, ils arrêteront leurs états, et les enverront, avant le 5 du mois, au commissaire des guerres de l'arrondissement. Les commandans d'armes qui auront délivré des mandats en vertu de l'article 19, en adresseront également l'état au commissaire des guerres de l'arrondissement, du 1.er au 5 de chaque mois, pour le mois précédent.

Lorsqu'il n'aura été délivré ni mandat, ni feuille de route dans le courant d'un mois, il devra être adressé un état négatif au commissaire des guerres.

En cas de retard de la part des commandans d'armes ou sous-préfets dans les envois que leur prescrit le présent article, les commissaires des guerres devront leur écrire pour réclamer ces envois.

(Les Modèles n.os 1 et 2 sont ci-contre.)

[MODÈLE n.º 1.ᵉʳ]

SERVICE DES CONVOIS MILITAIRES.

Corps entiers et Détachemens.

N.º D'ORDRE du bordereau de place.	INDICATION de L'ARME.	NUMÉROS du Régiment.	du Bataillon ou de l'Escad.ⁿ	de la Compagnie.	EFFECTIF DU CORPS ou détachement.	NUMÉROS DU REGISTRE, du signataire du mandat.

LE maire de la commune d   est invité à faire fournir
au   ci-dessus,   voitures à 4 colliers   voitures à 3 col.
             voiture à 2 colliers   voitures à 1 col.
             chev   de trait   chev   de selle
             chev   de bât (1)   pour le transport
jusqu'à   des bagages et des militaires infirmes à la suite
             Fait par nous (2)   à   le
Vu bon à fournir par le préposé aux convois militaires de cette commune.
       A   le

         Le Maire

(1) Le fonctionnaire qui expédiera le mandat, aura soin de passer un trait sur les mots indicatifs des fournitures non ordonnées.

(2) Indiquer dans ce blanc le nom et la qualité du fonctionnaire qui délivrera le mandat.

           de
           à

CERTIFICAT DE VU ARRIVER.

NOUS soussigné,   de la commune d
certifions que la fourniture ordonnée par le mandat d'autre part nous a été représentée.

       A   le

Nota. Le visa d'autre part, ainsi que le certificat ci-dessus, doivent être signés par le maire ou l'adjoint de la commune.

Le défaut de cette formalité fera rejeter la fourniture du compte du préposé.

[MODÈLE n.° 2.]

SERVICE DES CONVOIS MILITAIRES.

Militaires marchant isolément.

N.° D'ORDRE du bordereau de place.	INDICATION de L'ARME.	NUMÉROS			NOM ET GRADE du MILITAIRE.	NUMÉRO DU REGISTRE, du signataire du mandat.
		du Régiment.	du Bataillon ou de l'Escad.^{on}	de la Compagnie.		

LE maire de la commune d   est autorisé à faire transporter, par le
préposé aux convois militaires , jusqu'à   l'individu ci-dessus

dénommé (1) { pouvant aller indifféremment à cheval ou en voiture.
ne pouvant supporter que la voiture.
ne pouvant supporter que le cheval de selle.

Fait par nous (2)   à   le
VU bon à exécuter par le préposé aux convois militaires de cette commune.
A   le

(1) Le fonctionnaire qui expédiera le mandat, ne laissera subsister que celles de ces trois lignes qui sera applicable à la situation de la partie prenante ; il passera un trait sur les deux autres.

(2) Indiquer dans ce blanc le nom et la qualité du fonctionnaire qui délivrera le mandat.

Le Maire
de
à

CERTIFICAT DE VU ARRIVER.

NOUS soussigné   de la commune d
certifions que le mandat d'autre part a été exécuté.

A   le

Nota. Le certificat ci-dessus doit être signé par le maire ou l'adjoint de la commune, ainsi que le visa d'autre part.
Le défaut de cette formalité fera rejeter la fourniture du compte du préposé.

Paris, le 3 Nivôse an 14 [24 Décembre 1805.]

*LE MINISTRE-DIRECTEUR de l'Administration de la guerre,
A MM. les Généraux commandant les Divisions et les Départemens,
les Préfets, Sous-préfets et les Maires des gîtes d'étape, les Commandans de la Gendarmerie impériale, les Commandans d'armes, les
Inspecteurs et Sous-inspecteurs aux revues, les Commissaires ordonnateurs et ordinaires des guerres, les Membres composant les Conseils
d'administration des Corps de troupes.*

DEPUIS l'émission du réglement du 16 pluviôse an 11 (1), sur le service des
convois militaires et des transports directs, Messieurs, différentes circulaires en ont
changé ou modifié les dispositions. Le décret impérial du 25 germinal an 13 [25
avril 1805] (2), relatif aux revues, nécessitait lui-même des changemens dans le
mode de comptabilité de ce service. Enfin des abus imprévus, quelques lacunes, et
la quantité prodigieuse d'écritures qui résultait du réglement précité, provoquaient
une mesure susceptible de remédier à ces inconvéniens, et de simplifier le travail.

C'est dans cette intention que je viens d'approuver un nouveau réglement sur le
service des convois militaires et transports directs, sous la date du 18 frimaire an 14
[9 décembre 1805] (3), dont je vous adresse ci-joints des exemplaires.

Ce réglement, substitué à celui du 16 pluviôse, aura pour avantage de déterminer, d'une manière plus précise, les moyens de transport à allouer à chaque corps
ou détachement, d'apporter les réductions convenables dans cette partie des dépenses,
et de spécifier la nature du transport de chaque militaire isolé. Il en résultera aussi
qu'il ne devra plus être fait de copies de registre de route; que les bordereaux
généraux, qui étaient si volumineux, se réduiront à de simples états récapitulatifs,
et que MM. les commissaires ordonnateurs n'auront plus à m'adresser, pour
les transports directs, les tableaux prescrits par mes circulaires des 2 ventôse
an 12 (4) et 6 vendémiaire an 13 (5).

MM. les sous-préfets remarqueront qu'à la suite des états mensuels de feuilles
de route et mandats délivrés par eux, ils devront inscrire avec exactitude les feuilles
de route et mandats qui auraient été expédiés par des maires de leur arrondissement,
dans le petit nombre de cas prévus par les articles 17, 18 et 19. En fixant leur
attention sur l'article 50, je leur recommande aussi de ne porter sur les états du
dernier mois de chaque trimestre, que les mandats destinés à être consommés pendant le cours dudit mois.

Dans les communes où il ne réside ni commissaire des guerres ni sous-préfet,
MM. les commandans d'armes sont appelés à les suppléer, préférablement aux
maires de ces communes. A cet effet, ils rempliront, jour par jour, des états semblables à ceux prescrits pour MM. les sous-préfets, et ils les transmettront, à la fin
de chaque mois, au commissaire des guerres de leur arrondissement respectif.

---

(1) Journal militaire, an 11, I.re partie, p. 321.
(2) Voyez page 221.
(3) Voyez page 207.
(4) Journal militaire, an 12, I.re partie, p. 314.
(5) Ibid. an 13, I.re partie, page 11.

Dans

Dans les chefs-lieux de préfecture où il n'existe pas de commissaire des guerres, le secrétaire général de la préfecture remplira, à l'égard du service des convois, les fonctions attribuées aux sous-préfets ; en conséquence, les mandats qu'il délivrera seront signés par lui, sans qu'il puisse s'en dispenser au moyen d'un timbre ou d'une griffe.

Je ne crois pas inutile de tracer ici à MM. les préfets et sous-préfets, les maires et les commandans d'armes la marche qu'ils devront suivre toutes les fois qu'ils auront à se plaindre de la mauvaise exécution du service. Souvent des plaintes me sont directement adressées à ce sujet, sans que l'ordonnateur de la division soit instruit de rien ; avant que les lettres me parviennent, que j'aie donné à l'entrepreneur général et au commissaire ordonnateur les ordres nécessaires pour faire cesser ces plaintes, il s'est écoulé un temps précieux qui aggrave la situation du service, tandis que l'ordonnateur, si les faits eussent été à sa connaissance, aurait pu remédier à tout, soit en prescrivant à l'agent de l'entrepreneur général près de lui, de se transporter sur les lieux, soit par toute autre mesure. Un autre inconvénient arrive lorsque l'ordonnateur est informé de l'état des choses en même temps que moi : les dispositions qu'il fait se croisent avec celles que j'ordonne. Il est donc indispensable d'agir avec une méthode sûre qui abrège le travail et remédie promptement au mal. En conséquence, j'invite MM. les préfets, les sous-préfets, les commandans d'armes et les maires qui auront des plaintes à former contre le service, à les adresser directement au commissaire ordonnateur de la division, et à ne m'écrire, à ce sujet, que lorsqu'ils ne recevraient pas de cet ordonnateur une réponse satisfaisante. Je recommande à MM. les commissaires ordonnateurs de répondre avec exactitude à toutes les plaintes qui leur seront adressées ; et s'ils étaient dans l'impossibilité d'en faire cesser l'objet, de me rendre un compte exact et prompt des motifs de leur impuissance. D'après cet ordre de choses, messieurs les commissaires ordonnateurs ne devront pas perdre de vue qu'ils seront responsables des suites que pourrait avoir l'interruption du service, lorsqu'ils ne m'en auront point informé, et lorsque, pour la faire cesser, ils n'auront pas fait usage de tous les moyens à leur disposition.

MM. les commissaires des guerres devront apporter les plus grands soins dans la tenue de leurs registres de route, dans l'inscription qu'ils feront à la suite desdits registres, à la fin de chaque trimestre, du montant des états fournis mensuellement par MM. les sous-préfets et commandans d'armes ; dans l'envoi qu'ils feront chaque mois au commissaire ordonnateur de leur division respective, du relevé sommaire de ces registres, et enfin dans la vérification qu'ils opéreront des bordereaux des fournitures faites dans les places de leur arrondissement. Je crois inutile de m'étendre davantage sur le surplus des obligations que leur impose le nouveau réglement, persuadé qu'ils se pénétreront de toutes ses dispositions, et qu'ils s'empresseront de s'y conformer.

Je recommande à MM. les commissaires ordonnateurs de diriger avec la plus grande attention l'exécution des dispositions relatives à la tenue des registres de route, à l'envoi des relevés de ces registres, à la remise des bordereaux particuliers et généraux aux époques prescrites, et généralement à tout ce qui tend à perfectionner le mode de comptabilité nouvellement adopté : ils auront soin aussi de fournir en quantité suffisante, à MM. les sous-préfets et les commandans d'arms, tous les imprimés dont ces fonctionnaires auront besoin. Je leur recommande

H h h

également de m'adresser, dans les quinze premiers jours de janvier 1806, des tableaux conformes au modèle n.° 6, pour chacun des trois premiers mois de l'an 14; à l'effet de quoi ils doivent se faire fournir par les commissaires des guerres de leur division respective, et pour chacun de ces mois, des relevés de leurs registres conformes au modèle n.° 5.

J'invite MM. les généraux commandant les divisions et les départemens, les commandans d'armes, les commandans de la gendarmerie impériale et les chefs des corps, à surveiller avec exactitude les mesures de police indiquées pour le maintien de l'ordre et la répression des abus que l'on tend toujours à introduire dans le service des convois. Celui des achats, sur-tout, ne peut trop fixer leur attention ; je suis informé que, non-seulement des militaires isolés, mais même des conducteurs de détachemens de conscrits et de prisonniers de guerre, osent se permettre de recevoir, des préposés aux convois, de l'argent en remplacement des voitures et chevaux qui leur sont alloués. Il importe de punir ceux des préposés qui se rendent coupables de ce délit, en les condamnant à l'amende déterminée par l'article 54, et pour le paiement de laquelle des fonds seront faits avec exactitude, afin que les gendarmes qui constateront la fraude, puissent jouir promptement de la récompense qui leur est assignée ; mais, en même temps, il convient que les militaires qui s'y seraient prêtés, reçoivent la peine due à leur cupidité.

MM. les maires doivent contribuer de tous leurs efforts à la répression de cet abus. Je suis informé que quelques-uns consentent avec trop de facilité à viser, à la fin de chaque mois, les mandats qui leur sont présentés par les préposés aux convois des gîtes d'étape circonvoisins, pour y constater le *vu arriver* des voitures fournies pendant le cours de ce mois. Ils ne doivent pas perdre de vue qu'en cela ils commettent évidemment un faux, puisqu'ils attestent qu'une fourniture a été faite tel jour, un mois après l'époque de la fourniture, chose qu'il leur est réellement impossible de savoir. J'invite ces fonctionnaires à se pénétrer du tort qu'ils font à l'État par cette malheureuse faiblesse, et j'attends de leur zèle et de leur amour pour le bien public, qu'à l'avenir ils ne viseront aucun mandat pour fourniture de convois, qu'au moment de leur arrivée dans leur commune respective, des militaires transportés, et qu'après s'être assurés de la réalité de la fourniture. Après cette invitation paternelle, je ne puis me dispenser de les prévenir que s'il était reconnu qu'ils se fussent écartés de cette marche, et qu'il en résultât une dépense onéreuse pour l'État, cette dépense retomberait à leur charge, et que des poursuites seraient exercées contre eux pour en recouvrer le remboursement.

Ce nouveau réglement contient au surplus, Messieurs, les instructions les plus amples sur tout ce qui pourrait vous être relatif dans l'exécution du service des convois militaires et des transports directs. Si quelques-unes de ses dispositions vous laissaient des doutes, je vous invite à me les faire connaître ; je m'empresserai de vous donner tous les éclaircissemens qui pourraient vous être nécessaires.

Je me repose, Messieurs, de l'exécution de ce réglement, sur votre zèle et votre attachement aux intérêts de l'État.

Paris, le 12 Juillet 1806.

LE MINISTRE-DIRECTEUR de l'Administration de la guerre,

A MM. les Commissaires ordonnateurs et ordinaires des guerres, les Préfets et Sous-préfets, les Commandans d'armes, les Commandans de la Gendarmerie Impériale.

JE suis informé, Messieurs, qu'il règne beaucoup de négligence dans la délivrance des feuilles de route. J'ai acquis la certitude qu'il en avait été délivré à des hommes sans aveu, ou qui, prenant des noms et des qualités supposés, se sont soustraits, par ce moyen, à la vigilance de la police : la moindre conséquence de cette coupable facilité était de donner lieu à des dépenses abusives et onéreuses au trésor de l'État.

Les commandans d'armes doivent suppléer aux commissaires des guerres absens, pour la délivrance des feuilles de route.

Les commissaires des guerres et les commandans d'armes sont d'autant moins excusables à ce sujet, que les réglemens et circulaires ont souvent appelé leur attention sur cette importante partie de leurs devoirs. Ils savent tous qu'il ne doit être délivré des feuilles de route qu'à des militaires ou employés y assimilés, dépendans du département de la guerre, porteurs de titres servant à constater leurs qualités.

Rappeler ici, Messieurs, les dispositions des réglemens sur cet objet, c'est vous recommander de tenir sévèrement la main à leur exécution, seul moyen d'empêcher que les inconvéniens graves dont on se plaint, ne se renouvellent.

Pour y parvenir plus sûrement, j'ai décidé,

1.° Que les maires ne pourront, sous quelque prétexte que ce soit, délivrer aucune feuille de route. Lorsque des militaires se présenteront à eux pour en obtenir, ils leur délivreront un sauf-conduit pour se rendre auprès du commissaire des guerres, ou du commandant d'armes, ou du sous-préfet le plus voisin ;

2.° Que les commandans d'armes, les préfets et sous-préfets auront seuls le droit de suppléer les commissaires des guerres dans la délivrance des feuilles de route ; mais que toutes les fois qu'ils seront dans le cas de délivrer une feuille de route à un militaire ou à un employé y assimilé, ils devront y énoncer très-expressément qu'elle ne sera valable que jusqu'à la résidence la plus prochaine d'un commissaire des guerres : là, elle sera annullée, et le commissaire des guerres du lieu en délivrera une nouvelle, laquelle aura son effet jusqu'à destination ;

3.° Que les commissaires des guerres, ou, à leur défaut, les commandans d'armes, préfets ou sous-préfets, ne pourront délivrer de feuilles de route que sur la représentation des titres justificatifs des noms et qualités des personnes qui en réclameront, et qu'ils devront faire une mention exacte de ces titres, en tête de chaque feuille ;

4.° Que le signalement placé en tête des imprimés servant aux feuilles de route, sera rempli avec exactitude ;

5.° Que chaque feuille relatera le jour fixe du départ (lequel devra toujours être, au plus tard, le lendemain de la délivrance de la feuille de route), ainsi que les gîtes qui devront être parcourus, afin que le militaire ne puisse, sous aucun prétexte, s'écarter de la direction qui lui sera tracée ;

6.º Que le titulaire d'une feuille de route y apposera sa signature en marge du signalement; et que, dans le cas où il déclarerait ne savoir signer, il en sera fait mention expresse ;

7.º Que tout individu qui, se disant militaire ou employé militaire, ne serait porteur d'aucune pièce qui constatât son identité, sera traduit par-devant le commissaire de police ou le juge de paix, afin qu'il puisse être pris, à son égard, des mesures de police, suivant l'exigence du cas.

Il importe à la sûreté publique que les commissaires des guerres, les préfets ou sous-préfets, et les commandans d'armes, fassent le plus scrupuleux usage des précautions que je viens d'indiquer. Je m'en réfère, pour le surplus, au réglement du 9 décembre 1805 (1) sur le service des troupes en marche. Je requiers les commandans de la gendarmerie impériale de faire arrêter tout individu porteur d'une feuille de route qui ne serait pas revêtue des formalités ci-dessus prescrites. Il n'est d'ailleurs apporté aucun changement au mode d'expédition des feuilles de route aux corps entiers et détachemens.

J'ai lieu de croire, Messiéurs, que cet avis suffira pour réveiller en vous l'idée, peut-être affaiblie, de l'importance de vos fonctions à cet égard; mais je suis dans la nécessité de rappeler aux commissaires des guerres et aux commandans d'armes, que la moindre négligence de leur part, aurait pour eux les conséquences les plus fâcheuses; et que, s'il m'était présenté une feuille de route qui ne fût pas revêtue de toutes les formalités requises, et dont sur-tout le signalement ne fût pas fidèlement rempli, je me verrais forcé d'en rendre compte à Sa Majesté l'Empereur.

EXTRAIT de l'Instruction pour servir à l'exécution du Décret du 30 Décembre 1810 (2), portant réunion du Supplément d'étape et des Masses d'ordinaire et de pain de soupe, à la solde.

Du 4 Mars 1811 (3).

(*VISA* des états de paiement attribué aux commandans d'armes, et, à leur défaut, aux préfets et sous-préfets, mais seulement dans le cas de départ et de passage.)

ART. 9.

D'APRÈS l'instruction du 1.er septembre 1810 (4), sur l'exécution du décret du 16 mai (5), les inspecteurs aux revues et les commissaires des guerres ont seuls le droit d'arrêter les états de paiement : néanmoins, lorsqu'il y aura dans quelques départemens ou dans quelques places, absence simultanée d'inspecteurs et de commissaires des guerres, les commandans d'armes, et, à leur défaut, les préfets et sous-préfets, pourront arrêter les états de paiement, mais seulement dans le cas de départ et de passage des troupes.

---

(1) *Voyez* page 207.

(2) Journal militaire, an 1810, II.e partie, page 402; Bulletin des lois, n.º 339, 4.e série, loi n.º 6337.

(3) Journal militaire, année 1811, I.re partie, page 161.

(4) Journal militaire, année 1810, II.e partie, page 205.

(5) Journal militaire, année 1810, I.re partie, page 430; Bulletin des lois, 4.e série, n.º 289, loi n.º 5477.

Confection

Confection d'une troisième Expédition de l'État; destination de cette Pièce.

Il sera fait alors une troisième expédition des états : cette expédition sera adressée à l'inspecteur divisionnaire, à qui le payeur devra soumettre l'expédition quittancée, et celle portant déclaration de quittance, pour être visées et approuvées ; condition sans laquelle le paiement effectué ne sera point admis en dépense.

Avis et Renseignemens à donner par l'Inspecteur aux Commandans d'armes, Préfets
et Sous-préfets.

L'inspecteur divisionnaire donnera tous les avis et renseignemens nécessaires aux commandans d'armes, préfets et sous-préfets des départemens et places où il y aura lieu à exécuter ces dispositions.

Paris, le 6 Juillet 1811.

LE MINISTRE-DIRECTEUR *de l'Administration de la guerre, Ministre*
d'état,

A MM. *les Inspecteurs et Sous-inspecteurs aux Revues, les Commissaires*
ordonnateurs et ordinaires des guerres, les Commandans d'armes, et les
Préfets et Sous-préfets.

(LES états de paiement de l'indemnité de convois, pourront être arrêtés par les commandans d'armes, préfets et sous-préfets, à défaut de commissaires des guerres et de sous-inspecteurs aux revues.)

M. le payeur général des dépenses de la guerre a élevé, Messieurs, les deux questions de savoir, 1.° si l'on doit appliquer à l'indemnité de convois, et en général aux dépenses placées sous la surveillance des commissaires des guerres, les dispositions de l'art. 9 de l'instruction de M. le directeur général des revues, du 4 mars dernier (1), qui autorisent les commandans d'armes, et à leur défaut, les préfets et sous-préfets, à arrêter, en l'absence simultanée de sous-inspecteurs et de commissaires des guerres, les états de paiement des dépenses de solde, mais seulement dans le cas de départ ou de passage de troupes ;

2.° Et, dans le cas de l'affirmative, si, conformément à ce qui est prescrit par le deuxième paragraphe du même article, ce sont les inspecteurs qui doivent viser et approuver les états quittancés de ces dépenses ainsi autorisées.

Pour faire cesser toute incertitude à cet égard, j'ai décidé, le 17 du mois dernier, que les dispositions du premier paragraphe de l'art. 9 de l'instruction arrêtée par M. le conseiller d'état directeur général des revues, le 4 mars dernier, seront, dans les mêmes circonstances seulement, appliquées aux dépenses d'indemnités de convois ; et comme les commissaires ordonnateurs ont plus de moyens que MM. les inspecteurs aux revues, d'exercer une censure exacte sur les paiemens ainsi autorisés par les commandans d'armes, préfets ou sous-préfets, j'ai encore décidé que la troisième expédition de l'état de paiement, dont la rédaction est precrite par le deuxième

---

(1) C'est l'instruction qui précède.

paragraphe de l'art. 9 de l'instruction du 4 mars, sera adressée au commissaire ordonnateur, à qui le payeur devra soumettre l'état quittancé et la déclaration de quittance
pour être approuvés, condition sans laquelle le paiement ne sera point admis en
dépense.

Cette troisième expédition de l'état de paiement mettra MM. les commissaires
ordonnateurs en mesure de reconnaître les erreurs commises par MM. les commandans
d'armes ou préfets, et de les signaler, en temps utile, à celui de leurs collègues dans
la division duquel devra passer le corps qui aura trop perçu.

Je vous rappelle, Messieurs, que le cas de départ ou de passage de troupe est la
seule circonstance dans laquelle MM. les commandans d'armes, ainsi que MM. les
préfets ou sous-préfets, aient le droit d'arrêter les états de paiement, en l'absence
simultanée de sous-inspecteurs aux revues et de commissaires des guerres. Ainsi, les
états établis pour le paiement de dépenses qui n'ont lieu qu'en station, comme la
masse de chauffage, ne peuvent être valablement arrêtés que par les sous-inspecteurs
aux revues, et, à leur défaut, par les commissaires des guerres seulement.

EXTRAIT du Réglement concernant les Troupes en marche dans l'intérieur de la République.

Du 25 Fructidor an 8 (1).

TITRE I.er

DE LA MARCHE DES TROUPES.

Revue dans les vingt-quatre heures avant le départ de la Troupe.

ART. 6.

TOUTES les fois qu'un corps de troupes ou détachement aura reçu l'ordre de changer
de garnison ou de cantonnement, l'inspecteur aux revues, et, en son absence, le
commandant d'armes en passera la revue dans les vingt-quatre heures avant son
départ, dont extrait, certifié et signé par eux, sera transcrit au dos de la route, pour
régler le paiement de l'indemnité accordée comme supplément d'étape, et pour servir
au commissaire des guerres à déterminer la fourniture des rations de pain et de fourrages
en route.

(Au défaut de l'inspecteur aux revues, du commandant d'armes, et du commissaire
des guerres, la revue sera passée par le maire du lieu.)

7.

Dans le cas où il n'y aurait point de commandant d'armes pour passer la revue du
départ, en l'absence de l'inspecteur ou du sous-inspecteur, cette opération sera faite
par le sous-préfet, et, à son défaut, par le commissaire des guerres ou le maire du
lieu.

9.

Revue dans chacun des lieux où la Troupe séjourne.

Dans tous les lieux de logement militaire où les troupes séjourneront en route, les

---

(1) Journal militaire, an 8, II.e partie, page 1033.

inspecteurs ou sous-inspecteurs aux revues, et, à leur défaut, les commandans d'armes ou les maires et adjoints, sont chargés d'en passer la revue, dont extrait, conformément au modèle ci-après, n.° 3, sera transcrit sur la feuille de route, certifié et signé par eux.

Cette revue servira de base pour la distribution des rations de pain et le paiement du supplément d'étape, sans avoir égard à celles précédemment faites, soit au moment du départ, soit en route.

Officiers et Sous-officiers envoyés à l'avance pour préparer les logemens et les distributions.

11.

Le quartier-maître, ainsi que l'officier envoyés à l'avance, en exécution de l'article précédent, se rendront près le maire, à leur arrivée dans la commune désignée pour le logement de la troupe ; et si c'est une place de guerre, ils iront auparavant chez le commandant d'armes et chez l'inspecteur aux revues.

TITRE II.

DU LOGEMENT DES TROUPES EN MARCHE.

Rapport au Ministre du passage des troupes.

22.

Les commandans d'armes rendront compte au ministre de la guerre, du passage des troupes dans la place qui leur est confiée, en lui adressant un rapport sur la composition de ces troupes, sur la conduite des officiers, et sur la police et la discipline qui a été observée au moment du passage.

[MODÈLE n.° 3.]

ÉTAT NOMINATIF DES OFFICIERS.

ÉTAT-MAJOR.	NUMÉROS des		CAPITAINES.	NUMÉROS des		LIEUTENANS.	NUMÉROS des		SOUS-LIEUT.ˢ
	escad.	comp.		escad.	comp.		escad.	comp.	
. . . Chef de brigade,									
. . . présent	1.ᵉʳ	1.ʳᵉ	FRENOI, présent . . .	1.ᵉʳ	1.ʳᵉ	LARDON, présent . .	1.ᵉʳ	1.ʳᵉ	GASPART , prés.ᵗ
. . . Chef d'escadron,									
. . . absent	1.ᵉʳ	2.ᵉ	. . . . aux hôpitaux . .	1.ᵉʳ	2.ᵉ	. . . . en congé	1.ᵉʳ	2.ᵉ	. . . . présent . . . .
. . . &c	2.ᵉ	1.ʳᵉ	. . . . présent	2.ᵉ	1.ʳᵉ	. . . . &c			
Et ainsi de suite pour les autres escadrons et compagnies.									

Paris, le 29 Prarial an 9.

LE MINISTRE DE LA GUERRE,

Aux Commandans d'armes, aux Commissaires ordonnateurs et ordinaires des guerres.

Les commandans d'armes doivent, dans l'absence des inspecteurs, passer la revue des troupes qui partent, passent ou arrivent dans leur place.

LES articles 55 du réglement du 26 ventôse (1), et 6 du réglement du 25 fructidor an 8 (2), concernant les troupes en marche dans l'intérieur de la république, ont déterminé, Citoyens, d'une manière précise, qu'en l'absence des inspecteurs aux revues, les commandans d'armes devront passer la revue des troupes qui arrivent dans une place ou quartier pour y tenir garnison, ou qui en partent pour se rendre à leur destination. Cependant, comme il s'est élevé quelque incertitude à cet égard, je vous préviens, Citoyens, que ces revues d'arrivée ou de départ doivent, en l'absence des inspecteurs aux revues, être passées par les commandans d'armes, ou par les officiers qui en remplissent les fonctions, dans les places où il ne s'en trouve point d'établis.

Paris, le 10 Prairial an 12.

LE DIRECTEUR de l'Administration de la guerre,

Aux Préfets et Sous-préfets, aux Inspecteurs et Sous-inspecteurs aux Revues, aux Commissaires ordonnateurs et ordinaires des guerres.

Formalités à observer par les commandans d'armes pour le service des étapes.

LES réglemens sur le service des étapes, Messieurs, prescrivent aux sous-inspecteurs aux revues, aux commandans d'armes et aux sous-préfets, de passer en revue la troupe en marche qui reçoit le logement dans les lieux de leur résidence, d'en inscrire le résultat sur la feuille de route, et d'y mentionner les mutations survenues depuis la dernière revue. L'omission de ces formalités occasionne aujourd'hui de nombreux inconvéniens ; elle jette de la confusion dans la comptabilité des corps ; elle entraîne des abus dans le paiement de la solde et du supplément d'étape, et dans la distribution des vivres en route.

En cherchant les causes de cette omission, j'ai reconnu qu'elle tenait tantôt à la difficulté de soumettre la troupe en marche à des revues exactes, tantôt au peu d'habitude que peuvent avoir les sous-préfets de passer ces sortes de revues. J'ai donc cru devoir simplifier les dispositions prescrites à cet égard, confier exclusivement le travail des revues de route à des mains exercées par état et par habitude, et indiquer de nouvelles précautions à prendre pour parvenir plus efficacement à la répression des abus.

En conséquence, les commissaires des guerres, les commandans d'armes et les autorités civiles qui viseront un billet d'entrée à l'hôpital pour un individu faisant partie d'une troupe en marche, seront tenus d'en faire mention sur la feuille de route de la troupe.

---

(1) Journal militaire de l'an 8, Ire partie, page 389.
(2) *Voyez* page 218.

Conformément

Conformément à l'article 5 du réglement du 19 ventôse an 11 (1), le commandant d'une troupe en marche sera tenu, dans chaque gîte où devront être faites les fournitures en vivres, de produire au maire l'état des mutations survenues dans la troupe depuis la dernière fourniture. Le maire sera également tenu de faire mention de ces mutations sur la feuille de route, en y indiquant la quotité des fournitures auxquelles il aura réduit les mandats.

Les mentions prescrites par les deux paragraphes précédens, seront faites dans les cases de la feuille de route correspondantes aux gîtes où résideront les fonctionnaires auxquels elles seront confiées.

Lorsque la troupe aura séjour dans un lieu de logement, et qu'il se trouvera dans ce lieu un sous-inspecteur aux revues ou un commandant d'armes, l'un ou l'autre de ces fonctionnaires passera la troupe en revue, et inscrira le tableau de cette revue sur la feuille de route, à la suite du tableau de la revue précédente ; il y détaillera toutes les mutations survenues depuis celle-ci, d'après l'état qui lui en sera fourni par le major ou le commandant de la troupe, lequel sera responsable de son exactitude.

A l'arrivée de la troupe à sa destination, le sous-inspecteur en passera la revue pour en constater l'effectif. Les feuilles d'appel qui lui seront remises pour cette revue, devront présenter le détail de toutes les mutations survenues depuis le jour du départ, et de toutes les journées de route. Le sous-inspecteur, après avoir vérifié ces feuilles par l'appel ou l'inspection des hommes, et par leur comparaison avec les diverses inscriptions qui auront été faites sur la feuille de route, en conformité des dispositions qui précèdent, établira la revue d'arrivée de la troupe, pour servir au décompte de son supplément d'étape, ainsi qu'il est prescrit par la circulaire du président du comité central des revues, en date du 28 germinal an 12, et par les instructions ultérieurement données sur cet objet.

EXTRAIT du Décret impérial contenant Réglement sur les Revues, la Solde et les Masses.

Du 25 Germinal an 13 (2).

TITRE I.er

SECTION III.

ART. 23.

LES sous-inspecteurs, avant de faire leur revue, seront tenus d'en prévenir, la veille au plus tard, l'officier général ou tout autre qui commanderait dans la place ou le quartier. Ils indiqueront en même temps l'heure et le lieu qu'ils auront choisis à cet effet. L'officier général ou commandant ne pourra s'y opposer, à moins de fortes raisons dont il sera tenu de rendre compte au ministre de la guerre.

Les sous-inspecteurs en rendront pareillement compte au comité central, par l'intermédiaire des inspecteurs.

---

(1) Journal militaire, an 11, II.e partie, page 21.
(2) *Ibid.* an 13, II.e partie, page 25 ; Bulletin des lois, n.° 46, 4.e série, loi n.° 740.

24.

Les commandans des places ou quartiers avertiront à l'avance les commandans des corps ou détachemens du lieu et de l'heure où ils devront passer en revue, d'après l'indication des sous-inspecteurs.

29.

Lorsqu'un homme sera surpris, pour passer en revue, dans un corps auquel il n'appartiendra pas , ou dans une autre compagnie que la sienne, le commandant de la compagnie dans laquelle il se trouvera, sera dénoncé par le sous-inspecteur ou par le colonel du corps, au commandant de la place, qui le fera arrêter et traduire au conseil de guerre, pour être jugé et puni conformément au code pénal militaire.

34.

Si un corps ou détachement reçoit l'ordre de changer de garnison, il lui sera passé une revue d'effectif la veille de son départ. Le tableau de cette revue , également conforme au modèle n.° 3 , sera inscrit sur la feuille de route, pour servir à la délivrance des mandats de fournitures.

Cette revue sera répétée dans chaque gîte où la troupe séjourna, par le sous-inspecteur, ou à son défaut, par le commandant d'armes, s'il s'y trouve l'un ou l'autre de ces fonctionnaires.

Elle sera encore répétée par le sous-inspecteur, le jour ou le lendemain de l'arrivée de la troupe au lieu de sa destination.

SECTION V.

Art. 44.

Hors le cas de semestres autorisés par le Gouvernement, les congés des officiers ne seront valides qu'autant qu'ils auront été accordés par le ministre de la guerre.

Les originaux de ces congés resteront aux corps, et il en sera seulement expédié des copies par les conseils d'administration, aux officiers qui les auront obtenus.

Aucun officier ne pourra profiter de son congé qu'après l'avoir soumis au *visa* du sous-inspecteur, s'il est sur les lieux ; en cas d'absence du sous-inspecteur, l'officier sera tenu de se procurer un certificat du commandant de la place, qui justifiera que ledit officier n'est parti qu'après l'arrivée de son congé. Ce certificat sera aussitôt adressé au sous-inspecteur par le commandant du corps. Cette disposition est applicable aux semestriers.

46.

Tout officier absent par mission ainsi autorisée, ou par congé quelconque avec solde, ne pourra être payé ou rappelé de sa solde pour le temps de son absence qu'après son retour au corps.

Ce rappel n'aura lieu qu'autant que l'officier sera rentré au corps avant l'expiration de son congé, et que cette circonstance aura été constatée par la présentation de l'officier chez le sous-inspecteur, et en cas d'absence de celui-ci, par un certificat du commandant de la place, adressé au sous-inspecteur par le commandant du corps.

50.

Les originaux de toutes les routes, brevets d'officiers, congés, billets de sortie de l'hôpital, extraits mortuaires et généralement de tous les titres justificatifs des mouvemens et mutations, tant des hommes que des chevaux, seront communiqués aux sous-inspecteurs, à l'effet d'y prendre les notes, dates et indications dont ils auront besoin pour vérifier leurs contrôles et pour arrêter leurs revues.

Ces communications seront de rigueur de la part des officiers arrivant à leur corps, soit pour la première fois, soit après une absence quelconque, lesquels seront tenus de se présenter, aussitôt leur arrivée, chez le sous-inspecteur ayant la police de leurs corps respectifs, s'il est sur les lieux, sinon chez le commandant de la place, et, dans le dernier cas, de justifier de leur présentation, comme il est prescrit à l'art. 46.

51.

Les sous-officiers et soldats qui reviendront de congé ou de semestre, des hôpitaux, de désertion, des prisons des conseils de guerre ou de celles de l'ennemi, et tous ceux qui joindront un corps pour la première fois, seront, dans les vingt-quatre heures de leur arrivée, présentés au sous-inspecteur, s'il est sur les lieux, par le fourrier de la compagnie à laquelle ils seront destinés, ou celui qui en fera les fonctions, à l'effet d'être aussitôt portés présens sur le contrôle de la compagnie, de la date de leur présentation, sans toutefois que ceux qui auront voyagé avec l'indemnité de route, puissent compter comme présens le jour de leur arrivée.

Le fourrier ou autre sous-officier qui accompagnera lesdits hommes chez le sous-inspecteur, devra lui remettre en même temps la note des numéros qui leur auront été affectés aux contrôles du corps.

Dans les places où il ne se trouvera pas de sous-inspecteurs, ces présentations seront faites au commandant d'armes, et, à défaut de ceux-ci, aux maires. Les commandans d'armes ou les maires qui les recevront, en tiendront registre, dont ils adresseront tous les dix jours des relevés au sous-inspecteur de l'arrondissement.

Les conscrits ne seront compris dans les revues de leur corps, pour être payés de leur solde, qu'à compter du lendemain de leur arrivée auxdits corps, et qu'après qu'ils y auront été reçus.

Jusqu'à cette époque, la comptabilité relative à la dépense des conscrits sera distincte de celle des corps.

55.

Les hommes absens par congé ou semestre, au moment de la revue, feront nombre dans les compagnies, mais leurs journées ne seront employées à la revue que jusqu'au jour exclus de leur départ : bien entendu que les sous-inspecteurs auront visé leurs congés, ou, qu'en cas d'absence, il leur aura été représenté un état justificatif du jour du départ desdits hommes, certifié par le commandant de la place qui aura visé lesdits congés.

63.

Dans le nombre des chevaux effectifs seront compris ceux qui, étant éclopés, seraient restés dans quelque ville ou village, lesquels néanmoins ne passeront présens, soit qu'ils appartiennent à des officiers, soit qu'ils fassent partie des chevaux de la troupe, que sur certificat du commandant de la place, ou, en son absence, du maire ; bien entendu qu'ils ne se trouveront pas dans une autre division que le corps, auquel cas ils donneraient lieu à des revues particulières.

SECTION VI.

Contrôles et Revues des Officiers sans Troupe.

68.

Les inspecteurs tiendront des contrôles annuels pour chaque classe d'officiers sans troupe employés dans leur division respective, dans l'ordre ci-après :

1.° **Les** officiers généraux et d'état-major, les commandans d'armes, adjudans et secrétaires des places ;

2.° **Les** inspecteurs et sous-inspecteurs aux revues ;

3.° **Les** commissaires-ordonnateurs et ordinaires des guerres, et leurs adjoints ;

4.° **Les** officiers et employés d'artillerie détachés dans les arsenaux ou places ;

5.° **Les** officiers et employés du corps du génie.

69.

Pour faciliter la tenue exacte de ces contrôles, les officiers sans troupe seront tenus, lors de leur arrivée à une nouvelle destination, ainsi qu'à leur départ pour se rendre d'une destination à une autre, de présenter aux inspecteurs les originaux de leurs brevets, et de soumettre à leur *visa* les nouvelles lettres de service qu'ils auront reçues.

Les chefs d'état-major, les commissaires ordonnateurs, les commandans de l'artillerie et du génie, adresseront néanmoins aux inspecteurs l'état de tous les mouvemens et mutations desdits officiers et employés, au fur et à mesure qu'ils auront lieu, et leur donneront ou feront donner communication des titres justificatifs.

TITRE III.

SECTION VIII.

Paiement du Supplément d'Étape.

ART. 121.

Lorsqu'une troupe devra se mettre en marche dans l'intérieur, la veille de son départ, le conseil d'administration établira, après la revue d'effectif qui en aura été faite, et transcrite sur la feuille de route le même jour (suivant l'art. 34), l'état des sommes qui devront lui être avancées pour supplément d'étape, jusqu'au plus prochain lieu de son passage dans lequel résideront à-la-fois un commissaire des guerres et un payeur. Cet état sera conforme au modèle n.° 16. Le commissaire des guerres, après l'avoir vérifié sur la revue de départ, y portera son mandat de paiement.

La somme portée à ce mandat sera de suite comptée par le payeur au conseil d'administration, qui en donnera son acquit provisoire au bas de la pièce.

122.

Les mêmes formalités seront observées pour les avances dont le corps aura besoin pendant sa route, à chaque lieu de passage qui sera en même temps la résidence d'un commissaire des guerres et d'un payeur. En cas d'absence d'un commissaire des guerres, il sera remplacé par le commandant d'armes, et, à défaut de celui-ci, par le préfet ou sous-préfet.

Chacun

Chacun des états sur lesquels sera établi le décompte de ces avances, aura pour base la dernière revue de route, et les mutations survenues depuis le dernier paiement.

SECTION XII.

Dépense de 15 centimes par homme et par jour, affectés à la subsistance des Militaires dans les Prisons des Tribunaux militaires.

ART. 195.

Les commissaires des guerres dans l'arrondissement desquels sont placées les prisons des conseils de guerre, tiendront des contrôles de mouvement des militaires traduits à ces tribunaux, et détenus dans lesdites prisons, dans la forme du modèle n.° 38.

Pour faciliter aux commissaires des guerres la tenue exacte de ces contrôles, les commandans d'armes et les officiers rapporteurs du conseil de guerre, leur donneront connaissance officielle de tous les mouvemens qui devront s'opérer dans lesdites prisons. Les concierges de ces prisons devront en outre leur remettre, tous les cinq jours, l'état desdits mouvemens. Les commissaires des guerres, pour s'assurer de la véracité des états qui leur seront fournis par les concierges, pourront, lorsqu'ils le jugeront convenable, compulser les registres d'écrou, et faire l'inspection des détenus.

Paris, le 4 Janvier 1806.

Le Ministre de la guerre,

A MM. les Préfets et Sous-préfets, les Inspecteurs et Sous-inspecteurs aux revues, les Commissaires ordonnateurs et ordinaires des guerres, les Commandans d'armes et Adjudans des places de guerre, les Payeurs des troupes de l'Empire.

Vous savez, Messieurs, que, d'après le décret impérial du 25 germinal an 13 [15 avril 1805] (1), portant réglement sur les revues, les commandans d'armes, et, à défaut de ceux-ci, les préfets ou sous-préfets, sont autorisés, dans plusieurs circonstances, à remplacer, en cas d'absence, les sous-inspecteurs aux revues et les commissaires des guerres (art. 34, 122, &c.).

Remplacement des sous-inspecteurs aux revues et des commissaires des guerres, en cas d'absence par les commandans d'armes.

Cette disposition n'est pas exactement suivie, et il en résulte que les formalités prescrites par le même décret ne sont point remplies ; ce qui peut porter une grande confusion dans la comptabilité et nuire essentiellement aux intérêts du trésor public.

Je crois donc nécessaire de vous rappeler le vœu du réglement à cet égard, sur-tout dans un moment où la majeure partie des agens de l'administration militaire se trouve aux armées, et où, par conséquent, leur remplacement est indispensable pour le service de l'intérieur : je pense même qu'il est convenable, dans l'état des choses, de donner au réglement assez d'extension pour en assurer l'exécution entière.

---

(1) *Voyez* page 221.

Les revues d'effectif en garnison, au départ, au passage et à l'arrivée des troupes (art. 32 et 34); le *visa* des états d'effectif, soit en station, soit en marche (art. 81 et 84); les formalités prescrites pour les avances pendant la route (art. 121 et 122): telles sont les principales opérations auxquelles, en l'absence de sous-inspecteurs aux revues et de commissaires des guerres, les commandans d'armes, et, à leur défaut, les autorités locales doivent se livrer.

Dans tous les cas, l'empêchement devra être constaté et la cause en être déduite dans les pièces, ainsi qu'il est prescrit par mon instruction du 12 fructidor an 13 [3 août 1805] (1), art. 4.

Je vous recommande au surplus, Messieurs, d'apporter la plus grande attention à l'exécution des dispositions du réglement et aux modèles qui y sont annexés, soit pour la rédaction des pièces, soit pour l'envoi qui doit en être fait aux inspecteurs et aux commandans des divisions militaires.

Paris, le 9 Avril 1807.

LE MINISTRE DE LA GUERRE,

A MM. les Préfets et Sous-préfets, les Inspecteurs et Sous-Inspecteurs aux revues, les Commissaires ordonnateurs et ordinaires des guerres, les Commandans d'armes et Adjudans des places de guerre, les Payeurs des troupes de l'Empire.

(Ordre de remplacement des fonctionnaires militaires par les fonctionnaires civils.)

Je vous ai rappelé, Messieurs, par ma circulaire du 4 janvier 1806 (2), que les commandans d'armes, et, à défaut de ceux-ci, les autorités locales, devaient, pour le service des revues, remplacer, en cas d'absence, les sous-inspecteurs aux revues et les commissaires des guerres.

Quelques difficultés s'étant élevées sur l'ordre dans lequel les fonctionnaires civils devaient être appelés à ce remplacement, j'ai arrêté les dispositions suivantes :

En l'absence des sous-inspecteurs aux revues, les commissaires des guerres les remplaceront;

S'il n'y a point de commissaire des guerres, les commandans d'armes;

A défaut de commandans d'armes, les préfets, ou un conseiller de préfecture délégué par le préfet;

Dans les chefs-lieux de sous-préfecture, les sous-préfets;

Et dans les communes où il n'y a ni préfets, ni sous-préfets, les maires.

---

(1) Journal militaire an 13 , II.ᵉ partie, page 57.
(2) C'est la circulaire qui précède.

TABLE

DES DÉCRETS, LOIS ET ORDONNANCES,

Rangés dans l'ordre qu'ils occupent en ce Recueil.

Lettre

Recueil.   M m m

Fin de la Table des Décrets, Lois et Ordonnances.

TABLE CHRONOLOGIQUE

Des Lois, Décrets, Arrêtés et Circulaires insérés dans ce Recueil.

Nnn

1812.

Fin de la Table chronologique.

TABLE ANALYTIQUE
DES MATIÈRES.

Nota. LA table des matières de ce recueil offre aux Commandans d'armes une analyse exacte des décrets des 24 décembre 1811, et 1.er mai 1812, et des autres lois les plus nécessaires, d'autant plus étendue que leurs fonctions sont plus importantes et plus nombreuses. Pour éviter des répétitions inutiles, on n'a pas compris sous la dénomination de *Commandans d'armes*, ce qu'ils ont de commun dans leurs fonctions avec les *Gouverneurs*, et qu'on trouve sous ce mot, et réciproquement; il en est de même pour les *Commandans supérieurs* : mais ces trois articles donnent ensemble l'analyse complète des deux Décrets sous le rapport de ces triples fonctions.

TABLE ANALYTIQUE
DES MATIÈRES,
PAR ORDRE ALPHABÉTIQUE.

A

ADJUDANS DE PLACE. Leurs classement et traitement ordinaire et en cas de siége, décret du 24 décembre 1811, articles 6, 10, 11, pages 7 et 8. — Sont détachés dans les places où l'on n'établira pas de commandans d'armes, décret du 24 décembre 1811, article 7, page 7. — Leur logement, décret du 24 décembre 1811, article 14, page 10. — Leur uniforme, réglement du 1.er vendémiaire an 12, page 50 ; décret du 24 décembre 1811, article 20, page 11. — Honneurs et préséances, décret du 24 messidor an 12, page 54 ; décret du 24 décembre 1811, article 21, page 12. — Enregistrement de leurs lettres et commissions, décret du 24 décembre 1811, article 22, page 12. — Avancement et retraite, décret du 24 décembre 1811 ; articles 23, 24, 25, pages 13 et 14. — Commandement et subordination, décret du 24 décembre 1811, articles 45, 46, 47., 48, 49, pages 20 et 21.

AIDES-BATELIER. Leurs nomination et traitement ordinaire, décret du 24 décembre 1811, article 7, page 7. — Leur traitement en état de siége, décret du 24 décembre 1811, articles 10 et 11, pages 8 et 9. — Leur logement, décret du 24 décembre 1811, articles 14, 15, 16, pages 10 et 11.

APPROVISIONNEMENS en cas de siége, loi du 9 germinal an 2, page 166; circulaire du 29 floréal an 7, page 170; circulaire du 21 ventôse an 5, page 167; circulaire du 14 ventôse an 7, page 167; circulaire du 21 germinal, page 168; circulaire du 24 floréal, page 169; circulaire du 24 thermidor an 7, page 175; *idem* du 25, *idem* page 175 ; décret du 24 décembre 1811, articles 84, 97, pages 33-37. — Réglement sur leur distribution dans les îles et forts en mer, décret du 24 mars 1809, page 179.

ARTILLERIE (Commandans de l'). Leurs rapports avec les commandans d'armes, décret du 24 décembre 1811, articles 35, 36, 38, 98, 105, 106, pages 18, 19, 37 et 39.

ARTILLERIE (Corps de l'). Son service dans les places de guerre, ordonnance du 1.er mars 1768, titre VII, articles 22, 23 et 25, page 86 ; réglement du 1.er avril 1792, page 75.

B

BÂTIMENS MILITAIRES. Ordre et propreté, réglement du 30 thermidor an 2, page 136. — Leurs administration et entretien, réglement du 22 germinal an 4, page 140. — Leurs conservation et police, décret du 24 décembre 1811, article 59, page 25. — Lorsqu'ils deviennent inhabitables, circulaire du 25 vendémiaire an 8, page 141. — Appartenant aux communes, décret du 16 septembre 1811, page 144.

BOIS ET LUMIÈRE. Leur distribution, réglement du 1.er fructidor an 8, page 205.

C

CANAUX DE NAVIGATION. Les travaux à faire à ceux qui traversent les fortifications des places, sont dans les attributions des officiers du génie militaire, décret du 13 fructidor an 13, page 154. — L'examen et la discussion des projets de canaux de navigation qui traversent les places, sont soumis à une commission mixte d'officiers du génie et d'ingénieurs des ponts et chaussées, décret du 20 février 1810, page 155. — Le budget de ceux qui traversent les places de guerre, leur rayon ou la frontière, sera arrêté tous les ans dans un conseil d'administration composé des Ministres de l'intérieur, de la guerre, du premier inspecteur général du génie et du directeur général des ponts et chaussées, décret du 20 juin 1810, page 155.

CANTINES, circulaire du 8 avril 1808, page 148.

CAPITULATION. *Voyez* la circulaire de Louis XIV, page 196; la loi du 26 juillet 1792, page 196; la loi du 21 brumaire an 5, page 197; l'arrêté du 16 messidor an 7, page 198; le décret du 24 décembre 1811, articles 111, 112, 113, page 41, 42; le décret du 1.er mai 1812, articles 1, 2, 3, 4, 5, 6, page 44, 45.

CASERNEMENT. Son assiette et sa police confiées au commandant d'armes, réglement du 23 mai 1792, page 146; réglement du 30 thermidor an 2, page 136; décret du 24 décembre 1811, article 60, page 25.

COMMANDANS D'ARMES (1). Leurs classement et traitement ordinaire, décret du 27 octobre 1806, page 49; décret du 24 décembre 1811, article 6, page 6. — Traitement en état de siége, décret du 24 décembre 1811, articles 10, 11, pages 8, 9. — Leur logement, décret du 24 décembre 1811, articles 13, 15, 16, pages 10, 11. — Leur uniforme, réglement du 1.er vendémiaire an 12, page 50; décret du 24 décembre 1811, article 17, page 11. — Leurs honneurs et préséances, décret du 24 messidor an 12, page 54; décret du 24 décembre 1811, article 21, page 12. — Enregistrement de leurs lettres, décret du 24 décembre 1811, article 22, page 12. — Leurs avancement et retraite, décret du 24 décembre 1811, articles 23, 24, 25, pages 13-14. — Leurs rapports avec les généraux de divisions territoriales, décret du 24 décembre 1811, articles 28, 29, page 15. — Leurs rapports avec les généraux des armées et les commandans des troupes autres que celles de la garnison, décret du 24 décembre 1811, articles 31, 32, 33, pages 16, 17.—Leurs rapports avec les commandans des troupes de la garnison, de l'artillerie et du génie, ordonnance du 1.er mars 1768, page 79; ordonnance du roi, du 31 décembre 1776, page 72; loi du 10 juillet 1791, page 58; réglement du 1.er avril 1792, page 75; décret du 24 décembre 1811, articles 34, 35, 36, 37, 38, pages 17, 18; lettre du Ministre de la guerre, du 3 décembre 1812, page 77. — Leurs rapports avec les commandans des citadelles, forts et châteaux, ordonnance du 1.er mars 1768, titre XXXIV, articles 2 et suivans, page 133; décret du 24 décembre 1811, article 39, page 19. — Leur responsabilité sur le service et la police des portes et autres issues de la place, ordonnance du 1.er mars 1768, page 79; loi du 10 juillet 1791, page 58; décret du 24 décembre 1811, articles 56, 57, 58, page 24. — Leurs devoirs pour le service et la police des fortifications, bâtimens et terrains militaires, ordonnance du 1.er mars 1768, page 79; loi du 10 juillet 1791, page 58; réglement du 22 germinal an 4, page 140; arrêté du 24 thermidor an 8, page 147; circulaire du 8 avril 1808, page 148; décret du 23 avril 1810, page 143; décret du 16 septembre 1811, page 144; décret du 24 décembre 1811, articles 59, 60, page 25. — Leurs devoirs pour la police et le service des travaux militaires, ordonnance du 1.er mars 1768, page 79; loi du 10 juillet 1791, page 58; réglement du 25 frimaire an 2, page 149; décret du 4 août 1811, page 153; décret du 24 décembre 1811, articles 61, 62, 63, pages 25, 26.— Leurs devoirs relatifs aux rapports de la police militaire avec la police judiciaire et civile, loi du 10 juillet 1791, page 58; circulaire du 24 nivôse an 13, page 204; décret du 24 décembre 1811, articles 64, 65, 66, pages 26, 27. — Leurs devoirs relatifs à la police et aux délits militaires, loi du 10 juillet 1791, page 58; décret du 24 décembre 1811, articles 67, 68, 69, page 28. — Leurs devoirs pour le service et la police du rayon extérieur des places, ordonnance du 1.er mars 1768, page 79; ordonnance du 31 décembre 1776, page 72; loi du 10 juillet 1791, page 58; décret du 13 fructidor an 13, page 154; décret

---

(1) Pour toutes les fonctions communes aux gouverneurs et aux commandans d'armes, *voyez*, dans cette table, l'article GOUVERNEURS.

du 9 décembre 1811, page 156; décret du 24 décembre 1811, articles 70, 71, page 29. — Leurs devoirs pour la police des constructions et autres travaux civils et particuliers, ordonnance du 31 décembre 1776, page 72; loi du 10 juillet 1791, page 58; décrets des 13 fructidor an 13, page 154; 20 février 1810, page 155; 20 juin 1810, page 155; 9 décembre 1810, page 156; décret du 24 décembre 1811, articles 72, 73, 74, 75, pages 30, 31; circulaire du 31 juillet 1812, page 158; instruction du même jour, page 159; instruction du 4 décembre 1812, page 164. — Leurs devoirs pour la police des rassemblemens et passages, ordonnance du 1.er mars 1768, page 79; loi du 10 juillet 1791, page 58; décret du 24 décembre 1811, articles 76, 77, 78, 79, 80, pages 31, 32. — Leurs devoirs sur la relation de la police militaire avec la police judiciaire et civile, décret du 24 décembre 1811, articles 81, 82, page 33. — Leurs devoirs relatifs à la défense de la place, décret du 24 décembre 1811, paragraphe 3, articles 83 et suivans, page 33. — Doivent considérer leur place comme pouvant être attaquée subitement; ce qu'ils doivent faire en conséquence, décret du 24 décembre 1811, articles 83, 84, page 33. — Les maires leur donneront des renseignemens sur la population et les ressources de la place, décret du 24 décembre 1811, article 85, page 34. — Quelles pièces doivent leur être remises par le Ministre, décret du 24 décembre 1811, article 86, page 34. — Elles doivent être enregistrées sur les inventaires de la place, décret du 24 décembre 1811, article 87, page 35. — Les précautions à prendre pour les portes et brèches de la place, décret du 24 décembre 1811, article 88, page 35. — Doivent faire faire les exercices, manœuvres et simulacres d'attaque et de défense, ordonnance du 1.er mars 1768, page 79; ordonnance du 31 décembre 1775, page 72; décret du 24 décembre 1811, article 89, page 35. — Ne peuvent coucher hors des barrières sans permission, décret du 24 décembre 1811, article 90, page 35. — Doivent se concerter avec l'autorité civile, dans l'état de guerre, pour les différentes ressources qu'offre le pays, décret du 24 décembre 1811, article 93, page 36. — Dans l'état de guerre, les pompiers, charpentiers et autres ouvriers passent sous leur autorité, décret du 24 décembre 1811, article 94, page 36. — L'autorité des magistrats leur est dévolue dans l'état de siége, décret du 24 décembre 1811, article 101, page 38. — Tiendront un registre - journal pour le service journalier des troupes, décret du 27 octobre 1806, page 200. — Doivent, dans les places où il n'y a pas de commissaires des guerres, leur envoyer copie du registre ci-dessus, circulaire du 17 mars 1807, page 201. — Ils pourront, à défaut de commissaires des guerres et de sous-inspecteurs aux revues, arrêter les états de paiement d'indemnité de convois, circulaire du 6 juillet 1811, page 217. — Ils viseront, dans le cas ci-dessus, les états de paiement d'étape et masses, instruction du 4 mars 1811, page 216. — Ils suppléeront, pour les revues, aux commissaires de guerres et aux inspecteurs, réglement du 25 fructidor an 8, page 218; circulaire du 4 janvier 1806, page 225; circulaire du 9 avril 1807, page 226. — Ils suppléeront aux commissaires des guerres pour la délivrance des feuilles de route, circulaire du 12 juillet 1806, page 215. — Leurs fonctions relatives aux revues, solde, masse et étape, circulaire du 10 prairial an 12, page 220; décret du 25 germinal an 13, page 221. — Ils signeront, avec les commissaires des guerres, les revues qui constateront chaque mois l'existence et le classement des corps-de-garde, relativement à la fourniture du bois et lumière, réglement du 1.er fructidor an 8, page 205; arrêté du 7 prairial an 11, page 207. — Leur concours pour la désignation de la quantité de terrain nécessaire pour un champ de manœuvres, circulaire du 15 mars 1808, page 199.

COMMANDANS SUPÉRIEURS. Peuvent être nommés, en cas d'urgence, par les généraux en chef; hors ce cas, ils le sont par l'Empereur, et ne peuvent prendre le titre de gouverneur, décret du 24 décembre 1811, article 5, page 6. — Leur logement, décret du 24 décembre 1811, article 12, page 9. — Leur uniforme, réglement du 1.er vendémiaire an 12 page 50; décret du 24 décembre 1811, article 20, page 11 (1).

COMMANDANS TEMPORAIRES. Dans quels cas ils sont établis, décret du 24 décembre 1811, articles 40, 41, page 20. — Doivent être Français, ordonnances de Henri III, article 276, page 135; de Louis XIII, janvier 1629, page 135; décret du 24 décembre

____

(1) Pour tout le reste, ils sont assimilés aux gouverneurs.

1811, article 42, page 20. — A égalité de grade, l'officier d'infanterie devient commandant temporaire, décret du 24 décembre 1811, article 43, page 20 (1).

COMMISSAIRES DES GUERRES. Leurs rapports avec les commandans d'armes, décret du 24 décembre 1811, articles 37, 38, page 19. — Sont consultés seuls ou en conseil de défense, décret du 24 décembre 1811, article 105, page 39. — La police des casernes et pavillons leur appartient, réglement du 30 thermidor an 2, titre I.er, article 9, page 136. — Doivent des renseignemens sur les logemens militaires aux généraux et officiers municipaux, réglement du 30 thermidor an 2, titre I.er, article 10, page 137. — Doivent se concerter avec le commandant d'armes, sur l'ordre, la propreté et la conservation des fournitures des casernes, réglement du 30 thermidor an 2, titre I.er, article 11, page 137. — Doivent être prévenus par le commandant d'armes, du départ des troupes, réglement du 30 thermidor an 2, titre IV, article 5, page 137. — Peuvent entrer dans les bâtimens militaires pour prendre connaissance des établissemens non occupés, réglement du 22 germinal an 4, article 14, page 140. — Sont responsables des désordres et des abus qu'ils n'auraient pas prévenus, réglement du 22 germinal an 4, article 16, page 140. — Donneront avis aux municipalités de l'arrivée des troupes qui doivent loger chez l'habitant, et les officiers municipaux leur donneront connaissance de l'assiette du logement, réglement du 23 mai 1792, page 146. — Leur concours aux approvisionnemens de siége, circulaire du 29 floréal an 7, page 170. — Se feront représenter le journal du service de la place pour la revue des corps-de-garde, et sont responsables des dépenses de ceux qui n'auraient pas existé et de ceux établis sans autorisation suffisante, ou portés dans une classe plus élevée qu'il ne faut, décret du 27 octobre 1806, page 200. — Doivent se rendre dans les places de leur arrondissement pour l'exécution du décret ci-dessus, article 1.er Lorsqu'ils ne le pourront pas, ils en préviendront le commandant d'armes, article 2, circulaire du 17 mars 1807, page 201.

CONSEIL DE GUERRE EXTRAORDINAIRE. Sa composition, décret du 1.er mai 1812, article 7, page 45. — Ses attributions, décret du 1.er mai 1812, article 8, page 46. — Faculté de se pourvoir contre son jugement, décret du 1.er mai 1812, article 9, page 46.

CONSEIL DE DÉFENSE. Dans quels cas il s'établit, décret du 24 décembre 1811, art. 105, page 39.

CONSEIL D'ENQUÊTE. Dans quels cas il aura lieu, décret du 24 décembre 1811, article 114, page 42.

CONSEIL DE GUERRE ORDINAIRE (Le) est susceptible de l'application de l'article 8 du décret du 1.er mai 1812. *Voyez* ce décret, article 10, page 46.

CONSEIL DE GUERRE ET DE RÉVISION. Dans les places investies et assiégées, loi du 11 frimaire an 6, page 201.

CONSTRUCTIONS sur le terrain militaire, loi du 10 juillet 1791, page 58; réglement du 22 germinal an 4, page 138; décret du 13 fructidor an 13, page 154; décret du 20 février 1810, page 155; décret du 20 juin 1810, page 155; décret du 4 août 1811, page 153; décret du 9 décembre 1811, page 156; décret du 24 décembre 1811, article 63, page 26.

CONVOIS MILITAIRES, réglement du 18 frimaire an 14, page 207; circulaire du 3 nivôse an 14, page 212.

E

ÉTATS-MAJORS DE PLACE. Leur institution, décret du 24 décembre 1811, chapitre I.er, paragraphe 1.er, page 5. — Leurs emplois et traitemens, *idem*, chapitre I.er, paragraphe 3, page 6. — Leurs logement et indemnité de logement, *idem*, chapitre II, page 9. — Leur uniforme, chapitre III, paragraphe 1.er, page 11. — Honneurs et préséances, paragraphe 2,

---

(1) Pour tout le reste, ils sont assimilés aux commandans d'armes.

page 12. — Enregistrement des lettres et commissions, paragraphe 3, page 12. — Avancement et retraite, chapitre IV, page 13. — Commandement et subordination des officiers et employés, titre II, chapitre IV, page 20.

F

FORTIFICATIONS. Leur police, ordonnance du 1.er mars 1768, page 79; loi du 10 juillet 1791, page 58; décret du 17 pluviôse an 2, page 154; réglement du 22 germinal an 4, page 138; circulaire du 9 floréal an 5, page 140; circulaire du 1.er brumaire an 9, page 142; leurs service et police, décret du 24 décembre 1811, article 59, page 25.

G

GÉNIE (Corps du). Son service dans les places et sur les frontières, ordonnance du 31 décembre 1776, page 72.

GÉNIE (Commandans du). Leurs rapports avec les commandans d'armes, décret du 24 décembre 1811, articles 35, 36, page 18.

GOUVERNEURS. Sont nommés par l'Empereur, décret du 24 décembre 1811, titre I.er, chapitre I.er, paragraphe 2, page 6. — Leur logement, décret du 27 février 1811, page 49; décret du 24 décembre 1811, article 12, page 9. — Leur uniforme, décret du 24 décembre 1811, article 20, page 11. — Leurs honneurs et préséances, idem, article 21, page 12. — Enregistrement de leurs lettres patentes, idem, article 22, page 12. — Prennent le commandement en chef, idem, article 26, page 14. — En cas de siége, leur autorité est absolue, idem article 38, page 19. — Dans les places en état de guerre, la garde nationale et municipale passe sous leur commandement, idem, article 92, page 36. — Leur autorité en cas de siége, idem, article 95, page 37. — Ne peuvent être détachés de la place sans ordre du Ministre, idem, article 98, page 37. — Pour quel objet ils peuvent détacher des officiers et des partis au-delà du rayon d'investissement, idem, article 99, page 38. — Ne peuvent, dans l'état de guerre, coucher hors des barrières, ni s'éloigner d'une portée de canon sans un ordre du Ministre, idem, article 100, page 38. — Dans quel cas, dans quelles limites et comment s'exerce l'autorité des magistrats passée dans la main des gouverneurs, idem, article 102, page 38. — Par quelles règles ils déterminent le service des troupes, de la garde nationale et des autorités civiles et militaires, dans l'état de siége, idem, article 104, page 38. — Leurs devoirs et leurs droits dans le conseil de défense, idem, article 105, page 39. — Journal particulier qu'ils doivent tenir, idem, article 106, page 39. — Quelle carte et quels plans ils doivent avoir dans leur cabinet, idem, article 107, page 39. — Quels ouvrages ils ont spécialement à défendre, et quel moyen ils doivent employer contre les brèches, décision du conseil exécutif, du 1.er septembre 1792, page 193; décret du 24 décembre 1811, article 108, page 40. — Comment et pourquoi ils doivent ménager leur garnison, leurs munitions et leurs subsistances, idem, article 109, page 40. — Ne doivent jamais oublier qu'un jour de plus ou de moins de résistance peut être de la plus haute importance, et doivent être sourds à tous les bruits répandus par l'ennemi, idem, article 110, page 40. — Doivent se rappeler quelles peines encourent ceux qui livrent leur place avant le temps prescrit, circulaire de Louis XIV, page 196; loi du 26 juillet 1792, page 196; loi du 21 brumaire an 5, page 197; arrêté du 16 messidor an 7, page 198; décret du 24 décembre 1811, article 111, page 41; décret du 1.er mai 1812, article 2, page 45. — Dans quels cas ils peuvent capituler, décret du 1.er mai 1812, articles 3 et 4, page 45. — Décident seuls de l'époque, du mode et des termes de la capitulation; ce qu'ils doivent faire lorsqu'ils croient le terme arrivé, décret du 24 décembre 1811, article 112, page 41. — Obligations qui leur sont imposées en faveur de leur garnison, dans leur capitulation, idem, article 113, page 42. — Doivent, après la reddition de leur place, se justifier devant un conseil d'enquête, d'après le prononcé duquel ils seront traduits devant un tribunal compétent ou acquittés, page 42. — Quelles sont, dans l'un et l'autre cas, les peines et récompenses, *idem*, articles 114, 115, 116, 117, 118, 119 et 120, pages 42, 43; décret du 1.er mai 1812, articles 5, 6, page 45.

H

HÔPITAUX MILITAIRES. Leur surveillance attribuée aux commandans d'armes, ordonnance du 1.er mars 1768, titre XXIV, articles 2, 3, 4, page 131; arrêté du 24 thermidor an 8, page 147; décret du 24 décembre 1811, article 60, page 25.

L

LOGEMENT chez l'habitant, réglément du 23 mai 1792, page 146.

P

PORTIERS-CONSIGNES. Leurs classement et traitement ordinaire, décret du 24 décembre 1811, article 6, page 6. — Rempliront les fonctions de secrétaires archivistes dans les places qui ne sont commandées que par des adjudans, et celles où il n'y aura ni commandant d'armes ni adjudant, *idem*, article 7, page 7. — Leur traitement dans l'état de siége, décret du 24 décembre 1811, articles 10 et 11, pages 8, 9.—Leur logement, *idem*, articles 14, 15, 16, page 10.— Leur uniforme, réglement du 1.er vendémiaire an 12, page 50; décret du 24 décembre 1811, article 20, page 11. — Avancement et retraite, décret du 24 décembre 1811, articles 23, 24, 25, pages 13, 14. — Commandement et subordination, *idem*, article 49, page 21. — Ceux des bâtimens et établissemens appartenant aux communes sont payés par elles, décret du 16 septembre 1811, page 144.

PORTIERS-CONCIERGES. *Voyez* le même décret.

PLACES DE GUERRE. Ordonnance sur leurs service et police, du 1.er mars 1768, page 79.— Leur service et leur police sur le terrain militaire, décret du 24 décembre 1811, chap. II, paragraphe 1.er, page 23.—Leurs service et police dans l'intérieur et le rayon d'attaque, décret du 24 décembre 1811, paragraphe 2, page 29. — Aucun ouvrage de fortification ne peut y être exécuté sans l'approbation du Ministre, décret du 17 pluviôse an 2, page 154. — Leur garde et conservation, réglement du 22 germinal an 4, page 138.— Leurs conservation et classement, loi du 10 juillet 1791, page 58.

PONTS. *Voyez* CANAUX.

PRÉVÔTS MILITAIRES (Les) remplacent, dans les places en état de siége, les officiers de police judiciaire, décret du 24 décembre 1811, article 103, page 38.

R

ROUTES à la charge des communes, et qui traversent les fortifications, décret du 4 août 1811, page 153. *Voyez* CANAUX.

RIVIÈRES. *Voyez* CANAUX.

S

SECRÉTAIRES ARCHIVISTES. Leurs classement et traitement ordinaire, décret du 24 décembre 1811, article 6, page 6. — Font les fonctions d'adjudant dans les places de troisième et quatrième classes où il n'y en a pas, *idem*, article 7, page 7. — Leur traitement en état de siége, *idem*, articles 10, 11, page 8, 9.— Leur logement, décret du 24 décembre 1811, articles 13, 15, 16, page 10. — Leur uniforme, réglement du 1.er vendémiaire an 12, page 50; décret du 24 décembre 1811, article 20, page 11. — Enregistrement de leurs lettres ou commissions, *idem*, article 22, page 12. — Avancement et retraite, *idem*, articles 23, 24, 25, page 13. —Commandement et subordination, *idem*, articles 48, 49, page 21. — Tiennent la plume dans le conseil de défense, *idem*, article 105, page 39.

SAPEURS. Leur service dans les places de guerre, réglement provisoire du 18 germinal an 2, page 149.

T

Fin de la Table analytique des Matières.